Kosten- und Leistungsrechnung

Von
Dipl.-Kaufmann
Joachim Koch

6., überarbeitete und erweiterte Auflage

R. Oldenbourg Verlag München Wien

Die Deutsche Bibliothek - CIP-Einheitsaufnahme

Koch, Joachim:
Kosten- und Leistungsrechnung / von Joachim Koch. - 6., überarb. und erw. Aufl. - München ; Wien : Oldenbourg, 1997
ISBN 3-486-24399-3

Rosenheimer Straße 145, D-81671 München
Telefon: (089) 45051-0, Internet: http://www.oldenbourg.de

Gedruckt auf säure- und chlorfreiem Papier
Gesamtherstellung: Hofmann Druck Augsburg GmbH, Augsburg

ISBN 3-486-24399-3

Inhaltsübersicht

Inhaltsverzeichnis

I. Grundlagen

II. Kostenrechnungssysteme

III. Kostenartenrechnung und Erfassung von Leistungen

V. Kostenträgerrechnung

VI. Kostenrechnungssysteme - Umfang der Verrechnung auf Kostenträger

IX. Anhang

Vorwort

Dieses Buch soll einen Einblick in den Teil des gesamten Rechnungswesens geben, der den dispositiven Faktor über die betrieblichen Vorgänge der eigentlichen Leistungserstellung informiert.

In dieser **sechsten Auflage** - mit ihrem neuen Schriftbild - werden die **einzelnen Sachgebiete** zunächst in der Form der **Vollkostenrechnung in Verbindung mit der Finanzbuchhaltung - Industriekontenrahmen (IKR 1986)** - dargestellt. Die **Abgrenzung zwischen unternehmerischen Erfolgen der Finanzbuchhaltung und betrieblichen Erfolgen der Betriebsbuchhaltung** erfolgt erstmalig integriert in der **Kostenartenrechnung**. Anschließend wird die **Teilkostenrechnung** erläutert.

Als neue Bereiche werden dann die **prozessorientierte Kostenenrechnung** und die **Prozesskostenrechnung** vorgestellt.

Neben der **Istkostenrechnung** wird noch auf die **Normal- und Plankostenrechnung** eingegangen.

Ergänzt wird dieser Themenbereich durch eine Beschreibung der **wichtigsten Kriterien** bezüglich eines **Software-Einsatzes** in der Kosten- und Leistungsrechnung.

Ziel dieses Buches ist es somit, neben einer **tieferen Grundlagenvermittlung in der Kosten- und Leistungsrechnung die Verbindungen im Gesamtsystem des Rechnungswesens für z.B. organisatorische Maßnahmen aufzuzeigen und darüber hinaus Entscheidungshilfen auf Basis relevanter Kosten** vorzustellen. Somit kann das Buch Interessenten notwendige Kenntnisse für den Bereich der Kostenrechnung (mit EDV), aber auch für eine entsprechende Programmierung im Abrechnungsbereich wie im betriebswirtschaftlichen Entscheidungsbereich oder aber für die DV-Organisation liefern.

Dieses Buch ist einsetzbar sowohl im Bereich der **Ausbildung an höheren Berufsfachschulen** (einschließlich der Fachoberschulen und Wirtschaftsgymnasien) und **an (Fach-)Hochschulen**, als auch in der **Fortbildung an Fachschulen**. Im letzteren Bereich werden die ersten Abschnitte gern zur Wiederholung und Vertiefung nachgearbeitet. **Selbstverständlich bietet sich die Unterlage auch als Nachschlagewerk für den Praktiker an.**

Erstmalig bietet diese Auflage des Buches zur Überprüfung und Korrektur der Aufgaben einen **Lösungsteil** im Anhang an.

Danken möchte ich an dieser Stelle Frau von Pikarski und Herrn Maier-Gießing für ihre Beratung sowie den Studenten, die an den ersten Auflagen dieses Buches mitgeholfen haben, insbesondere Herrn Algermissen, Herrn Feindt, Herrn Kiesewetter, Herrn Möller und Herrn Plünnecke.

J. Koch

I. Grundlagen

1. Grundsätzliches

Der Begriff **Kosten** taucht in allen Bereichen der wirtschaftlichen Lehre auf. In der Finanzbuchhaltung werden Kosten und Zweckaufwand sehr häufig gleichgesetzt, da für diesen Teil des Rechnungswesens allein eine Unterscheidung ohne Bedeutung ist. Aber es besteht ein Unterschied, sowohl sachlicher als auch quantitativer Art. Dieser Unterschied soll in den folgenden Kapiteln herausgestellt werden.

Zunächst ist es einmal interessant, wo die Kosten- und Leistungsrechnung im betrieblichen Rechnungswesen einzuordnen ist. Wie bereits aus der Finanzbuchhaltung bekannt sein wird, gliedert sich das Rechnungswesen in den internen und den externen Teil.

Das **externe Rechnungswesen**, das ausschließlich aus der Finanzbuchhaltung (Geschäftsbuchhaltung) besteht, hat die Erfassung aller Vorgänge finanzwirtschaftlicher Art zwischen dem gesamten Unternehmen und der Umwelt zur Aufgabe. Es ist dadurch gekennzeichnet, dass es in der Hauptsache Informationen für externe Interessenten zur Verfügung stellt.

Externes Rechnungswesen (vereinfacht)

Verbindungen zum:
1. Beschaffungsmarkt
2. Absatzmarkt
3. Kapitalmarkt
4. Staat
5. Beziehung durch Leistungserstellung

Aktiva Bilanz	Passiva	Soll GuV	Haben
1./5. Gebäude 1./5. Maschinen 1./5. Rohstoffe 1./5. Hilfsstoffe 2. Erzeugnisse 1./2. Kasse	3. Eigenkapital 3. Fremdkapital	5. Gebäudeabschreibung 5 Maschinenabschreibung 5. Rohstoffverbrauch 5. Hilfsstoffverbrauch 3. Fremdkapitalzinsen 1. Löhne und Gehälter 4. Steuern	2. Umsatzerlöse

Die Finanzbuchhaltung bezieht sich nur auf mit Zahlungen verbundene Güter- und Dienstleistungsströme. Das ist schon daran zu erkennen, dass für die Bewertung einzelner Wirtschaftsgüter lediglich die Anschaffungskosten / Herstellungskosten als Maximum in Frage kommen. Es darf wertmäßig nicht mehr angesetzt werden, als ursprünglich an Ausgaben geleistet worden ist. Eine solche Darstellung zeichnet für Externe ein möglichst objektives Bild auf, das frei von subjektiven Aspekten einer betriebswirtschaftlichen Betrachtung sein soll.

Der Blick des Unternehmers muss aber zusätzlich auf das innerbetriebliche Geschehen gerichtet sein. Diesen **internen Informationszwecken** dient unter anderem die Betriebsbuchhaltung.
Um im Betrieb richtig planen, organisieren und kontrollieren zu können, kann es hier sinnvoll sein, sich nicht an handels- und steuerrechtliche Beschränkungen zu halten. Der Unternehmer wird sich dann eher mit der Abbildung des **tatsächlichen** oder **vergleichbaren** innerbetrieblichen Geschehens unter betriebswirtschaftlicher Sicht befassen. Er wird in diesem Teil des Rechnungswesens auch Vermögensverzehre oder Vermögenszuwächse beachten, die für bestimmte betriebswirtschaftliche Entscheidungen und Handlungen von Bedeutung sind, und die nicht unbedingt Ausgaben - zumindest nicht in aufwandsgleicher Höhe - zur Folge haben.

Ein anderer Name für die Betriebsbuchhaltung ist **Kosten- und Leistungsrechnung**. Es erfolgt hier die Erfassung des bewerteten, mengenmäßigen Verzehrs oder der zeitlichen Beanspruchung von Produktionsfaktoren zum Zwecke der Leistungserstellung (Kosten) und deren Gegenüberstellung zum Wert der erzeugten Leistung. Die Bewertung des mengenmäßigen Verbrauchs hat in diesem Zusammenhang lediglich den Zweck, verschiedenartige Größen vergleich- und rechenbar zu machen. Da bestimmte Teile der Kosten- und Leistungsrechnung Grundlagen für die Bewertung der erbrachten Produkte und Dienstleistungen (Kalkulation) sind, nennt man sie auch **kalkulatorische Rechnung**.

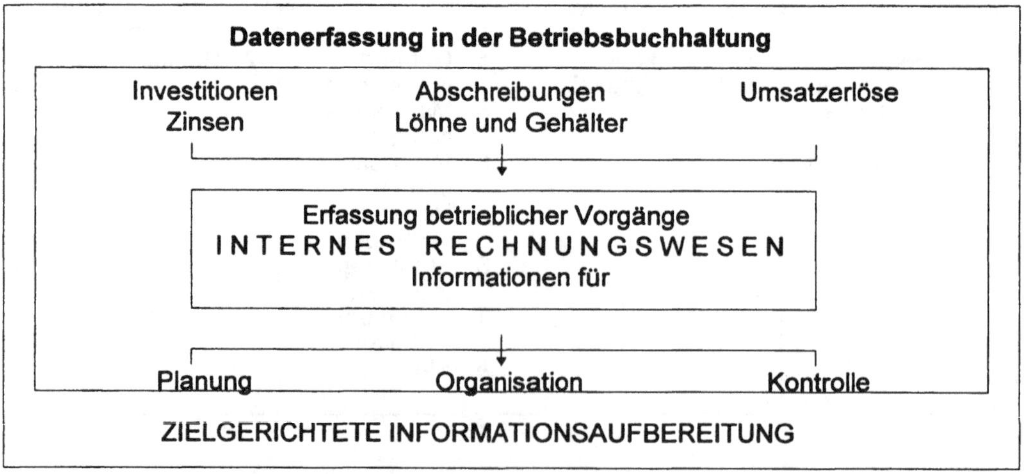

Zur Vervollständigung des Gesamtbildes sollen hier nur noch **kurz** die weiteren Teile des internen Rechnungswesens, **Betriebsstatistik** und **Planungsrechnung** mit **Investitionsrechnung**, beschrieben werden.

Aufgabe der Betriebsstatistik ist die Aufbereitung, Verdichtung und Verhältnisbildung des in der Finanzbuchhaltung und Kosten- und Leistungsrechnung gewonnenen Zahlenmaterials und deren Darstellung in übersichtlicher Form. Die Planungsrechnung (z.B. Investitionsrechnung) gibt Entscheidungshilfen für langfristige Anschaffungsobjekte durch Diskontierung der Rechengrößen auf einen festgesetzten Zeitpunkt.

2. Aufgaben der Kosten- und Leistungsrechnung

2.1. Allgemeiner Hinweis zu den Aufgaben

Im Laufe der Zeit hat sich herausgestellt, dass die Zahlen der Finanzbuchhaltung zur Entscheidungsfindung betriebswirtschaftlicher Art nicht ausreichten. Der Wunsch nach einem wertneutralen Instrument zur Messung des betrieblichen Erfolgs und zur Bereitstellung von Daten, die den tatsächlichen oder vergleichbaren Verbrauch und die damit verbundene Wertentstehung darstellen, ließ der Kosten- und Leistungsrechnung zunehmende Bedeutung zukommen. Nunmehr erscheinen betriebswirtschaftliche Entscheidungen in Betrieben - auch schon kleinerer Größen - ohne die Informationen der Kosten- und Leistungsrechnung unmöglich.

Aus dieser Erkenntnis ergeben sich folgende Aufgaben:

- **Kontrolle der Wirtschaftlichkeit,**
- **Ermittlung des Periodenerfolges,**
- **Basis für betriebswirtschaftliche Entscheidungen,**
- **Basis für die Bewertung von Wirtschaftgütern,**
- **Preiskalkulation und Preisbeurteilung.**

2.2. Aufgaben

2.2.1. Kontrolle der Wirtschaftlichkeit

Aus der absoluten Größe "Gewinn" kann keine Aussage über die Wirtschaftlichkeit eines Unternehmens gemacht werden. Erst aus dem internen und externen Vergleich sowie aus der Gegenüberstellung von geplanten Größen (Sollgrößen) und tatsächlichen Größen (Istgrößen) ist eine Aussage über den wirtschaftlichen Einsatz von Produktionsfaktoren möglich. Da ein Vergleich auf Unternehmensebene keinen Aufschluss über das jeweilige Verhalten einzelner Bereiche gibt, geht man mehr und mehr dazu über, abteilungs- (**kostenstellen**-)bezogene Wirtschaftlichkeitskontrollen durchzuführen.

Diese Form der Wirtschaftlichkeitskontrolle wird durch die Kosten- und Leistungsrechnung besonders unterstützt, da sie, wie später noch besprochen wird, in der **Kostenstellenrechnung** ohnehin schon eine Verteilung der Kosten auf die eingerichteten **Kostenstellen** vornimmt. Somit ist es möglich, im Einzelnen Kontrollrechnungen durchzuführen, Mängel zu erkennen und abzustellen.

Desweiteren ermöglicht die Kosten- und Leistungsrechnung aufgrund noch näher zu erläuternder Rechenverfahren einen möglichst wirtschaftlichen Einsatz (Verteilung) bei Kapazitätsengpässen.

Durch Bekanntmachung der Kostengrößen an untergeordnete Bereiche wird deren Verständnis und Verantwortung für die Kostenverursachung gefördert.

2.2.2. Ermittlung des Periodenerfolges

Bei der Ermittlung des Periodenerfolges wird der Zusammenhang zwischen der Kosten- und Leistungsrechnung deutlich. Produktbezogene Kosten und Leistungen einer Periode werden miteinander verrechnet. Das Ergebnis stellt den Erfolg der entsprechenden Produktart oder Produktgruppe in der Periode dar. Man spricht bei diesem Verfahren auch von der Betriebsergebnisrechnung. Die Summe aller Produkterfolge bildet das Betriebsergebnis.

Da die Abrechnungsperiode in der Kosten- und Leistungsrechnung grundsätzlich kürzer als ein Wirtschaftsjahr ist, spricht man bei dieser Rechnung auch von der **kurzfristigen Erfolgsrechnung**. Als Periode gilt hier sehr häufig ein Monatszeitraum.

Der Begriff "Erfolgsrechnung" ist jedoch der Finanzbuchhaltung entnommen. Entsprechend sollte man deshalb auch bei einer echten kurzfristigen Erfolgsrechnung nach Ermittlung des Betriebsergebnisses diejenigen Positionen berücksichtigen, die erforderlich sind, das rechtliche Ergebnis darzustellen. Diese Positionen werden häufig als nicht so aussagefähig empfunden und deshalb vernachlässigt.

Es ergibt sich mit Berücksichtigung des letzten Absatzes folgendes Schema

	Leistungen
-	Kosten
=	Betriebsergebnis (betriebswirtschaftliches Ergebnis)
+/-	Umbewertungen auf Erfolgsrechnung
+/-	neutrale Erfolge
=	Gewinn (rechtliches Ergebnis)

2.2.3. Basis für betriebswirtschaftliche Entscheidungen

In einem Unternehmen werden Entscheidungen aufgrund von Informationen gefällt, die für bestimmte Aussagen rechnerisch aufbereitet sein müssen. Es werden dazu verschiedenste mathematische und statistische Verfahren eingesetzt. Die Kosten- und Leistungsrechnung liefert das erforderliche Zahlenmaterial. Gerade in der Planungsphase gilt es, Handlungsalternativen abzuwägen. Ein Aspekt des Abwägens liegt im Vergleich der Wirtschaftlichkeit. Somit lassen sich folgende wirtschaftliche Probleme nur in Kenntnis der effektiven Kostensituation erkennen und lösen:

a) Verfahrensvergleiche im Bereich der Fertigung;

b) Wahl der **optimalen Losgröße** unter Einbeziehung aller relevanten Faktoren (Lager-, Zinskosten etc.);

c) Bestimmung des **Break-even-Point** (Ermittlung der Produktionsmenge, ab der mit einem positiven Ergebnis zu rechnen ist. Verfahren zur Beantwortung der Frage: "Wie viele Produkte müssen produziert werden, um **fixe** und **variable** Kosten zu decken, bevor ein Gewinn anfällt ?");

d) Wahl zwischen Eigenerzeugung/ Fremdbezug, Kauf/Miete von Produktionsfaktoren;

e) Entscheidungen im Absatzbereich, z.B. über Annahme oder Ablehnung eines Auftrages unter Berücksichtigung von Preisuntergrenzen.

2.2.4. Basis für die Bewertung von Wirtschaftsgütern

In der Finanzbuchhaltung wurde bisher immer mit Beständen (Anfangs- und Schlussbeständen) operiert. Die eigentliche Problematik hierbei ist jedoch noch nicht berücksichtigt worden. So ergibt sich der Schlussbestand nicht aus der Fortschreibung des Wirtschaftsjahres, sondern aus der Bewertung im Rahmen des Jahresabschlusses (Inventur/ Inventar), in dem für jedes Wirtschaftsgut ein Wert beigemessen werden muss. Für Anlagegüter und Handelswaren, für die Anschaffungskosten (vermindert um die etwaige Abschreibung) angesetzt werden, erscheint die Bewertung nicht sehr problematisch. Für Produkte oder selbsterstellte Anlagen ist es jedoch nicht so einfach. Hier sind die Herstellungskosten - besser Herstellungsaufwand - zuzüglich der **Verwaltungsgemeinkosten** im Bereich der Fertigung - relevant. Ermittelt werden diese auf der Basis der kostenrechnerischen **Herstellkosten**. Aus der Ergebnisrechnung der Finanzbuchhaltung sind die Herstellungskosten jedoch nicht zu ermitteln. Auch hier gehen wesentliche Informationen aus der Kosten- und Leistungsrechnung in die Finanzbuchhaltung ein.

2.2.5. Preiskalkulation und Preisbeurteilung

Der Kosten- und Leistungsrechnung als Instrument der Preisbestimmung wird in einem marktwirtschaftlichen System eine untergeordnete Rolle beigemessen, da die Kostensituation des Betriebes unwesentlich zum erzielbaren Preis beiträgt. Vielmehr wird der Preis durch das Zusammenspiel von Angebot und Nachfrage am Markt gebildet (Ausnahme: Preisbildung des Monopolisten). Aufgabe der Kosten- und Leistungsrechnung ist es hierbei vielmehr, eine Preisbeurteilung zu ermöglichen, insbesondere festzustellen, ob sich die **Selbstkosten** unterhalb des erzielbaren Preises am Markt befinden. Sie legt somit Preisuntergrenzen im Absatz fest. Andererseits können in der Kosten- und Leistungsrechnung Preisobergrenzen für die Beschaffung einzelner Einkaufsteile (Produktionsfaktoren) festgelegt werden, wenn z.B. der erzielbare Verkaufspreis und weitere Kosten in ihrer Höhe bekannt sind. Die Kosten- und Leistungsrechnung ermöglicht weiterhin, zwischen Betrieben und Teilbetrieben innerhalb der Unternehmung ausgetauschte Leistungen zu bewerten und eine Grundlage für die innerbetriebliche Preisbestimmung zu bilden (interne Verrechnungspreise).

3. Sachgebiete der Kosten- und Leistungsrechnung

a) Kostenrechnung

Die Kostenrechnung gliedert sich entsprechend ihrer Abrechnungsstufen in die folgenden Sachgebiete.

1. Kostenartenrechnung

Sie beschäftigt sich mit der Frage, welche Kosten - einschl. ihrer absoluten Höhe - im betrieblichen Leistungsprozess anfallen. Hier werden die unternehmerischen Aufwendungen von den betrieblichen Kosten getrennt. Weiter werden die Kosten in unterschiedliche Gruppen gegliedert.

2. Kostenstellenrechnung

Nachdem die Kosten nach Art und Höhe bekannt sind, müssen sie den entsprechenden Orten der Kostenverursachung zugerechnet werden. Dazu dient die Kostenstellenrechnung, in der mittels des Betriebsabrechnungsbogens (BAB) die Verrechnung der Kosten auf die Kostenstellen vorgenommen werden kann.

3. Kostenträgerrechnung

Hier werden die Kosten auf die erstellten Leistungen verrechnet. Dabei sind die Kenntnisse, welche Kostenstellen an den Gesamtkosten bei der eigentlichen Herstellung eines Kostenträgers (Produkte, Dienstleistungen etc.) beteiligt sind, notwendig. Die Kosten pro Kostenträger können als Stück- oder Periodenrechnung ermittelt werden.

b) Leistungsrechnung

Der Kostenrechnung steht die Leistungsrechnung, in der der Wertzuwachs aufgrund betrieblicher Tätigkeit (Output des Betriebes) als Stück- und / oder Periodenrechnung ermittelt wird, gegenüber.

<table>
<tr><th colspan="4">Betriebsbuchhaltung / -abrechnung</th></tr>
<tr><td colspan="2">Kostenrechnung
Stufe Sachgebiete</td><td></td><td>Leistungsrechnung</td></tr>
<tr><td>1.</td><td>Kostenarten-
rechnung</td><td></td><td></td></tr>
<tr><td>2.</td><td>Kostenstellen-
rechnung</td><td></td><td></td></tr>
<tr><td>3.</td><td>Kostenträger-
rechnung</td><td></td><td></td></tr>
<tr><td>3.1.</td><td>Kostenträger-
zeitrechnung</td><td>periodenbezogen</td><td>Erlöse der Periode</td></tr>
<tr><td>3.2.</td><td>Kostenträger-
stückrechnung</td><td>stück-/auftrags-
bezogen</td><td>Stückerlöse / Preis</td></tr>
<tr><td colspan="4">Kalkulatorischer Erfolg oder Kalkulatorisches Ergebnis oder Beriebsergebnis</td></tr>
</table>

4. Kosteneinflussgrößen

Im Kapitel 4.1 ging die Kostenermittlung von den Werten der Finanzbuchhaltung aus und ergab erst im letzten Schritt der Abgrenzung die eigentlichen Kosten.

Natürlich ist es auch möglich, die Kosten über **Kostenanalyse** (Stücklisten, Arbeitskarten etc.) zu ermitteln. Ziel ist es, die Gesamtkosten einer Produktart (Los, Sorte etc.) festzuhalten.

Folgende Überlegungen sind dazu erforderlich:

- Zunächst werden die Kosten in ihrer Höhe von der Betriebsgröße, welche wiederum Auswirkung auf Fertigungsprogramme und Faktorausstattung hat, beeinflusst.
- Unterschiedliche Fertigungsprogramme haben unterschiedliche Kosten zur Folge (z.B. Einzel- oder Serienfertigung).
- Natürlich wirkt sich die (Produktions-)Faktorausstattung oder auch die Faktorqualität auf die für die Herstellung des Produktes erforderlichen Kosten aus.

- Aus Fertigungsprogramm und Faktorausstattung ergibt sich dann die Losgröße (Fertigungsmenge zwischen zwei Umrüstungen), die zum Einsatz kommen soll.

Die vorgenannten Größen beeinflussen letztlich die folgenden Faktoren:

a) **Faktoreinsatzmenge**
b) **Faktorpreis**
c) **Beschäftigungsmenge**

- Die Faktoreinsatzmenge bezieht sich auf den tatsächlichen Einsatz aller Produktionsfaktoren.
- Faktorpreise sind abhängig von vielen Situationen, so von Abnahmemenge, Marktsituation des Anbieters und des Nachfragers usw. Sie beziehen sich jeweils auf eine Einheit eines Faktoreinsatzes.
- Unter Beschäftigung versteht man die tatsächliche Ausnutzung der Produktionskapazität, ausgedrückt in Form des Kapazitätsausnutzungsgrades (Ist-Ausnutzung : Maximalkapazität in Prozent). Die Beschätigungsmenge ist die tatsächliche Ausnutzung in absoluten Werten, gemessen in Stunden oder Output etc.
- Die Summe aller Produkte aus

  Faktoreinsatzmenge * Faktorpreis

  aller Einsatzfaktoren (Werkstoffe, Betriebsmittel, Arbeitsleistung, dispositiver Faktor) ergibt die Kosten pro Produkteinheit, diese wiederum multipliziert mit der Beschäftigungsmenge ergeben die Gesamtkosten einer Produktart.

Die soeben aufgestellte Gleichung

Beschäftigungsmenge × Σ(Faktoreinsatzmenge × -preis) = GESAMTKOSTEN

findet in der Untersuchung der Ist-, Normal- und Plankosten noch weiter gehende Anwendung.

II. Kostenrechnungssysteme

1. Grundsätzliches

Im I. Kapitel (Grundlagen) ist bereits erläutert worden, dass die Information und die Kontrolle wichtige Ziele der Kosten- und Leistungsrechnung sind. Bisher sind hierzu Begriffe, Definitionen und Gliederung dieses Teilgebietes des Rechnungswesens erläutert worden.
Nunmehr soll in diesem Kapitel besprochen werden, in welchem **Umfang** die Kosten verrechnet werden und welchen Zeitbezug Kontrolloperationen von Kosten haben.

2. Umfang der Kostenverrechnung

Die Kosten- und Leistungsrechnung als Teilgebiet der Betriebswirtschaft beinhaltet auch die verschiedenartigsten Auffassungen über die Kostenberücksichtigung (-verrechnung). In Abhängigkeit von der Aufgabe ergeben sich verschiedene Rechnungssysteme, da **alle** Aufgabenstellungen nicht mit demselben System zu lösen sind.

2.1. Vollkostenrechnung

Wie dem Namen zu entnehmen ist, werden hier die gesamten ("vollen") Kosten verrechnet. Es werden also alle **Kostenarten** berücksichtigt, sowohl fixe als auch variable Kosten. Ausgangspunkt ist die Kostenartenrechnung, von deren Erfassung ab eine "Überwälzung" der Einzelkosten (direkt) und der Gemeinkosten (indirekt über Kostenstellenrechnung) auf den/die Kostenträger erfolgt.

2.2. Teilkostenrechnung

Im Gegensatz zur Vollkostenrechnung geht die Teilkostenrechnung vom Erlös der einzelnen Leistungen bzw. Produkte aus und verrechnet nur Teile (produktionsabhängige, der Produktion direkt zurechenbare = variable Kosten) der Gesamtkosten.

2.3. Vergleich von Voll- und Teilkostenrechnung

Aus der unterschiedlichen Rechnung ergeben sich unterschiedliche Ergebnisse, die jedoch jeweils verschiedenen Informationserfordernissen gerecht werden. So ist z.B. für die Frage nach der Höhe der Selbstkosten die Vollkostenrechnung und für die Ermittlung des Bruttoergebnisses (verbleibender Erlös zur Deckung der fixen Kosten) die Teilkostenrechnung relevant.

Ein kurzes Beispiel soll schon jetzt zeigen und ein Gefühl dafür vermitteln, dass nicht alle Kostenarten berücksichtigungsfähig in Bezug auf betriebswirtschaftliche Entscheidungen sind.

Beispiel

Ein Betrieb stellt ein Erzeugnis her:

Kosten, variabel	DM 24,-- /Stck
Kosten, fix	DM 10,-- /Stck
Selbstkosten	DM 34,-- /Stck
Erlös	DM 45,-- /Stck

Dem Betrieb wird ein zusätzlicher Auftrag (welcher mit dem Fixkostenpotential realisierbar ist) für DM 30,--/Stck angeboten.

Ergebnis:
Für den Vollkostenrechner kann die Entscheidung über die Annahme des zusätzlichen Auftrages nur "NEIN" lauten, da die Selbstkosten unterschritten würden.
Der Teilkostenrechner sieht jedoch nur variable Kosten, die durch die größere Beschäftigung hervorgerufen würden, als maßgeblich an, denn die fixen Kosten würden weiterhin konstant bleiben. Von dem Erlös von DM 30,-- je Stück verblieben demnach noch DM 6,-- je Stück als "Mehr"-Gewinn.

2.4. Prozesskostenrechnung

Dieses neuere Kostenrechnungssystem kann entweder alle Kostenarten im Rahmen einer Vollkostenrechnung bis auf die Kostenträger verrechnen, oder es wird in die Teilkostenrechnung integriert. Die Verteilung der nur indirekt zurechenbaren Kosten wird allerdings durch verursachungsgerechte Bezugsgrößen verbessert. Als Bezugsgrößen werden die auslösenden Aktivitäten - Prozesse - auch über Kostenstellen hinweg gewählt. Die Verbindung zu den Produkteinheiten wird über Koeffizienten hergestellt.

3. Zeitbezug der Kosten

Bezüglich des Zeitbezugs werden Ist-, Normal- und Plankosten unterschieden.

3.1. Istkosten

Istkosten stellen die tatsächlichen Kosten der vergangenen Perioden, die jedoch aufgrund von einmaligen oder zufälligen (außergewöhnlichen) Ereignissen beeinflusst wurden, dar. Sie sind ausschließlich vergangenheitsbezogen und beinhalten die bereits im - Kapitel "Kosteneinflussgrößen" - genannten Faktoren:

Ist-Faktoreinsatz × Ist-Faktorpreis × Ist-Beschäftigung = Istkosten I

Die Istkosten, die sich aus diesem Produkt ergeben, liefern jedoch wenig Möglichkeit des Vergleichs mit Vorperioden, da die Veränderung der Gesamtkosten aufgrund der Veränderungen aller Faktoren gleichzeitig entstanden sein können. Aus diesem Grund versucht man durch Einführung konstanter Größen die Faktoreinsatzmenge (pro Faktor) zu isolieren - sie ist die am ehesten beeinflussbare Größe und für die Produktivität ausschlaggebend -, um dann ihre Beziehung zu den Gesamtkosten pro Faktor zu untersuchen.

Es ergeben sich dadurch die folgenden weiteren Istkostenberechnungen:

Ist-Faktoreinsatz × Verrechnungspreis × Ist-Beschäftigung =
Istkosten zum Verrechnungspreis

Ist-Faktoreinsatz × Verrechnungspreis × verrechnete oder Normalbeschäftigung =
Istkosten zum Verrechnungspreis und zur
verrechneten oder Normalbeschäftigung

Verrechnungspreis ist der Durchschnittspreis mehrerer vergangener Perioden unter Berücksichtigung zukünftiger Erwartungen, der aus Gründen der Vergleichbarkeit für eine oder mehrere Folgeperiode(n) Gültigkeit hat. Die verrechnete oder Normalbeschäftigung entspricht in diesem Zusammenhang der normalen Auslastung.

Mit der isolierten Faktoreinsatzmenge lassen sich dann Kontrollrechnungen bezüglich des Verhältnisses Faktoreinsatzmenge zu Gesamtkosten/Faktor aufstellen, die wiederum Aufschluss darüber geben, ob die Veränderung der Einsatzmenge die Veränderung der Gesamtkosten rechtfertigt.

Die drei Möglichkeiten der Istkostenermittlung erlauben Ist-Ist-Vergleiche mit den Istkosten der Vorperiode(n), beinhalten jedoch immer noch die Zufällig- und Einmaligkeiten; eine Aussage über den wirtschaftlichen Einsatz der Produktionsfaktoren ist aufgrund fehlender Sollgrößen weiterhin unmöglich.

3.2. Normalkosten

Um die Zufälligkeiten herauszurechnen (besser gesagt, zu glätten) werden in der Normalkostenrechnung Durchschnittsgrößen verwendet, d.h.:

ø-Ist-Faktoreinsatz × ø-Ist-Faktorpreis × ø-Ist-Beschäftigung = Normalkosten

Analog zur Istkostenrechnung können, um ebenfalls bessere Vergleichsmöglichkeiten zu bieten, Verrechnungsgrößen einfließen:

ø-Ist-Faktoreinsatz × Verrechnungspreis × ø-Ist-Beschäftigung =
Normalkosten zum Verrechnungspreis

ø-Ist-Faktoreinsatz × Verrechnungspreis × verrechnete oder Normalbeschäftigung =
Normalkosten zum Verrechnungspreis und zur verrechneten oder Normalbeschäftigung

Wie man erkennen kann, handelt es sich bei den Normalkosten wie bei den Istkosten um vergangenheitsbezogene Werte, die auch nur den periodeninternen Normal-Ist-Vergleich erlauben. Sie beinhalten weiterhin Unwirtschaftlichkeiten, welche in der zukunftsorientierten Plankostenrechnung durch Ermittlung von Sollkosten und den Soll-Ist-Vergleich aufgedeckt werden können.

3.3. Plankosten

Die Plankostenrechnung basiert auf dem analytisch ermittelten, erwarteten Werteverzehr einer zukünftigen Abrechnungsperiode (Planungsperiode).

Zur Ermittlung der Plankosten werden Berechnungen, Verbrauchs- und Zeitstudien sowie methodisch gesicherte Schätzungen oder auch lediglich Offertanfragen an die Lieferanten für den kommenden Zeitraum herangezogen. Selbstverständlich gehört zur Mengenplanung auch die Stücklistenauflösung und Arbeitsplanzerlegung, welche zur Plankostenermittlung im Bereich der Einzelkosten sehr gute Ansätze bietet.

Mit Hilfe der Größen der Plankostenrechnung sind Preis-, Verbrauchs- und Beschäftigungsabweichungen ermittelbar. Hierbei werden Überschreitungen der geplanten Kosten als Unterdeckung und Unterschreitungen als Überdeckung bezeichnet. Dazu bedarf es der folgenden Rechenschritte:

   Ist-Faktoreinsatz × Plan-Faktorpreis × Ist-Beschäftigung = Istkosten II oder Istkosten zum Planpreis
\- Ist-Faktoreinsatz × Ist-Faktorpreis × Ist-Beschäftigung = Istkosten I

= Preisabweichung

Istkosten II < Istkosten I = Unterdeckung
Istkosten II > Istkosten I = Überdeckung

   Plan-Faktoreinsatz × Plan-Faktorpreis × Plan-Beschäftigung = Plankosten
\- Plan-Faktoreinsatz × Plan-Faktorpreis × Ist-Beschäftigung = Sollkosten

= Beschäftigungsabweichung

Plankosten < Sollkosten = Unterdeckung
Plankosten > Sollkosten = Überdeckung

   Plan-Faktoreinsatz × Plan-Faktorpreis × Ist-Beschäftigung = Sollkosten
\- Ist-Faktoreinsatz × Plan-Faktorpreis × Ist-Beschäftigung = Istkosten II

= Verbrauchsabweichung

Sollkosten < Istkosten II = Unterdeckung
Sollkosten > Istkosten II = Überdeckung

Auf diese vorstehend dargestellte Art und Weise ergeben sich vielfältige Möglichkeiten der Kostenkontrolle.

Besonders soll in diesem Zusammenhang auf die Möglichkeit der Budgetierung als Mittel der Kostenkontrolle hingewiesen werden, die auf Basis der Plan- bzw. Sollkosten bestens zur Kostendämpfung geeignet ist.

Beispiel

Gegebene Fakten:

Plan-Faktoreinsatzmenge:	2,8 Liter
Plan-Faktorpreis:	2,10 DM/Liter
Plan-Beschäftigung:	12.000 Stck.
Ist-Faktoreinsatzmenge:	3,0 Liter
Ist-Faktorpreis:	2,– DM/Liter
Ist-Beschäftigung:	10.000 Stck.

Plankosten:	2,8×2,10×12.000 =	70.560,– DM
Istkosten I:	3,0×2,– ×10.000 =	60.000,– DM
Plankosten - Istkosten I:	=	10.560,– DM
Gesamtabweichung = Überdeckung		
Sollkosten:	2,8×2,10×10.000 =	58.800,– DM
Istkosten II:	3,0×2,10×10.000 =	63.000,– DM
Sollkosten - Istkosten II:	=	- 4.200,– DM
Verbrauchsabweichung = Unterdeckung		
Plankosten - Sollkosten:	=	11.760,– DM
Beschäftigungsabweichung = Überdeckung		
Istkosten II - Istkosten I:	=	3.000,– DM
Preisabweichung = Überdeckung		

Verbrauchsabweichung	- 4.200,– DM
+ Preisabweichung	3.000,– DM
+ Beschäftigungsabweichung	11.760,– DM
= Gesamtabweichung	10.560,– DM

Aufgabe

	Plandaten	Istdaten
Faktoreinsatzmenge	3,21 Liter	3,0 Liter
Faktorpreis	-,97 DM/l	1,-- DM/l
Beschäftigung	9.000 Stück	10.000 Stück

1. Berechnen Sie:
   a) Gesamtabweichung
   b) Einzelabweichungen!
2. Interpretieren Sie die Ergebnisse!

4. Systemzusammenhang

Nachdem die Einzelheiten der Kostenrechnungssysteme erläutert wurden, soll nun noch abschließend auf den Systemzusammenhang eingegangen werden:

Jedem der beiden oben benannten Verrechnungsverfahren lassen sich die Verfahren der Zeitbezüge zuordnen. Ein Verrechnungsverfahren lässt sich nur unter einem Zeitbezug betrachten. So gibt es Istkosten auf Vollkostenbasis oder Plankosten auf Teil- oder Vollkostenbasis.

Der Anwender der Kosten- und Leistungsrechnung kann zudem in Abhängigkeit von der Aufgabe und Fragestellung alle Elemente des Systems nutzen; jedenfalls schließt die Anwendung der Vollkostenrechnung nicht die Teilkostenrechnung aus, und auch nicht umgekehrt.

Das nachstehende Schema soll noch einmal die vorhergegangenen Ausführungen auf einen Blick verdeutlichen:

Kostenrechnungssysteme					
Zeitbezug			Umfang der Verrechnung		
Istkosten	Normalkosten	Plankosten	Vollkosten	Teilkosten	Prozesskosten
tatsächlicher Wertverzehr	Durchschnittswerte aus Vergangenheit	erwarteter Wertverzehr	überwälzen aller Kosten	Verrechnung produktionsabhängiger Kosten - variable K.	überwälzen der Gemeinkosten über verursachungsgerechte Prozesse
Ist-Ist-Vergleich 2 Perioden	Normal-Ist-Vergleich 1 Periode	Plan-Ist-Vergleich 1 Periode mit Sollkosten	Vollkosteninformation	Teilkosteninformation	Kosteninformation über betriebliche Aktivitäten

III. Kostenartenrechnung und Erfassung von Leistungen

1. Grundsätzliches

Die Erfassung der Kosten und Leistungen beruht auf dem Verständnis für betriebswirtschaftliche Vorgänge, auf dem Wissen um den Werteverzehr bzw. Wertezuwachs und auf der richtigen Einordnung der Fälle im kostenrechnerischen Sinn. Dazu soll im folgenden das Handwerkszeug geliefert werden, obwohl es für den kostenrechnerischen Ansatz keine rechtsgültigen Regelungen gibt. Die genannten Verfahren stellen lediglich eine Zusammenfassung vorherrschender Methoden dar.

Unter **Kosten** versteht man daher genauer definiert sämtlichen Verzehr bzw. die zeitliche Beanspruchung von Produktionsfaktoren einer Periode zum Zwecke der Leistungserstellung, mengenmäßig erfasst, bewertet zu **betriebswirtschaftlichen Ansätzen**.
Leistungen sind sachzielorientierte Zuwachs aufgrund betrieblicher Tätigkeit (Produktion) an Gütern einer Periode, mengenmäßig erfasst, bewertet zu **betriebswirtschaftlichen Ansätzen**.
Die Leistung kann auf zwei Arten ermittelt werden, und zwar a) als in DM gemessener Wertzuwachs (Umsatzerlöse) und b) als Mengenzuwachs (Output), bewertet in DM für nicht verkaufte Produkte, z.B. Bestandsmehrung, aktivierte Eigenleistung etc.
In der neueren Literatur wird Leistung häufig als Mengenzuwachs (Output) verstanden. Der Wertzuwachs wird dann Betriebsertrag genannt.

Ziel der **Kostenrechnung** ist die genaue Ermittlung dieses betrieblichen Werteverzehrs, dessen Zuordnung zu einzelnen (betrieblichen) Orten der Kostenentstehung und die möglichst genaue Verrechnung auf die einzelnen Kostenverursacher (Kostenträger) unter Berücksichtigung wirtschaftlicher Gesichtspunkte. Dieser Zuordnung in der Kostenstellenrechnung und Verrechnung in der Kostenträgerrechnung muss die Erfassung logisch vorausgehen. Daher bildet die Kostenartenrechnung, deren Aufgabe die Erfassung aller Kostenarten ist, die erste Stufe der Abrechnungsfolge:

1. Kostenartenrechnung
→ **2. Kostenstellenrechnung bzw.**
→ **3. Kostenträgerrechnung**

Der Grad der Genauigkeit, Vollständigkeit und Aktualität ist eng an die Informationsbedürfnisse geknüpft. Er unterliegt der Wirtschaftlichkeit, welche die genaueste Erfassung jedes einzelnen Verbrauchs (Verzehrs) in einigen Fällen nicht rechtfertigt. In diesen Fällen, oder auch, wenn der Verbrauch im Einzelnen nicht messbar ist, erfolgt die Festlegung von Erfahrungs- bzw. Durchschnittswerten.

Die **Kostenartenrechnung** beschäftigt sich mit der Fragestellung: "Welche Kosten sind angefallen?". Ausgangspunkt der Überlegungen sind die Aufwendungen der Finanzbuchhaltung. Aus diesen werden die Kosten ausgegrenzt, und diese werden dann gegebenenfalls unter betriebswirtschaftlichen Aspekten ergänzt. Außerdem wird die betriebswirtschaftlich sinnvolle Höhe der Verbräuche ermittelt.
In einem zweiten Schritt werden dann die Kosten nach verschiedenen Gesichtspunkten in sinnvolle Gruppen zur weiteren o.a. Zuordnung auf Kostenstellen usw. aufgeteilt.
Die **Erfassung der Leistungen** beschäftigt sich mit der Fragestellung: "Welche Leistungen sind angefallen?". Ausgangspunkt sind die Erträge der Finanzbuchhaltung. Aus diesen werden die Leistungen ausgegrenzt und gegebenenfalls ergänzt. Weiter wird die betriebswirtschaftlich sinnvolle Höhe ermittelt.
Eine Gruppierung der Leistungen nach Produktarten wurde in der Regel ebenfalls von der Finanzbuchhaltung vorweggenommen.

Eine Umwandlung von den finanzbuchhalterischen Erfolgsgrößen in betriebswirtschaftliche hat zwei wesentliche Gründe:

Da, z.B. wegen der Ungewissheit zukünftiger Vorfälle, ein sachlich und zeitlich auf die Lebensdauer der Unternehmung gerichtetes Planen nicht möglich ist, muss ein sachlich und zeitlich begrenztes Planen erfolgen. Durch das Unternehmensgeschehen ist es jedoch nicht zu vermeiden, dass Maßnahmen und Konsequenzen periodenüber greifend anfallen, z.B. Zahlungen nach der betrachteten Periode vorliegen. Das führt in der Konsequenz dazu, dass bei einer Periodenbetrachtung des Unternehmensergebnisses die Erfolge der Finanzbuchhaltung aussagekräftiger sind als noch zu erwartende Zahlungen. In Abhängigkeit von ihrer Aufgabe gilt es, die entsprechenden Vermögensmassen und ihre Veränderungen durch Strömungsgrößen darzustellen.

Während **Auszahlung, Ausgabe, Einzahlung und Einnahme** vor allem auf die Ebene der Investition, Finanzplanung und Liquiditätsrechnung beziehen, wird der **Aufwand** und **Ertrag** der Unternehmung in der Finanzbuchhaltung erfasst. Diese Erfassung erfolgt zur Information Dritter einheitlich aufgrund gesetzlicher Bestimmungen.

Die Periode der Information über betriebliche Dinge ist jedoch noch kürzerfristig. Außerdem steht hier zur eigenen genauen Information das betriebswirtschaftliche Empfinden im Vordergrund. Aufwendungen und Erträge müssen also in die Strömungsgrößen **Kosten** und **Leistungen** umdefiniert bzw. um weitere ergänzt werden, die die genannten Aspekte berücksichtigen.

Die Periode in der Kosten- und Leistungsrechnung kann aufgrund kurzfristig benötigter Informationen ein Vierteljahr, besser einen Monat betragen. Man findet auch schon Perioden von jeweils vier Wochen (durchschnittlich hat der Monat 4,33 Wochen).

2. Abgrenzung zwischen Finanzbuchhaltung und Betriebsbuchhaltung

2.1. Aufwendungen und Kosten

Ausgangspunkt für diese Untersuchung sind die Auszahlungen der Periode (diese muss nicht identisch mit dem Wirtschaftsjahr der Finanzbuchhaltung sein). Diese Auszahlungen sind, um die Ausgaben der Periode zu erhalten, wie folgt zu korrigieren:

<table>
<tr><td>AUSZAHLUNGEN DER PERIODE</td><td rowspan="3">A
U
S
G
A
B
E

D
E
R

P
E
R
I
O
D
E</td></tr>
<tr><td>- Auszahlungen für Ausgaben der Vor- und Folgeperiode

z.B. - Begleichung von Verbindlichkeiten der Vorperiode
- Anzahlungen auf erwartete Leistungen in der Folgeperiode</td></tr>
<tr><td>+ Geldwert für Güterzugänge der laufenden Periode, die jedoch in der Vor- bzw. Folgeperiode zur Auszahlung führten, bzw. führen.

z.B. - Kauf von Rohstoffen auf Ziel
- geleistete Anzahlungen in der Vorperiode</td></tr>
</table>

In den Ausgaben der Periode sind jedoch noch Aufwendungen enthalten, die die betrachtete Periode nicht betreffen bzw. **keine** Auswirkung auf den Erfolg haben (rein finanzwirtschaftliche Ausgaben). Um die Aufwendungen der lfd. Periode zu isolieren, ergibt sich das nun dargestellte Schema:

<table>
<tr><td>AUSGABEN DER PERIODE</td><td rowspan="3">AUFWAND DER PERIODE</td></tr>
<tr><td>- a) transitorische Rechnungsabgrenzungsposten auf Folgeperiode (Ausgabe jetzt, Aufwand später)
b) Ausgaben ohne Auswirkungen auf den Erfolg (rein finanzwirtschaftlich)

z.B. a) Mietvorauszahlung für Folgeperiode
b) Darlehensrückzahlung oder Kauf von nicht abnutzbaren Gütern</td></tr>
<tr><td>+ a) transitorische Rechnungsabgrenzungsposten der Vorperiode (Ausgabe Vorperiode, Aufwand laufende Periode)
b) antizipative Rechnungsabgrenzung auf die Folgeperiode

z.B. a) Mietvorauszahlung für laufende Periode in Vorperiode
b) Mietaufwand der laufende Periode, für den die Ausgabe erst in der Folgeperiode erfolgt</td></tr>
</table>

Diese eben aufgeführten Strömungsgrößen sind schon im Rahmen der Finanzbuchhaltung erläutert worden.

Die eigentliche Kosten-Abgrenzung soll mittels des bekannten Balkendiagramms erfolgen:

Neutraler Aufwand a) betriebsfremd b) periodenfremd c) außerordentlich Konten-Gr. 90 - IKR Konten-Kl. 2 - GKR	Als Kosten verrechneter Zweckaufwand Konten- Gr. 92 - IKR Konten-Kl. 4 - GKR	Nicht als Kosten verrechneter Zweckaufwand Konten-Gr. 91 - IKR Konten-Kl. 2 - GKR	
	Grundkosten Konten- Gr. 92 - IKR Konten-Kl. 4 - GKR	Anderskosten Konten- Gr. 92 - IKR Konten-Kl. 4 - GKR	Zusatzkosten Konten- Gr. 92 - IKR Konten-Kl. 4 - GKR
		KALKULATORISCHE KOSTEN	

Wichtig ist hierbei, und deshalb soll es noch einmal wiederholt werden, dass der Begriff "Aufwand" in der Finanzbuchhaltung Anwendung findet und der Begriff "Kosten" zur Kostenrechnung gehört.

In der Finanzbuchhaltung teilen sich die Aufwendungen zunächst in

neutrale Aufwendungen
Zweckaufwendungen

Die **neutralen Aufwendungen** sind entweder nicht für die Realisierung des Betriebszweckes entstanden oder verzerren das "normale", vergleichbare Betriebsergebnis. Sie werden somit nicht in der Kostenrechnung berücksichtigt. Man teilt sie noch in drei verschiedene Arten ein:

außerordentlicher Aufwand
periodenfremder Aufwand
betriebsfremder Aufwand

Die **außerordentlichen Aufwendungen** grenzen zusätzlich zu den außerordentlichen Erfolgen der Kapitalgesellschaften für unübliche Geschäftsvorfälle einer Unternehmung weitere aus.
Diese können zwar durch den Betriebszweck entstanden sein, sie können jedoch insoweit keiner bestimmten Leistung zugerechnet werden bzw. sie würden das normale Betriebsergebnis erheblich beeinflussen, z.B. Verluste aus Anlageverkäufen, Währungsverluste aus betrieblichen Forderungen.

Dagegen sind **periodenfremde Aufwendungen** betriebsbedingte, in ihrer Entstehung nicht in das betreffende Wirtschaftsjahr gehörende Aufwendungen. Es sind die Aufwendungen wie z.B. Gewerbesteuernachzahlungen (Differenz zwischen Rückstellungsbetrag und tatsächlicher Steuerfestsetzung), die entstehungsbedingt im letzten Wirtschaftsjahr liegen . Aufgrund des Bilanzrichtlinien-Gesetzes sind bei den Kapitalgesellschaften diese Aufwendungen nicht mehr von den anderen Aufwendungen getrennt, die entsprechenden Erträge aber in der Kontengruppe "sonstige betriebliche Erträge", zu buchen. Einzelunternehmen und Personengesellschaften können jedoch weiterhin die Kontengruppen "a.o. Aufwand" bzw. "a.o. Ertrag" nutzen.
Das "periodenfremde" der periodenfremden Aufwendungen bezieht sich auf die Periode der Finanzbuchhaltung (bei abweichender Kostenrechnungsperiode muss eine weitere rechnerische Verteilung auf die entsprechenden Zeiträume vorgenommen werden. - Diese folgt im Anschluss an die Gegenüberstellung von Aufwand und Kosten). Ein Beispiel hierzu sind Versicherungsbeiträge, die als ein Betrag für das ganze Jahr gezahlt werden, jedoch kostenrechnerisch mehrere Perioden betreffen.

Betriebsfremde Aufwendungen sind, wie der Name schon sagt, Aufwendungen, die nicht dem eigentlichen Betriebszweck der Leistungserstellung dienen und damit auch kostenrechnerisch nicht berücksichtigungsfähig sind. Hierunter fallen z.B. Spenden, Verluste aus Finanzanlagen, Abschreibungen für die vermietete Fabrikhalle etc.

Die **Zweckaufwendungen** werden folgendermaßen unterteilt:

als Kosten verrechneter Zweckaufwand
nicht als Kosten verrechneter Zweckaufwand

2.1.1. Als Kosten verrechnete Zweckaufwendungen

Als Kosten verrechnete Zweckaufwendungen stimmen in Art und Höhe mit den Grundkosten der Kostenrechnung überein.

2.1.2. Anderskosten

Die oben unter b) aufgeführten Zweckaufwendungen entsprechen zwar der Art nach den **Anderskosten** der Kostenrechnung, in der Höhe jedoch nicht. Hier kommt die Bewertung zu betriebswirtschaftlichen Ansätzen zum Tragen. Der tatsächliche Verbrauch entspricht in der Höhe oft nicht den aufgrund gesetzlicher Bestimmung ansetzbaren Größen. Um für die Kostenermittlung eine Angleichung an die tatsächlichen Gegebenheiten vorzunehmen, werden Anderskosten erfasst. Anderskosten sind Bestandteil der kalkulatorischen Kosten. Auch hier kann eine periodengerechte (Kostenrechnungsperiode) Abgrenzung erforderlich werden, z.B. bei den kalkulatorischen Abschreibungen.

2.1.3. Zusatzkosten

Während den o.g. Größen noch Ausgaben zu Grunde liegen, handelt es sich bei den so genannten **Zusatzkosten** um kalkulatorische Kosten **ohne** Ausgabe. Ihrer Erfassung liegt der Gedanke zugrunde, dass bei Wahrnehmung günstigerer Gelegenheiten (engl.: opportunity) ein Erfolg erwartet werden kann. Aus dem Entgang dieses Erfolgs leiten sich die Zusatzkosten ab (Opportunitätskosten). Typische Beispiele für Zusatzkosten sind der kalkulatorische Unternehmerlohn (Einsatz der Arbeitskraft für andere Gelegenheiten würde eine Bezahlung zur Folge haben) oder kalkulatorische Eigenkapitalzinsen (eine anderweitige Anlage des in die Unternehmung investierten Kapitals würde Zinsen bringen). Die Gründe für die Berücksichtigung von Zusatzkosten liegen zum einen darin, das Unternehmen mit anderen vergleichen zu können, die für diese Kosten Ausgaben zu leisten haben (z.B. Geschäftsführergehalt bei der GmbH). Zum anderen liegen sie darin, überhaupt einen Gewinnanteil erwirtschaften zu können. Alle Kosten, außer den Zusatzkosten, haben in irgendeiner Form Ausgaben verursacht. Würde der Verkaufspreis (Selbstkosten) lediglich auf Basis der Grund- und Anderskosten kalkuliert, wären lediglich die Ausgaben gedeckt; die Substanzerhaltung der

Unternehmung wäre gesichert. Es soll jedoch auch etwas verdient werden. Das folgende Beispiel soll zeigen, dass dieses nur über Zusatzkosten realisierbar ist:

	Grundkosten:	10,-- DM/ Stück	
+	Zusatzkosten:	5,-- DM/ Stück	
=	Stückkosten (k):	15,-- DM	
	Verkauf:	1000 Stück	
	Preis:	Stückkosten (k)	
	Umsatzerlöse:	15.000,-- DM	
-	Zweckaufwand:	10.000,-- DM	
=	Gewinn:	5.000,-- DM	= Zusatzkosten * Menge

Das obige Schema kann jetzt vervollständigt werden:

<table>
<tr><td colspan="2">AUFWENDUNGEN DER PERIODE</td><td rowspan="6">K
O
S
T
E
N

D
E
R

P
E
R
I
O
D
E</td></tr>
<tr><td>-</td><td>neutrale Aufwendungen
a) betriebsfremd
b) periodenfremd
c) außerordentlich</td></tr>
<tr><td>-</td><td>kostenrechnungsperiodenfremde Aufwendungen</td></tr>
<tr><td>+/-</td><td>Anderskosten, d.h. Umbewertung des Verzehrs von Produktionsfaktoren nach betriebswirtschaftlichen Ansätzen</td></tr>
<tr><td>+</td><td>Kosten, die in anderer Kostenrechnungsperiode Aufwand waren</td></tr>
<tr><td>+</td><td>Zusatzkosten, d.h. Kosten ohne Ausgabe</td></tr>
</table>

2.2. Buchungstechnik der Aufwendungen und Kosten

2.2.1. Allgemeines

Nach dem **Industriekontenrahmen** (IKR) wird die Finanzbuchhaltung getrennt von der Kosten- und Leistungsrechnung in einem ersten Buchungskreislauf abgeschlossen. Die Aufwendungen und Erträge werden aber zur Abgrenzung der Kosten und Leistungen im zweiten Kreislauf der Betriebsbuchhaltung auf gleicher Kontenseite nochmals auf Konten gebucht. Die Gegenbuchung erfolgt auf dem "Betrieblichen Eröffnungskonto".

Wie beim Eröffungsbilanzkonto der Finanzbuchhaltung als Spiegelbild des letzten Schlussbilanzkontos zu Beginn einer Periode ist das betriebliche Eröffnungskonto für alle Erfolge das Spiegelbild der Gewinn- und Verlustrechnung im zweiten Kreislauf.

Anschließend wird die Abgrenzung durchgeführt.

Die Konten werden dann, soweit sie nur die Finanzbuchhaltung berühren (neutrale Erfolge - Kontengruppe 90 - nicht als Kosten oder Leistungen verrechnete Zweckaufwendungen - Kontengruppe 91 - bzw. Erträge) über das **(Betriebs-)Neutrale Ergebniskonto** als Sammelkonto für abzugrenzende, auszugrenzende Erfolge (früher besser: Abgrenzungssammelkonto) abgeschlossen, Kosten und Leistungen über das **Betriebsergebniskonto**. Beide Abschlusskonten wiederum werden auf einem **Gesamtergebniskonto** gesammelt. Der Gewinn oder Verlust dieses Kontos muss dann mit dem Gewinn oder Verlust auf dem Gewinn- und Verlustkonto übereinstimmen.

Bei der Erfassung muss auch darauf geachtet werden, dass Überschneidungsfreiheit und Eindeutigkeit bei der Zuordnung zu einzelnen Konten gegeben ist. Dieses muss durch gezielte und sachgerechte Planung bei der Erstellung des Kontenplanes erfolgen. Außerdem sollte die Kostenerfassung in jedem Fall **vollständig** sein.

2.2.2. Grundkosten

Grundkosten werden in der Kontengruppe 92 gebucht oder bei tabellarischer Ermittlung direkt in den Kosten- und Leistungsbereich übernommen.

2.2.3. Anderskosten

Sollte zwischen Zweckaufwand und Kosten eine Differenzierung aus betriebswirtschaftlicher (kostenrechnerischer) Sicht erforderlich sein, werden in der Kontengruppe 92 die Kosten und die bilanziell ansetzbaren Zweckaufwendungen in der Kontengruppe 91 (z.B. bilanzmäßige Abschreibungen) gebucht. Diese "Bruttobuchung" ist übersichtlicher als eine "Nettobuchung" (Verrechnung). Der Buchung der Kosten in Kontengruppe 92 steht das Gegenkonto **des entsprechenden Aufwandes** (hier: bilanzmäßige Abschreibungen) gegenüber. Auch hier ist eine tabellarische Verrechnung in den Spalten "Kostenrechnerische Korrekturen" und "Kosten- und Leistungsbereich" möglich.

2.2.4. Zusatzkosten

Genau wie die Anderskosten werden die Zusatzkosten gebucht. Allerdings wird hier für die Gegenbuchung wegen des fehlenden Aufwandskontos ein Verrechnungskonto eingeführt. Aufgrund der gleichen Buchung fasst man Anders- und Zusatzkosten als kalkulatorische Kosten zusammen.

2.2.5 Buchungsbeispiel

Folgendes Buchungsbeispiel soll die vorstehenden Grundsätze noch einmal verdeutlichen:

Anfangsbestände:	Kasse	DM 10.000,--
	Maschinen	DM 10.000,--
Geschäftsvorfälle:		
	a) Lohnzahlung bar	DM 6.000,--
	b) Produktverkauf bar	DM 30.000,--
	c) bilanzielle Abschreibung	DM 7.000,--
	d) Spende bar	DM 2.000,--
	e) Zinsertrag bar	DM 1.000,--
	f) kalkulatorische Abschreibung	DM 8.000,--
	g) kalkulatorischer Unternehmerlohn	DM 5.000,--

S	Kasse		H
AB	10.000,--	a)	6.000,--
b)	30.000,--	d)	2.000,--
e)	1.000,--	SB	33.000,--
	41.000,--		41.000,--

S	Maschinen		H
AB	10.000,--	c)	7.000,--
		SB	3.000,--
	10.000,--		10.000,--

S	Löhne		H
a)	6.000,--	S	6.000,--

S	Umsatzerlöse		H
S	30.000,--	b)	30.000,--

S	Abschreibung		H
c)	7.000,--	S	7.000,--

S	Spenden		H
d)	2.000,--	S	2.000,--

S	Zinserträge		H
S	1.000,--	e)	1.000,--

S	GuV		H
Lö	6.000,--	Um	30.000,--
Ab	7.000,--	Zi	1.000,--
Sp	2.000,--		
EK	16.000,--		
	31.000,--		31.000.--

S = Salden der einzelnen Konten; EK = Eigenkapital

Für die Kosten- und Leistungsrechnung ergibt sich folgende Buchung:

S	Betriebliches Eröffnungskonto		H
Um	30.000,--	Lö	6.000,--
Zi	1.000,--	Ab	7.000,--
		Sp	2.000,--
		Gewinn	16.000,--
	31.000,--		31.000,--

S	Löhne (Gr.92)		H
	6.000,--	S	6.000,--

S	Umsatzerlöse (Gr.92)		H
S	30.000,--		30.000,--

S	bilanzille Abschreibung (Gr.91)		H
	7.000,--	f)	8.000,--
S	1.000,--		
	8.000,--		8.000,--

S	Spenden (Gr.90)		H
	2.000,--	S	2.000,--

S	Zinserträge (Gr.90)		H
S	1.000,–		1.000,–

S	kalkulatorische Abschreibung (92)		H
f)	8.000,–	S	8.000,–

S	Unternehmerlohn (Gr.92)		H
g)	5.000,–	S	5.000,–

S	verrechn.kalkulat.Untern.(Gr.91)		H
S	5.000,–	g)	5.000,–

S	NEK		H
Sp	2.000,–	Ab	1.000,–
S	5.000,–	Zi	1.000,–
		verr UL	5.000,–
	7.000,–		7.000,–

S	BEK		H
Lö	6.000,–	Um	30.000,–
Ab	8.000,–		
ULI	5.000,–		
S	11.000,–		
	30.000,–		30.000,–

S	Betriebliches Abschlusskonto		H
Gewinn	16.000,–	NEK	5.000,–
		BEK	11.000,–
	16.000,–		16.000,–

Tabelle

	FIBU		BEBU					(in tausend)
	Aufwand	Ertrag	neutral. Aufwand	neutral. Ertrag	Zweckaufwand	Betrieb. Ertrag	Kosten	Leistung
Löhne	6						6	
Ums.		30						30
Spend.	2		2					
Zinsen		1		1				
Abschr.	7				7	8	8	
Unt.Lo.						5	5	
	15	31	2	1	7	13	19	30
Gewinn	16			1	6		11	
	31	31	2	2	13	13	30	30
Gewinn	16		16					

Aufgabe

Buchen Sie selbstständig folgende Aufgabe, d.h.:

a) Erstellen Sie das Grundbuch!
b) Führen Sie das Hauptbuch!
c) Führen Sie alle Abschlussarbeiten durch!

Anfangsbestände:	Kasse	DM	50.000,--
	Maschinen	DM	10.000,--
	Rohstoffe	DM	20.000,--
Geschäftsvorfälle:			
	a) Mieteinnahmen bar	DM	1.000,--
	b) Kassenfehlbetrag	DM	2.000,--
	c) Rohstoffverbrauch	DM	15.000,--
	d) Warenverkäufe bar	DM	28.000,--
	e) bilanzmäßige AfA	DM	8.000,--
	f) verrechneter Unternehmerlohn	DM	6.000,--
	g) kalkulatorische Abschreibung	DM	7.000,--

2.3. Zeitliche Abgrenzung der Kosten

Als es in der vorhergehenden Erläuterung der Abgrenzung Kosten und Aufwand erforderlich wurde, auf die Notwendigkeit der zeitlichen Abgrenzung der Kosten auf die entsprechenden Kostenrechnungsperioden hinzuweisen, ist die nun folgende Thematik angekündigt worden:

Genau wie Aufwendungen und Erträge zeitlich aufgrund des Verursachungsprinzips bezüglich einer Finanzbuchhaltungsperiode abzugrenzen sind (transitorische und antizipative Abgrenzung), erfahren Kosten eine ähnliche Behandlung, um der Definition von Kosten als periodenbezogene Größe gerecht zu werden.

Auch hierbei ist der Zeitpunkt der Zahlung entscheidend für die Form der Abgrenzung:

a) Erfolgt die Auszahlung zu Beginn der abzugrenzenden Perioden, werden die entsprechenden Anteile an den einzelnen Perioden mittels interner Verteilungsbelege **nachverteilt** (Nachverteilung):

Beispiel:

a) periodenfremder Aufwand (Gr. 91)

an Betriebliches Eröffnungskonto

b) Kosten (Gr. 92)

an verrechnete Anteile periodenfremder Aufwand (Gr. 91)

b) Wenn dagegen die Auszahlung am Ende des Verteilungszeitraumes erfolgt, wird entsprechend eine Vorverteilung erforderlich:

Beispiel:

a) Kosten (Gr. 92)

an verrechnete Anteile periodenfremder Aufwand (Gr. 91)

b) periodenfremder Aufwand (Gr. 91)

an Betriebliches Eröffnungskonto

c) Es kommt jedoch auch vor, dass die Auszahlung innerhalb des Verteilungszeitraumes erfolgt ist /erfolgen wird. Dann sind die Anteile vor der Ausgabe im Wege der Vor- und die Anteile nach der Ausgabe als Nachverteilung zu buchen.

Grundsätzlich muss jedoch noch folgendes zu diesen zeitlichen Kostenabgrenzungen gesagt werden:

1. Wie Ihnen ja bereits bekannt ist, unterscheiden sich Grund- und Anderskosten nur in ihrer Höhe. Aufgrund dieser Tatsache werden aus Grundkosten, die periodengerecht aufgeteilt wurden / werden und damit nicht mehr in ihrer Höhe übereinstimmen, **Anderskosten**. Die **Summe** der einzelnen Anteile entspricht wieder den Grundkosten.
   Diese Überlegung ist nur zum Verständnis wichtig, da sie buchungstechnisch und kostenrechnerisch nicht berücksichtigt wird.

2. Bei der Vorverteilung kann der Fall auftreten, dass die Summe der vorverteilten Anteile nicht mit der tatsächlich zu tätigenden Ausgabe übereinstimmt. Hierbei ist es wichtig zu wissen, dass eine nachträgliche Verteilung der Differenz in kostenrechnerischer Hinsicht nicht erfolgt, da vergangene Kostenrechnungsperioden nicht mehr - im Gegensatz zur Finanzbuchhaltung - geändert werden. Diese Differenzen, die auf Planungsfehler (verschuldet oder unverschuldet) zurückzuführen sind, können lediglich für spätere Plankostenermittlungen berücksichtigt werden, die weiterhin auf der Kostenrechnungsperiode (z.B. Monat) basieren und aufgrund dessen ja auch die Veränderung entsprechend berücksichtigen.
   Dieses erscheint zunächst für die Kalkulation nachteilig, da ja die **Selbstkostenermittlung** auf Basis unrichtiger Zahlen erfolgte. Aber letztendlich lässt sich für die Verkäufe vergangener Kostenrechnungsperioden nachträglich an den Erlösen sowieso nichts mehr ändern, so dass eine Rückrechnung nur das tatsächliche (vergleichbare) Ergebnis verfälschen würde.

3. Da den Zusatzkosten keine Ausgabe vorausgeht oder folgt, trifft das vorstehende Verfahren der periodischen Verteilungsbuchungen nicht zu. Sie werden rein rechnerisch periodengerecht ermittelt und sodann wie bekannt gebucht.

2.4. Erträge und Leistungen

Im Folgenden soll nun, analog zum Begriff "Kosten", das Schema zwecks Korrektur der Einzahlungen der Periode bis hin zum Betriebsertrag (=Leistung) entworfen werden. Da es sich hierbei im Wesentlichen um eine der Kostenabgrenzung ähnliche Form handelt, wird auf einen weiter gehenden Kommentar verzichtet und nur auf Unterschiede hingewiesen.

<table>
<tr><td>EINZAHLUNGEN DER PERIODE</td><td rowspan="3">E
I
N
N
A
H
M
E

D
E
R

P
E
R
I
O
D
E</td></tr>
<tr><td>- a) Einzahlungen der Periode für Forderungen aus der Vorperiode

b) erhaltene Anzahlungen für Güterlieferungen der Folgeperiode</td></tr>
<tr><td>+ Geldwert für Güterabgänge der laufenden Periode, die erst in der Vor- bzw. Folgeperiode zur Einzahlung führten bzw. führen

z.B. - Verkauf auf Ziel
- erhaltene Anzahlung in Vorperiode</td></tr>
</table>

Erhebliche Unterschiede zu den bei der Abgrenzung Aufwand und Kosten dargestellten Korrekturen ergeben sich lediglich bei den Einnahmen der Periode, wobei die Bestandsveränderungen und aktivierten Eigenleistungen einbezogen werden.

<table>
<tr><td>EINNAHMEN DER PERIODE</td><td rowspan="3">E
R
T
R
A
G

D
E
R

P
E
R
I
O
D
E</td></tr>
<tr><td>+ a) Geldwert (Herstellungskosten) aktivierter Eigenleistungen (keine Einnahme)

b) Zugänge an unfertigen und fertigen Erzeugnissen (nur bei Bestandsmehrung)</td></tr>
<tr><td>- a) rein finanzwirtschaftliche Einnahmen

b) Abgänge an fertigen und unfertigen Erzeugnissen (nur bei Bestandsminderung)</td></tr>
</table>

Auch hier wieder zur weiteren Erläuterung das Balkendiagramm:

<table>
<tr><td>Neutraler Ertrag
a) betriebsfremd
b) periodenfremd
c) außerordentlich

Konten-Gr. 90 - IKR
Konten-Kl. 2 - GKR</td><td>Als Leistung verrechneter Betriebsertrag

Konten-Gr. 92 - IKR
Konten-Kl. 8 - GKR</td><td>Nicht als Leistung verrechneter Betriebsertrag

Konten-Gr. 91 - IKR
Konten-Kl. 7 - GKR</td><td></td></tr>
<tr><td></td><td>Betriebsertrag
= Leistung

z.B. Umsatzerlöse

Konten-Gr. 92 - IKR
Konten-Kl. 8 - GKR</td><td>Betriebsertrag
= Leistung

z.B. Lagerzugänge

Konten-Gr. 92 - IKR
Konten-Kl. 7 - GKR</td><td>"Nur-" Betriebsertrag = Leistung

z.B.originäre immaterielle Güter
Konten-Gr. 92 - IKR
Konten-Kl. 7 - GKR</td></tr>
</table>

Wie zu sehen ist, entsprechen sich die Abgrenzungen Aufwand / Kosten und Ertrag / Leistung sowohl in der Betrachtung der neutralen als auch der betriebsbedingten Erfolgskomponenten.

Der Vollständigkeit halber wird nunmehr das Schema komplettiert:

<table>
<tr><td>ERTRAG DER PERIODE</td><td rowspan="3">BETRIEBSERTRAG
d. Periode = LEISTUNG</td></tr>
<tr><td>- neutrale Erträge
a) betriebsfremd
b) periodenfremd
c) außerordentlich</td></tr>
<tr><td>+/- Umbewertungen aufgrund betriebswirtschaftlicher Ansätze</td></tr>
</table>

3. Einteilungsgesichtspunkte der Kostenarten

Betrachtet man einmal die Liste der aus der Finanzbuchhaltung entstandenen bzw. ergänzten Kosten, so fällt auf, dass diese Kosten wie die Aufwendungen nach den Schwerpunkten "Werkstoffe, Personal, Dienstleistungen, Betriebsmittel und sonstige" gegliedert sind. Im Vordergrund steht also der **Verbrauch der Produktionsfaktoren** als ursprünglicher Einteilungsgesichtspunkt.

Die so ermittelten Kosten werden wegen dieses ursprünglichen Entstehens als verbrauchte Produktionsfaktoren auch als **primäre Kosten** bezeichnet.

Nach dieser Ersterfassung lassen sich die Kosten dann nach der Art der Verrechnung auf bestimmte Bezugsgrößen oder nach ihrem Verhalten bei Beschäftigungsschwankungen weiter zuordnen. Werden sie aber entsprechend einer betrieblichen Aufgabe (Funktion) umverteilt und zusammengefasst, entstehen damit andere neue Kostengrößen, bezeichnet als **sekundäre Kosten**. So werden z.B. aus dem Gehalt des Betriebsarztes und den Kosten der Arzneimittel usw. sekundäre Sozialkosten.

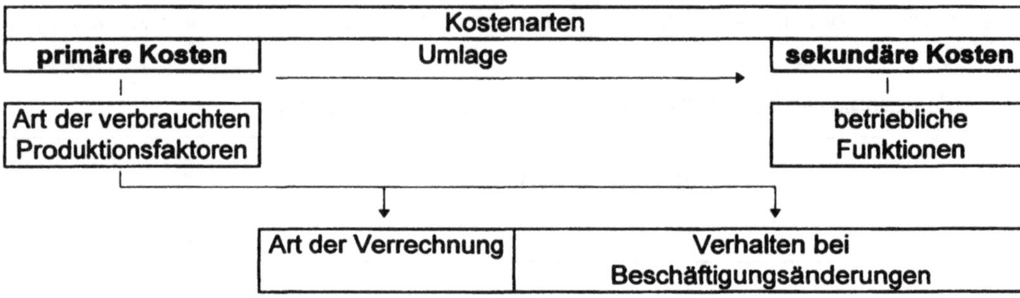

Die einzelnen Einteilungsgesichtspunkte werden im Folgenden näher erläutert.

3.1. Art der Verrechnung

3.1.1. Direkte Verrechnung

a) Einzelkosten/ Unechte Gemeinkosten

Vom Grundsatz her werden Kosten aufgrund der Verursachung direkt verrechnet. Diese Kosten nennt man **Einzelkosten**, weil die Kostenarten **als einzelne Verzehre** (jede für sich) auf eine Basis berechnet werden. Es handelt sich bei ihnen i.d.R. um ihrer Höhe nach wesentliche Kostenfaktoren. Die Zuordnung der Kostenarten zu den Einzelkosten unterliegt nicht in erster Linie der **Zurechenbarkeit**, sondern der aufgrund der **Wirtschaftlichkeit gerechtfertigten Zuordnung**. Zurechenbare, aber nicht zugerechnete Einzelkosten werden indirekt als **unechte Gemeinkosten** verrechnet.

b) Sondereinzelkosten

Eine Sonderform der Einzelkosten sind die **Sondereinzelkosten**, bei der sich die direkte Zurechenbarkeit auf den die zusätzlichen Kosten verursachenden Auftrag bezieht. Die Kostenverursachung ist in der individuellen Auftragsbearbeitung begründet. Wesentliches Merkmal ist, dass Sondereinzelkosten zwar auf den speziellen Verursacher direkt verrechenbar sind, aber grundsätzlich nicht auf den eigentlichen Kostenträger (Produkt, Produktart). Einzelkosten sind sie nur für den speziellen Auftrag.

Man unterscheidet:

- Sondereinzelkosten der Fertigung
  z.B. Modelle, auftragsspezifische Werkzeuge, spezielle Umrüstungen

- Sondereinzelkosten des Vertriebs
  z.B. gesondert erforderliche Verpackung, Transportversicherung, Provision etc.

Zu beachten ist jedoch, dass die Bezeichnung "Sonder" bei den Sondereinzelkosten nicht unbedingt mit Begriffen wie z.B. "Sonder-"modell in Übereinstimmung gebracht werden darf.

3.1.2. Indirekte Verrechnung

Alle Kosten, die keine Einzelkostenarten sind, werden unter dem Begriff der Gemeinkosten zusammengefasst. Wie der Name schon sagt, werden sie "allgemein - gemeinsam" auf eine Basis berechnet. Die Zuweisung all dieser Gemeinkosten erfolgt als zusammengefasste Gruppen mit Hilfe von Schlüsseln (indirekt).

Sie sind dadurch gekennzeichnet, dass sie nicht dem einzelnen Produkt zugerechnet werden können (echte Gemeinkosten). Im weiteren Sinne gehören auch jene Kostenarten dazu, deren Zurechenbarkeit zwar gegeben, aber wirtschaftlich kaum vertretbar ist (s. auch unter Einzelkosten). Hierbei spricht man dann von unechten Gemeinkosten.

Beispiel

Produktion von Kleidern:

Einsatzstoffe:

a) Kleiderstoff,
wesentlicher Kostenfaktor, dem Produkt (ein Kleid) zurechenbare Größe

→ EINZELKOSTEN;

b) Hornknöpfe und ähnliche Einsatzstoffe,
unwesentlicher Kostenfaktor, aufgrund wirtschaftlicher und rationaler Überlegungen wird auf die direkte Verrechnung verzichtet

→ UNECHTE GEMEINKOSTEN;

oder
Garn und ähnliche Einsatzstoffe,
praktisch kaum zurechenbare Kostengrößen

→ ECHTE GEMEINKOSTEN;

Energie: Strom,
praktisch kaum zurechenbare Kostengröße,

→ ECHTE GEMEINKOSTEN;

Produktion eines Kleides, Damen-Konfektionsgröße 54, Anfertigung eines Sonderzuschnittes: → SONDEREINZELKOSTEN DER FERTIGUNG.

3.1.3. Zusammenfassung

In Abhängigkeit von der Zuordnung der Kosten auf das Verrechnungsobjekt kann sich die nebenstehende Systematik ergeben, wobei die Zurechnung nach dem Prinzip des Leistungsbezuges, soweit wirtschaftlich sinnvoll, beim Kostenträger als erster Stufe beginnt und beim Betrieb als letzter Stufe endet. Wie zu erkennen sein wird, ist eine eindeutige Zuordnung der Begriffe Einzelkosten und Gemeinkosten nicht möglich und auch nicht sinnvoll. Vielmehr ist die Beziehung zum Objekt der Verrechnung ausschlaggebend. Zur Ermittlung der Kosten, die durch eine Abteilung verursacht wurden, erscheint es unsinnig, das Gehalt des Abteilungsleiters zuvor auf die Kostenstellen der Abteilung umzulegen, um sie später bei der Addition wieder zusammenzuführen.

	direkte Verrechnung	**Beispiele**	**Mögliche Zuordnung von weiteren Beispielen**			
Kostenträger	Kostenträger-einzelkosten	- Material für Kleid	EINZELKO-STEN	G E M E I N K O S T E N		
			Stoff/ Kleid	Knöpfe	Strom	Miete
Produktart	Produktartein-zelkosten	- Werbungsko-sten für alle Produkte einer Pro-duktart		EINZEL-KOSTEN	GEMEINKOSTEN	
				Knöpfe/ Modell	Strom	Miete
Kostenstellen (-bereiche)	Kostenstellen einzelkosten	- Personalko-sten einer Kst-St. - Abteilungs-leitergehalt			EINZEL-KOSTEN	GEMEIN-KOSTEN
					Strom / KstSt	Miete
Betrieb		- Kosten einer Prod.-Halle f. e. Betriebs-bereich				EINZEL-KOSTEN
						Miete/Betr.
Auftrag	Sondereinzelk osten	- Modelle - Sonderli-zenzen				

3.2. Verhalten bei Beschäftigungsschwankungen

Kosten verhalten sich unterschiedlich zur Variation der Beschäftigung. Im Groben kann man **variable** und **fixe** Kosten unterscheiden.

3.2.1. Fixe Kosten

Bei den fixen Kosten besteht im Allgemeinen keine Beziehung zur Beschäftigung. Sie entstehen, um betriebliche Kapazitäten aufzubauen und diese für eine gewisse Zeit aufrechtzuerhalten; man nennt sie auch Bereitschaftskosten, da sie solange in gleicher Höhe bestehen, bis eine Kapazitätsveränderung erfolgt.
Äußerlich sind fixe Kosten in der Regel daran zu erkennen, dass ihre Dimension einen Zeitbezug aufweist (z.B. Miete in DM/**Monat**).

Beispiel

Drei Angestellte in einer Abteilung (Dienstleistungsbetrieb)

Gehalt insgesamt:	DM 10.000,--
Auftragsbestand Monat Mai:	100 St.
Auftragsbestand Monat Juni:	0 St.
Kosten Monat Mai:	DM 10.000,--
Kosten Monat Juni:	DM 10.000,--

3.2.2. Variable Kosten

Variable Kosten sind durch ihre direkte Beziehung zur Beschäftigung (Produktionsmenge etc.) gekennzeichnet. Die Gesamthöhe ist abhängig von der Beschäftigungsmenge. Umgekehrt sind variable Kosten durch Beschäftigungsverringerung direkt abbaubar.
Ein typisches Beispiel hierfür ist der Kraftstromverbrauch einer Maschine im Betrieb. Wenn die Maschine nichts produziert, verbraucht sie auch keinen Strom.
Nach dem Ausmaß der Reaktion der variablen Kosten auf die Beschäftigungsänderung kann man unterschiedliche Verläufe der Kostenfunktion erkennen, wie z.B. degressive, progressive und proportionale oder lineare Kurvenverläufe, die jedoch aus Gründen der sachlichen Zugehörigkeit im später folgenden Bereich der Kostenauflösung behandelt werden.

3.2.3. Mischkosten

Mischkosten enthalten sowohl variable als auch fixe Anteile. Z.B. liegt der Stromabrechnung ein Grundbetrag (fix) sowie ein beschäftigungsabhängiger Teil (Verbrauchseinheiten) zugrunde.

3.2.4. Zusammenhang

Ob ein Zusammenhang zwischen Einzelkosten und variablen Kosten bzw. Gemeinkosten und fixen Kosten besteht, bedarf einer weiteren Überlegung.

Logisch und auch rein gefühlsmäßig wird sich ein Zusammenhang zwischen Einzelkosten und variablen Kosten bzw. Gemeinkosten und fixen Kosten ohne Schwierigkeiten herstellen lassen.

Jedoch kann durchaus auch ein Zusammenhang zwischen Gemeinkosten und variablen Kosten existieren, z.B. wenn man die unechten Gemeinkosten betrachtet oder den steigenden Stromverbrauch bei höherer Produktion.

Stellt man sich einen Betrieb vor, der nur ein Produkt in Massen herstellt, dann sind die fixen Kosten, z.B. die Maschinenmiete, auch direkt als Einzelkosten (aber als Produktart-Einzelkosten) verrechenbar.

Als Grafik stellt sich dieser Zusammenhang bei einer Kostenträgerzuordnung folgendermaßen dar:

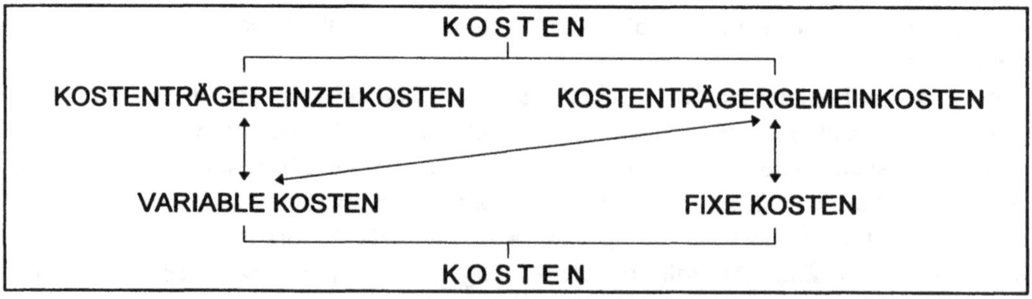

3.3. Art der verbrauchten Produktionsfaktoren

Dieser Verbrauch von Produktionsfaktoren lässt sich in vier Gruppen (Werkstoffkosten, Personalkosten, Dienstleistungskosten, Betriebsmittelkosten und ähnliche) einteilen.

Die Kosten können fast alle Grundkosten, aber auch kalkulatorische Kosten sein. Kalkulatorisch sind i. d. R. häufiger die Betriebsmittelkosten. Sie werden deshalb später auch unter diesem Aspekt erläutert.

Zunächst ist es jedoch wichtig, darauf hinzuweisen, dass es sich bei allen Kostenarten um so genannte **primäre** Kosten handelt. Sie werden deshalb als primär (ursprünglich) bezeichnet, weil sie durch den Verbrauch der von "außen" (von den Beschaffungsmärkten) bezogenen Produktionsfaktoren entstehen.

3.3.1. Werkstoffkosten

Unter Werkstoffen ordnet man in der Betriebswirtschaftslehre folgende Stoffe ein:

- Rohstoffe
(Hauptbestandteile des Endprodukts)
- Hilfsstoffe
(Unwesentliche Bestandteile des Erzeugnisses)
- Betriebsstoffe
(Sind zur Herstellung des Produktes erforderlich, ohne selbst in das Produkt einzugehen)

Für die Kostenrechnung haben sich in der Praxis und der Literatur bezüglich der Zurechnung dieser Kosten Begriffe ergeben, zu deren Unterscheidung folgendes Schaubild dienen soll:

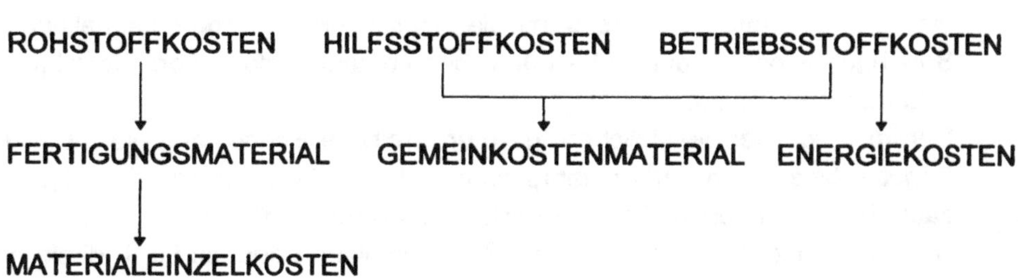

Rohstoffkosten sind aufgrund ihres Wesens Einzelkosten, Hilfs- und Betriebsstoffkosten grundsätzlich Gemeinkosten.

Diese Werkstoffkosten werden nun zuerst **mengenmäßig** ermittelt und **dann** bewertet.

Methoden der Verbrauchsmengenermittlung

1. Skontration

   Die Skontration ermittelt anhand der tatsächlichen Materialentnahme aufgrund von Materialentnahmescheinen die Verbrauchsmengen durch Fortschreibung:

   Endbestand = Anfangsbestand + Zugänge - Verbrauch

   Diese direkte Methode ist ein sehr genaues Instrument, Mengen zu erfassen. Sie hat weiter den Vorzug, gleichzeitig die Zurechnung auf Kostenstellen / -träger zu ermöglichen. Den Materialentnahmescheinen kann die Bezeichnung (Nummer) der Kostenstelle entnommen werden. Jedoch sollte hierbei beachtet werden, dass bei den kurzen Abrechnungsperioden der Kostenrechnung die Schnelligkeit des Belegflusses von hoher Bedeutung ist. Ein weiterer Vorteil ist, dass die gesetzliche Inventur als permanente Inventur durchgeführt werden kann und nicht am Stichtag erfolgen muss.

2. Befundrechnung

   Im Gegensatz zur Skontration wird bei der Befundrechnung als indirekte Methode der Verbrauchsmengenermittlung der Verbrauch nicht während, sondern am Schluss der Kostenrechnungsperiode folgendermaßen berechnet:

   Verbrauch = Anfangsbestand + Zugänge - Endbestand

   Der Verbrauch lässt sich auf die Weise sehr einfach ermitteln, obwohl auch hierbei verschiedene Nachteile zu beachten sind:

   - Nicht bestimmungsgemäßer "Verbrauch" durch Schwund, Diebstahl, Verderb etc. wird mit erfasst und lässt somit die Möglichkeit der Gegenüberstellung von Soll- und Istkosten kaum oder nur in begrenztem Umfang über Korrektur mit Erfahrungswerten zu.
   - Der im Wege der gesetzlichen Inventur ermittelte Endbestand weicht in dem Periodenbezug von der Kostenrechnung ab, so dass kostenaufwändige, zusätzliche Zählungen in kürzeren Abständen erforderlich werden.
   - Die Zuordnung des Verbrauchs auf Kostenstellen/ -träger ist i.d.R. direkt nicht möglich.

Der Befundrechnung ist auch **die neuere Methode der Werkstofferfassung als Aufwand** mit Korrektur durch die Bestandsmehrungen oder Bestandsminderungen am Ende einer Periode zuzurechnen:

Verbrauch = Aufwand bei Kauf ± Bestandskorrektur zwischen Anfang/Ende

3. Rückrechnung (retrograde Methode)

   Die Rückrechnung geht von den Halb- und Fertigfabrikaten aus, für die jeweils zu Beginn exakt die Verbrauchsmengen der einzelnen Einsatzstoffe ermittelt werden müssen:

   Verbrauch = Produktionsmenge * Stoffverbrauch/Einheit

   Nachteile:
   - Nicht bestimmungsgemäßer Verbrauch kann nicht bzw. erst später ermittelt werden.
   - Werkstoffkosten durch Rückrechnung sind in erster Linie verrechnete Kosten, bei denen die tatsächlichen Abweichungen nicht offensichtlich werden.

Die vorgestellten Methoden sind jeweils mit Vor- und Nachteilen behaftet, so dass sich eine Methode **allein** nur in bestimmten Fällen anwenden lässt. Besser ist es, eine Kombination der einen mit der anderen Methode zu Vergleichs- und Kontrollzwecken zu realisieren, z.B.:

- bei wesentlichen Wirtschaftsgütern
  Skontration mit Befundrechnung
  oder eventuell
  Rückrechnung mit Befundrechnung
- bei unwesentlichen Wirtschaftsgütern
  i.d.R. nur Befundrechnung (hier wäre eventuell bei nicht ganz unwesent lichen Wirtschaftsgütern Rückrechnung mit Befundrechnung angebracht)

Methoden der Wertermittlung

Wie bei der bilanziellen Bewertung können auch in der Kostenrechnung unterschiedliche Wertansätze zum Ansatz kommen. Grundsätzlich muss jedoch gesagt werden, dass die tatsächlichen Gegebenheiten und nicht bilanzpolitische Gesichtspunkte maßgebend sind. Die so von den Zweckaufwendungen abweichenden Kosten können wieder Anderskosten sein.

1. Wertermittlung auf Basis der Anschaffungs-/Herstellungskosten

   Die Bewertung jedes einzelnen Wirtschaftsgutes zu den angefallenen Anschaffungs- oder Herstellungskosten kann bzw. sollte nur bei sehr hochwertigen Gütern oder auch bei solchen Wirtschaftsgütern, deren Wert starken Schwankungen unterliegt, erfolgen. Auch bietet sich diese Möglichkeit unter Umständen an, wenn die beschafften Güter sofort in die Produktion eingehen oder bei ihrem Eingang am Lager für einen bestimmten Auftrag reserviert sind.

2. Wertermittlung auf Basis der durchschnittlichen Anschaffungs-/Herstellungskosten

   a) statisch:
      Die unter 1. genannte aufwändige Bewertung versucht man durch Ansatz des gewogenen Durchschnitts der Anschaffungs-/Herstellungskosten der Periode zu begegnen. Bei starken Wertschwankungen sollte jedoch der Grundsatz der Substanzerhaltung im Auge behalten werden.

   b) dynamisch:
      Die Methode wird wie unter a), jedoch nach dem Verfahren der laufenden Mittelwerte (Trendberechnung) durchgeführt.

3. Verrechnungspreis

   Aus Vergleichbarkeits-, Substanzerhaltungs- und Vereinfachungsgründen wird der Ansatz von Verrechnungspreisen, d.h. Durchschnittspreisen mehrerer vergangener Perioden unter Berücksichtigung zukünftiger Erwartungen, die für eine oder mehrere Folgeperioden Gültigkeit haben, für zweckmäßig gehalten.

4. Wiederbeschaffungswert, Tagespreis

   Dem Grundsatz der Substanzerhaltung Folge leistend, müsste der auf die Zukunft gerichtete Wiederbeschaffungspreis, in Ermangelung der detaillierten Verbrauchstermine als Tagespreis angesetzt werden.

5. Weitere Wertansätze

   Ebenfalls wären andere Verfahren, wie aus der Finanzbuchhaltung (LIFO, FIFO, HIFO) bekannt, bei entsprechendem Nachweis der Entnahme denkbar. Jedoch würde der Ansatz solcher Werte die Vergleichbarkeit und Konstanz der Kosten negativ beeinflussen.

Die Buchung aufgrund des Wiederbeschaffungspreises ist die o.a. Buchung von Anderskosten.

Beispiel

Rohstofflieferung: Anschaffungskosten DM 5.446,--
Wiederbeschaffungspreis (insgesamt) DM 5.665,--

FIBU

S Rohstoffaufwand (6000) H

S	H
1) 5.446,--	

S Bank H

S	H
	1) 5.446,--

BEBU

S Rohstoffaufwand (Gr.91) H

S	H
2) 5.446,--	3) 5.665,--

S Fertigungsmaterial (92) H

S	H
3) 5.665,--	

2.3.2. Personalkosten

Als sehr kostenintensiven Faktor der unternehmerischen Tätigkeit sollen nachfolgend die Personalkosten untersucht werden. Die Untersuchung erstreckt sich zum einen auf die Analyse des Kostenfaktors sowie auf die kostenrechnerische Sicht der Verrechnungstechnik.

Personalkosten umfassen:

- **Löhne**
- **Gehälter**
- **Sozialleistungen**
- **sonstige Personalkosten**

Löhne fallen nicht nur im Bereich der Fertigung an. Entsprechend ihrer Beteiligung an der Produktion unterscheidet man Fertigungs- und Hilfslöhne. Fertigungslöhne entstehen im Rahmen der eigentlichen Fertigung, während Hilfslöhne für Arbeitsleistungen, die nur mittelbar der Produktion dienen, gezahlt werden. Nunmehr ist zur Feststellung, ob es sich bei den Fertigungslöhnen um Einzelkosten handelt, noch die Basis der Lohnerrechnung zu berücksichtigen. Als typische Einzelkosten werden Fertigungslöhne auf Basis des Akkordlohns bezeichnet, während Vergütungen auf Zeitlohnbasis oft auch als Gemeinkosten verrechnet werden. Grundsätzlich ist jedoch im Einzelfall zu prüfen, ob es sinnvoll ist, Fertigungslöhne als Einzelkosten direkt zuzurechnen.

Da alle weiteren Personalkostenanteile als Gemeinkosten verrechnet werden, bedarf es keiner weiteren Erläuterungen. Die folgende Übersicht liefert weitere Informationen zu den Personalkosten.

LÖHNE				GEHÄLTER	SOZIALKOSTEN			SONST. PERSONALKOSTEN
FERTIGUNGSLOHN		HILFSLOHN			GESETZLICHE	FREIWILLIGE		
Sie fallen direkt im Bereich der Fertigung an		Vergütung aufgrund mittelbarer Beteiligung am Produktionsprozess		Entgelte, die an Angestellte gezahlt werden	Grundlage durch Gesetz, Tarif o.ä.	Grundlage sind entsprechende Verein-barungen oder Absprachen in Arbeitsverträgen		liegen meist Veränderungen im Personalbereich zugrunde
Bsp.: - Fräserlohn - Dreherlohn		Bsp.: - Lohn für Masch-Rüster - Putzfrau		Bsp.: - Buchhalter - Pförtner	Bsp.: - AG-Anteile zur Renten-, Kranken-, Arbeitslosen-, und Pflegeversicherung - Unfallversicherung	(Grenze zu "sonst. Personalkosten" ist fließend)		Bsp.: - Anwerbungskosten - Abfindungen
Akk.-L	Zeitl.	Akk.-L.	Zeitl.			primär	sekund.	
-Stückakkord -Zeitakkord -Stückprämie	-Lohnsatz ohne Leistungsbezug	-Stückakkord -Zeitakkord -Stückprämie	-Lohnsatz ohne Leistungsbezug			-an AN direkt geleistet Bsp.: -Verpflegungszuschuss	-indirekt an AN gelangend Bsp.: -Kindergarten	
EINZELKOSTEN	************** GEMEINKOSTEN **************							

↕

Überschneidung: - Wahlmöglichkeit zwischen EK und GK

Terminologie:
In der Praxis werden häufig unter verrechnungstechnischer Sicht die Begriffe des Fertigungslohnes und des Hilfslohnes verwendet. Zu den Fertigungslöhnen zählen ausschließlich die oben als Lohneinzelkosten gekennzeichneten Löhne, während für die Gemeinkostenlöhne der Begriff des Hilfslohnes ververwendet wird.

Buchungstechnik:
Bei der Buchung der Personalkosten ist zum einen die oben erläuterte Unterscheidung sowie die zeitliche Abgrenzung der Personalkosten zu berücksichtigen. Entsprechend den zeitlichen Abgrenzungen der vorhergehenden Kapitel sind periodenfremde Kostenanteile in der Kontengruppe 91 (periodenfremde Anteile ...) mit anschließender auflösender Gegenbuchung in der gleichen Gruppe und Kostenerfassung (Gr. 92) in den entsprechenden Perioden zu buchen. Dieses trifft vor allem auf gezahlte Urlaubs- und Weihnachtsgelder zu.

Beispiel

Dreher A: Lohn DM 3.000,–; Urlaubsgeld DM 1.200,--
Meister B: Lohn DM 4.000,–; Urlaubsgeld DM 2.400,–
Maschinenrüster C: Lohn DM 3.500,–; Urlaubsgeld DM 1.200,–
Abzüge: Lohnsteuer 20 %
Kirchensteuer 9 % v. Lohnsteuer
Sozialversicherung AN-Anteil und AG-Anteil je17 %

	Bruttolohn	Steuern	Soz.-Vers.	Nettolohn	Einzelkost.	Gemeink.	zeitant. GK
A	4.200,–	916,–	714,–	2.570,–	3.000,–		1.200,–
B	6.400,–	1.395,–	1.088,–	3.917,–		4.000,–	2.400,–
C	4.700,–	1.025,–		2.876,–		3.500,–	1.200,–
			799,–				
Ges.	15.300,–	3.336,–	2.601,–	9.363,–	3.000,–	7.500,–	4.800,–

Buchungssätze:

1. Fertigungslöhne (Gr. 92) 3.000,– DM
   + GK-Löhne (Gr. 92) 7.500,-- DM
   + periodenfremder Aufwand - zeitanteilige Löhne (Gr. 91) 4.800,– DM
   an Betriebliches Eröffnungskonto 15.300,-- DM

2. GK-Löhne (Gr. 92) 400,-- DM
   an verr. Anteile periodenfremder Aufwand - zeitanteiliger Lohn (Gr. 91) 400,– DM
   Diese Buchung muss in jeder Periode erfolgen!

Arbeitgeberanteil:

3. Sozialkosten (Gr. 92) 1.785,– DM
   + periodenfremder Aufwand - zeitanteil. Sozialkosten (Gr. 91) 816,– DM
   an Betriebliches Eröffnungskonto 2.601,– DM

4. Sozialkosten (Gr. 92) 68,– DM
   an verrechnete Anteile periodenfremder Aufwand - zeitanteil. Sozialkosten (Gr. 91) 68,– DM
   Diese Buchung muss in jeder Periode erfolgen!

Aufgabe

Raumpfleger DM 2.000,–; Urlaubsgeld DM 1.200,–
Fräser DM 3.000,–; Urlaubsgeld DM 1.800,–
Schweißer DM 2.000,–; Urlaubsgeld DM 1.200,–

Abzüge: - Versicherungen insgesamt 34 %
- Lohnsteuer 20 %
- Kirchensteuer 9 %

Lösen Sie diese Aufgabe entsprechend dem vorgestellten Beispiel!

2.3.3. Dienstleistungskosten

Dienstleistungskosten entstehen durch Verzehr von Produktionsfaktoren anderer Unternehmen, welche die Dienstleistung erbringen und dafür entlohnt werden.

Folgende Dienstleistungskosten fallen in einem Unternehmen in der Regel an:

- Instandhaltungskosten
- Telefonkosten
- Versicherungsprämien
- Reisekosten
- Werbekosten
- Steuerberatungskosten
- Patent- und Lizenzkosten
- Mietkosten

Eine wichtige Gruppe zählt noch zu den Dienstleistungskosten, nämlich die öffentlichen Abgaben:

- Steuern, Beiträge, Gebühren

Steuern sind dadurch gekennzeichnet, dass ihnen keine direkte Leistung des Fiskus gegenübersteht.
Es darf sich jedoch hierbei nur um betriebliche Steuern handeln, da nur sie kostenrechnerisch relevant sind.
Beispiele: Gewerbe-, Grund-, Kfz-Steuern

Die Beitragspflicht entsteht i.d.R. aus einer Mitgliedschaft, z.B. Berufsgenossenschaft, IHK.

Gebühren sind Entgelte für eine direkte Leistung der öffentlichen Hand, z.B. Müllabfuhrgebühren, Kfz-Anmeldegebühren.

Steuern, Gebühren und Beiträge werden natürlich wie die eigentlichen Dienstleistungen als Kosten erfasst, wenn sie der Aufrechterhaltung der Betriebs- und Absatzbereitschaft bzw. der unmittelbaren Leistungserstellung dienen. Schwierigkeiten in Form von Umbewertungen und Ansatz von Anderskosten treten hierbei in der Regel nicht auf.

Verrechnungstechnisch werden Dienstleistungskosten als Gemeinkosten behandelt.

2.3.4. Betriebsmittelkosten und weitere typische kalkulatorische Kosten

Kalkulatorische Kosten sind in diesem Buch bereits behandelt worden, als es um den Kostenbegriff ging.

Zusammenfassend kann man zu den kalkulatorischen Kosten - zu ihnen gehören ja Anders- und Zusatzkosten - sagen, dass sie durch die Abweichung der Kosten von den Zweck-aufwendungen definiert sind. Zusatzkosten liegen keine Aufwendungen im bilanzbuchhalterischen Sinne zugrunde.

Kalkulatorische Kosten weichen in der Höhe ihres Ansatzes von den Zweckaufwendungen der Finanzbuchhaltung ab, weil bei ihrer Erfassung auch diejenigen Wertverzehre herangezogen werden, die handels- und steuerrechtlich Beschränkungen unterliegen. Auf diese Art und Weise stellt der um die kalkulatorischen Kosten berichtigte Grundkostenwert einen vergleichbareren und die Wirklichkeit eher wiederspiegelnden Faktor dar. Er ist von Zufälligkeiten und Unregelmäßigkeiten befreit und dient in erhöhtem Maße dem Zweck der Vergleichbarkeit und dem Prinzip der Gewinnmaximierung (s. Beispiel zu Zusatzkosten III.4.1.3).

Typische kalkulatorische Kostenarten sind:

1. Kalkulatorische Abschreibung

Abschreibungen sind der verursachungsgerechte Werteverzehr für materielle und immaterielle Gegenstände des Anlagevermögens, verteilt auf die Jahre der Nutzungsdauer.

Abschreibungen werden im betrieblichen Rechnungswesen gebildet, um eine Wiederbeschaffung der Anlagegüter zu Gewähr leisten. Dies geschieht dadurch, dass durch die Abschreibungsbeträge lediglich der Wert des Sachvermögens geringer wird, ohne dass hierfür eine Ausgabe erfolgt. Auf diese Art und Weise wird die ursprünglich geleistete Ausgabe bei der Anschaffung des Anlagegutes stufenweise in den einzelnen Abschreibungsperioden als Verbrauch gebucht, denn Gegenstände des Anlagevermögens unterliegen einem Wertverlust. Die Ursachen für diesen Wertverlust können verbrauchsbedingt (Zeitverschleiß, Substanzverringerung, echter technischer Verschleiß), wirtschaftlich (Wertminderung aufgrund technischen Fortschritts, Nachfrageverschiebung, sinkende Wiederbeschaffungskosten) oder zeitlich (zeitlich befristete Nutzungsdauer aufgrund von Schutzrechten) bedingt sein. Indem in die Preise der Produkte die Kostengrößen dieses Wertverlustes (-verzehrs) eingerechnet werden, steigt das Geldvermögen über den Umsatz der Produkte. Aus der Differenz zwischen niedrigerem Sach- und höherem Geldvermögen ergibt sich ein "angesparter" Betrag zur Wiederbeschaffung des Anlagegutes.

Die handels- und steuerrechtlichen Vorschriften über die bilanzielle Abschreibung lassen jedoch nur eine **nominelle** Kapitalerhaltung zu, denn als Basis für die Abschreibung wird lediglich der Anschaffungs- bzw. Herstellungsaufwand zugelassen. Ein etwaiger Anstieg der Wiederbeschaffungskosten bleibt somit unberücksichtigt.
Weiterhin werden die Abschreibungsbeträge durch Einschränkungen in der Festlegung der Nutzungsdauer und der Abschreibungsmethode sowie durch bilanzpolitische Aspekte beeinflusst. Letztlich stellen sie dann nicht mehr den exakten Wertverzehr dar.

Bei dem Bestreben der Kostenrechnung, eine genaue Ermittlung des betrieblichen Verzehrs zu ermöglichen, kann die nominelle Abschreibung somit nicht Grundlage sein. Ziel ist vielmehr die **substanzielle** Kapitalerhaltung, welche durch die kalkulatorische Abschreibung ermöglicht werden soll. Sie unterliegt dem Grundsatz der Genauigkeit, um den verursachungsgerechten Wertverzehr, bezogen auf die Reinvestition des Gutes, zu ermitteln. Ihr liegt der Wiederbeschaffungswert zugrunde, der etwaige Preissteigerungen bereits berücksichtigt. Unter dem Verzicht auf Genauigkeit findet man in den Betrieben aus Vereinfachungsgründen jedoch auch noch kalkulatorische Abschreibungen von den Anschaffungs- oder Herstellungskosten.

Auch wenn es keinerlei Beschränkungen bezüglich der Wahl der Abschreibungsmethode gibt, wird in der Praxis häufig die lineare Abschreibung und nicht die Leistungsabschreibung gewählt. Die lineare Abschreibung bietet den Vorteil, ein sehr einfaches und damit kostengünstiges Verfahren zu sein. Mit ihren konstanten Abschreibungsbeträgen wird eine bessere Vergleichbarkeit erzielt. Der Anspruch der Leistungsabschreibung, die Belastung genau zu erfassen, wird häufig dadurch widerlegt, dass die genaue Erfassung schwierig und teuer ist, und daher häufig Schätzwerte angesetzt werden.

Die eigentliche Berücksichtigung der effektiven Beanspruchung des Anlagegutes findet in der Festlegung einer von der Schätzung abweichenden Restnutzungsdauer statt. Hier sind drei Möglichkeiten der Verrechnung zu benennen.

- Verfahren 1 verteilt den Restwert auf die Restlaufzeit.
- Verfahren 2 ignoriert eine Abschreibungsänderung und benutzt weiterhin die alten Abschreibungssätze bezogen auf die geänderte Nutzungsdauer.
- Verfahren 3 ermittelt nach Bekanntwerden der Nutzungsdaueränderung die Abschreibungssätze, mit denen bei richtiger Schätzung der Nutzungsdauer gearbeitet worden wäre und führt die Abschreibung in der Restlaufzeit mit diesen Abschreibungsbeträgen fort. Hierbei handelt es sich für die Kostenrechnung um die günstigste Möglichkeit, da Fehler durch die Festlegung der Nutzungsdauer in den vergangenen, abgeschlossenen Perioden weder korrigiert noch weitergeführt werden. Zu beachten ist in diesem Zusammenhang noch einmal, dass die Kostenrechnung periodenorientiert ist, und eine Verrechnung von Änderungen in Vorperioden nicht erfolgt. (Es gibt in der Kostenrechnung keine Bilanzkontinuität, da keine Bestandsgrößen, sondern Verbrauchsgrößen zugrunde gelegt werden).

Durch diese Verfahren wird es möglich, über den Null-Wert hinaus abzuschreiben. Das hat jedoch in der Betriebsbuchhaltung ebenfalls keine Auswirkung, da keine Bestandsgrößen verarbeitet werden.

Beispiel

Für eine Anlage mit dem Ausgangswert DM 18.000,– wurde die voraussichtliche Nutzungsdauer auf 8 Jahre geschätzt. Nach 4 Jahren stellt sich heraus, dass die Nutzungsdauer der Anlage nur 6 Jahre betragen wird.

	Verfahren 1	Verfahren 2	Verfahren 3
AK/HK *)	18.000,–	18.000,–	18.000,–
AfA 1. Jahr	2.250,–	2.250,–	2.250,–
Restbuchwert	15.750,–	15.750,–	15.750,–
AfA 2. Jahr	2.250,–	2.250,–	2.250,–
Restbuchwert	13.500,–	13.500,–	13.500,–
AfA 3. Jahr	2.250,–	2.250,–	2.250,–
Restbuchwert	11.250,–	11.250,–	11.250,–
AfA 4. Jahr	2.250,–	2.250,–	2.250,–
Restbuchwert	9.000,–	9.000,–	9.000,–
AfA 5. Jahr	4.500,–	2.250,–	3.000,–
Restbuchwert	4.500,–	6.750,–	6.000,–
AfA 6. Jahr	4.500,–	2.250,–	3.000,–
Restbuchwert	0,–	4.500,–	3.000,–

*) Vorausgesetzt wird eine stabile Preissituation, d.h. Wiederbeschaffungspreis = Anschaffungskosten. Würde das Anlagegut Preisschwankungen unterliegen, müsste die Abschreibung von dem jeweiligen Wiederbeschaffungswert vorgenommen werden.

⟷

Als Anregung soll hier noch auf eine Methode der Ermittlung des Wiederbeschaffungswertes hingewiesen werden. Über die Indexrechnung kann die Wertsteigerung eines Wirtschaftsgutes in Indexfaktoren, d.h. Verhältnis von Wiederbeschaffungspreis zu Anschaffungskosten, ermittelt werden. Um diesen Indexfaktor ist die ursprüngliche Abschreibung von den Anschaffungs-/Herstellungskosten zu korrigieren.

Beispiel

Anschaffung einer Maschine zum Preis von DM 12.000,-- (inkl. aller Beschaffungskosten) mit beabsichtigter Nutzungsdauer von 10 Jahren. Lineare Abschreibung wird durchgeführt. Nach dem 2. Jahr der Nutzung beträgt der Wiederbeschaffungspreis der Maschine lt. Preisliste des Herstellers DM 12.720,–.

$$\text{Indexfaktor (2. J)} = \frac{\text{Wiederbeschaffungswert}}{\text{Anschaffungskosten}} = \frac{12.720,\text{–}}{12.000,\text{–}} = 1{,}06$$

Mögliche Indexfaktorveränderungen im Laufe von 10 Jahren:

Jahr	1.	2.	3.	4.	5.	6.	7.	8.	9.	10.
Index	1,00	1,06	1,12	1,18	1,09	1,08	1,05	1,08	1,11	1,19

Anmerkung: Anstelle selbsterrechneter Indexzahlen kann auch der branchenspezifische Preissteigerungsindex verwendet werden.

Aufgabe

Anschaffung einer Maschine (Anschaffungskosten DM 12.000,--); voraussichtliche Nutzungsdauer von 3 Jahren. Aufgrund geringerer Beschäftigung der Maschine ergibt sich nach 2 Jahren eine verlängerte Nutzungsdauer von insgesamt 4 Jahren nach wahrhaftiger, willkürfreier Schätzung. Führen Sie die lineare Abschreibung für die gesamte Nutzungs-dauer durch (alle 3 Methoden alternativ).

2. Kalkulatorische Zinsen

Das im Unternehmen eingesetzte Kapital ist aus der Passivseite der Bilanz zu ersehen. Es setzt sich zusammen aus Eigen- und Fremdkapital und dient der Finanzierung des Gesamtvermögens der Unternehmung.

Gebucht werden in der Finanzbuchhaltung nur die Fremdkapitalzinsen. Diese können sich beziehen auf betrieblich eingesetztes (Zweckaufwand) und nicht betrieblich eingesetztes Kapital (neutraler Aufwand). Dagegen werden in der Betriebsbuchhaltung auch Eigenkapitalzinsen berücksichtigt (allerdings nur auf das betriebsnotwendige Kapital). Dabei liegt der Grundgedanke der Opportunitätskosten zugrunde, welcher in diesem Zusammenhang die alternative Anlage des Eigenkapitals in andere Vermögensbildungsformen vorsieht. Bei einer derartigen Anlage, z.B. als Wertpapiere, wäre eine Verzinsung des Kapitals zu erwarten. Dieser Nutzenentgang wird in der Betriebsbuchhaltung verrechnet. Es handelt sich hierbei um reine Zusatzkosten, da ihnen keine Aufwendungen gegenüberstehen.

Da sich aus der Bilanz nicht errechnen lässt, wie sich Eigen- und Fremdkapital auf die Vermögensteile verteilen, wird eine Ermittlung des betriebsnotwendigen Eigen- bzw. Fremdkapitals unmöglich (schwierig).

Man behilft sich damit, dass man eine Unterscheidung von Fremdkapital- und Eigenkapitalzinsen unterlässt, und auf das **gesamte** betriebsnotwendige Kapital die marktüblichen Zinsen berechnet. Die Festsetzung der Notwendigkeit des Kapitals lässt sich nur über die betriebsnotwendige Mittelverwendung der Aktivseite vornehmen. Zur Ermittlung des betriebsnotwendigen Kapitals wird dann folgendes Schema angewandt:

	betriebsnotwendiges Anlagevermögen			
+	betriebsnotwendiges Umlaufvermögen			
=	betriebsnotwendiges Vermögen	↔		betriebsnotwendiges Kapital
			-	Abzugskapital
			=	betriebsnotwendiges Kapital

Abzugskapitalien sind grundsätzlich alle Kapitalien, die auch vergleichbaren Unternehmen zinsfrei zur Verfügung gestellt werden:

- Umsatzsteuer,
- zinslose Lieferantenkredite (Verbindlichkeiten aus Lieferungen und Leistungen),
- erhaltene Anzahlungen.

Um diesen Zinsvorteil auch im Preis zu berücksichtigen, werden Abzugskapitalien "abgezogen", also subtrahiert; d.h. die Zinsen (Kosten) werden geringer.

Wie bereits erwähnt, werden die kalkulatorischen Zinsen zu marktüblichen Zinssätzen berechnet. Wie jetzt sicherlich zu erkennen ist, beinhalten die kalkulatorischen Zinsen sowohl Opportunitäts- (Zusatz-), Anders- (soweit erforderlich) und Grundkosten (Fremdkapitalzinsen). Diese Komponenten gehen jedoch aus den gebuchten Zahlen nicht hervor, sind auch nicht relevant.

Bei der Wahl des anzusetzenden Zinssatzes (lang- oder kurzfristig; risikofrei etc.) ist die jeweilige Finanzsituation des Unternehmens zu berücksichtigen. Anwendung findet häufig ein durchschnittlicher Zinssatz, in dem Zinssätze für kurz- und langfristige Kredite eingerechnet sind oder der Diskontsatz zuzüglich eines (ministeriell für die Kalkulation öffentlicher Aufträge abgesegneten) Mindestaufschlages.

Bei der Ermittlung des betriebsnotwendigen Vermögens muss nunmehr die eigentliche Problematik des Wertansatzes erörtert werden.Es gibt auch hier mehrere Methoden, die in der Praxis (Theorie) zu finden sind. Diese sollen kurz vorgestellt werden:

a.) Durchschnittswertmethode

Betriebsnotwendiges Umlaufvermögen und **Abzugskapital** werden mit dem durchschnittlich im Unternehmen gebundenen Wert angesetzt

(Anfangsbestand + Endbestand) ÷2

oder bei saisonalen Schwankungen zwecks Berücksichtigung monatlicher Höhen und Tiefen nach folgender Formel:

(Anfangsbestand + 12[1] Endbestände) ÷13

Beim **Anlagevermögen** wird der Durchschnitt aus der Summe von Anschaffungskosten und Liquidationserlös (auch bei nicht abnutzbarem Anlagevermögen) oder Anschaffungskosten und Restwert (Schrottwert) gebildet. Häufig wird der Restwert in der Praxis wegen möglicher Schätzfehler mit 0,– DM angesetzt. Bei der Durchschnittswertmethode geht man bei abnutzbarem Anlagevermögen davon aus, dass, unter der Annahme der linearen Abschreibung, durchschnittlich der halbe Anschaffungs-/Herstellungskosten-Wert gebunden ist.

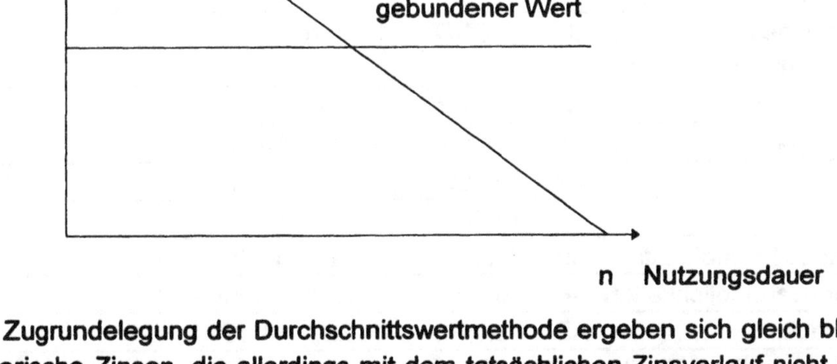

Bei der Zugrundelegung der Durchschnittswertmethode ergeben sich gleich bleibende kalkulatorische Zinsen, die allerdings mit dem tatsächlichen Zinsverlauf nicht übereinstimmen. Dabei wären die Zinsen zu Beginn höher und zum Ende niedriger. Auf die gesamte Laufzeit gleichen sich diese Differenzen jedoch aus. Die konstanten Zinsen begünstigen in der Istkostenrechnung den Periodenvergleich. Da mit Hilfe der Durchschnittswertmethode kostenrechnerische Werte ziemlich einfach zu ermitteln sind, findet dieses Verfahren in der Praxis häufig Anwendung.

b.) Restwertmethode

Die Restwertmethode bezieht sich grundsätzlich auf die Verzinsung der Restwerte der Wirtschaftgüter zum Ende der Periode. Allerdings wird hierbei, um die durchschnittliche Kapitalbindung innerhalb eines Jahres zu berücksichtigen, ein Jahresmittelwert gewählt. Es wird der halbe Abschreibungsbetrag zugrunde gelegt:

Anfangsbestand der Periode - 1/2 AfA

Auch hierbei wird eine annähernd gleichmäßige Zinsbelastung erreicht, wenn man das gesamte Anlagevermögen betrachtet und einen gleichmäßigen Zu- und Abgang der Wirtschaftsgüter voraussetzt.

Bei beiden Verfahren werden Anschaffungs- bzw. Herstellungskosten angesetzt, da nur diese Mittel gebunden sind, und nur diese eine Basis für die Verzinsung sein können und sollen. Die Zinsesverzinsung ergibt sich über die Erlöse, die Guthabenzinsen bringen oder investiert werden können.

Beispiel

VORGABEN	WERTANSATZ
Gebäude AK 300.000,-- Durchschnittswertmethode	150.000,--
Maschinen AK 30.000,-- BND 10 Jahre Restwertmethode für 5. Jahr	16.500,--
Kraftfahrzeuge AK 24.000,-- BND 4 Jahre Restwertmethode für 2. Jahr	15.000,--
Geschäftsausstattung AK 40.000,-- Durchschnittswertmethode	20.000,--
Finanzanlagen AK 65.000,-- Durchschnittswertmethode	./.
Rohstoffe AB 30.000,-- EB 50.000,--	40.000,--
Kasse AB 15.000,-- EB 15.000,--	15.000,--
Langfristiges Fremdkapital AB 50.000,-- EB 50.000,--	./.
Lieferantenverbindlichkeiten AB 80.000,-- EB 40.000,--	- 60.000,--
Umsatzsteuer AB 3.000,-- EB 4.000,--	- 3.500,--
betriebsnotwendiges Kapital	193.000,--

Zinssatz: 10 % --- Kalkulatorische Zinsen: DM 19.300,--

Aufgabe

Anlagevermögen:	Gebäude, AK 300.000,-- DM, BND 50 Jahre, Restwertmethode im 10. Jahr
	Maschinen, AK 60.000,-- DM, Durchschnittswertmethode
	Kfz, AK 30.000,-- DM, BND 4 Jahre, Restwertmethode im 4. Jahr
	Geschäftsausstattung, AK 40.000,-- DM, Liquidationserlös, 5.000,-- DM, Durchschnittswertmethode
	Aktien, AK 30.000,-- DM, Liquidationserlös 30.000,-- DM, Durchschnittswertmethode
Umlaufvermögen:	Rohstoffe AB 40.000,-- DM, EB 10.000,-- DM
	Forderungen AB 10.000,-- DM, 1. EB 20.000,-- DM 2. EB 40.000,-- DM, 3. EB 10.000,-- DM 4. EB 10.000,-- DM, 5. EB 50.000,-- DM 6. EB 40.000,-- DM, 7. EB 10.000,-- DM 8. EB 10.000,-- DM, 9. EB 5.000,-- DM 10. EB 15.000,-- DM, 11. EB 10.000,-- DM 12. EB 30.000,-- DM
	Bank AB 6.000,-- DM EB 9.000,-- DM
Fremdkapital:	Langfristiges Darlehen AB 100.000,-- DM, EB 200.000,-- DM
	Kurzfristige Lieferantenverbindlichkeiten AB 6.000,-- DM, EB 8.000,-- DM

Zinssatz: 10 %

Ermitteln Sie die kalkulatorischen Zinsen!

3. Kalkulatorische Wagnisse

Wagnisse sind die mit jeder unternehmerischen Tätigkeit verbundenen Gefahren, die das eingesetzte Kapital bedrohen. Dabei sind Höhe und Zeitpunkt der Verluste unbestimmt.

Zwei Arten von Wagnissen sind zu unterscheiden:

a) Das **allgemeine** Unternehmerwagnis bezieht sich auf das Unternehmen als Ganzes und bietet von daher schon nicht die Voraussetzung als Kostenansatz. Mangels einer direkten Beziehung zur betrieblichen Leistungserstellung finden diese

Risiken bei der Festlegung des kalkulatorischen Wagnisses keine Anwendung. Zu diesen zählen: Nachfrageveränderungen, technische Veränderungen, Konjunkturschwankungen.

b) Demgegenüber sind die **speziellen** Wagnisse (Einzelwagnisse) betrieblich und werden daher kostenrechnerisch berücksichtigt. Hierzu gehören:

- Bestandsrisiken	Lagerverluste
- Risiken in der Fertigung	Materialfehler, Arbeitsfehler
- Vertriebsrisiken	Forderungsausfälle, Währungsverluste aus betrieblicher Tätigkeit
- Entwicklungsrisiken	fehlgeschlagene Forschungen.

Versicherungsprämien zur Deckung von Einzelwagnissen, werden als Dienstleistungskosten (s. dort), also als Grundkosten in der Betriebsbuchhaltung erfasst. Bei Versicherungen auf der Basis von Selbstbeteiligungen handelt es sich in Höhe der Beiträge um Zweckaufwendungen, denen zum vollen Risikoausgleich höhere Anderskosten gegenüberstehen.
Falls bestimmte Wagnisse nicht versicherbar sind oder aus Gründen der Wirtschaftlichkeit (Versicherungsprämien sind höher als die durchschnittlich eintretenden Verluste) nicht versichert werden, gehen diese als kalkulatorische Wagniskosten (Zusatzkosten) in die Kostenrechnung ein.

Mit der Berücksichtigung von im groben vorhersehbaren, außergewöhnlichen Ereignissen will man eine gleichmäßige Verteilung der Verluste auf alle Perioden erreichen. Im Abschnitt "Neutrale Aufwendungen" wurde erläutert, dass außerordentliche Aufwendungen keine Kosten sind, um das "normale", vergleichbare Betriebsergebnis nicht zu verzerren. Hier wurden nun die entsprechenden Kosten dieser mit Ausgaben verbundenen Aufwendungen dargestellt.

Grundlage für die Bemessung der Wagnisse sind i.d.R. Vergangenheitswerte, die sich statistisch mit geeigneten Verfahren (Mittelwert, Wahrscheinlichkeit etc.) ermitteln lassen. Dabei wählt man die Relationen, die verursachungsgemäß für den Eintritt desVerlustes am ehesten repräsentativ erscheinen (z.B. Lagerbestand <-> Bestandswagnis). Als Prozentsatz dieser Bezugsgröße werden kalkulatorische Wagnisse verrechnet.

4. Kalkulatorischer Unternehmerlohn

Die Gesellschaftsform eines Unternehmens entscheidet über den Ansatz eines kalkulatorischen Unternehmerlohns. Während in Kapitalgesellschaften die mit der Führung des Unternehmens beauftragten Organe aus gehaltsempfangenden Mitgliedern bestehen (Gehaltszahlungen gehen als Personalkosten in die Betriebsbuchhaltung ein) erhalten der Einzelunternehmer oder die geschäftsführenden Gesellschafter in Personengesellschaften (OHG, KG etc.) ihre Gehälter durch den Gewinn, den das Unternehmen erwirtschaftet.

Aus diesem Grund sind Vergleiche der Betriebsergebnisse zwischen Unternehmen mit unterschiedlicher Gesellschaftsform nicht möglich, denn die Erfolge der Unternehmen sind aufgrund unterschiedlicher Basen entstanden. Abhilfe schafft der Ansatz des kalkulatorischen Unternehmerlohns in Gesellschaften, die eben die oben beschriebenen Gehälter nicht in der Finanzbuchhaltung ausweisen dürfen. Wertmäßig wird der Betrag angesetzt, den der Unternehmer bei anderweitiger Verwendung seiner Arbeitskraft erzielen würde (Opportunitätskosten).

Im Kapitel "Zusatzkosten" wurde mittels eines Beispiels bewiesen, dass ohne die Einbeziehung dieser Zusatzkosten in die Preisbestimmung kein Gewinnanteil für die unternehmerische Tätigkeit ohne Substanzverringerung zu erzielen ist. Jede Privatentnahme würde dann einen Abbau der Substanz bedeuten.

5. Kalkulatorische Miete

Der soeben vorgestellte Gedankengang liegt auch dem Ansatz der kalkulatorischen Miete für Räumlichkeiten und anderen Gegenständen, die der Unternehmer nach freier Wahl dem Unternehmen betrieblich zur Verfügung stellt, zugrunde. Auch hierbei werden Opportunitätskosten in Form einer **Ertragsmiete** verrechnet. Die Ertragsmiete umfasst den tatsächlichen Kostenanteil zuzüglich den Ertrag aus der Kapitalbindung.

Ein weiterer Ansatzgrund von kalkulatorischen Mietkosten entsteht aufgrund der Opportunitätskostenberücksichtigung als Kostenmiete, indem so getan wird, als ob der Betrieb seine eigenen Geschäftsräume mietet. Im Gegensatz zur rtragsmiete beinhaltet die Kostenmiete keinen Kapitalbindungsanteil, da dieser bereits bei den kalkulatorischen Zinsen berücksichtigt wurde. Als Lösungsvorschlag zur vereinfachten Ermittlung könnte die Ertragsmiete aus den Mietspiegeln dienen, wenn bei der Errechnung der kalkulatorischen Zinsen diese Gegenstände außer Acht gelassen werden.

Grundsätzlich lässt sich auch der Wert des durch die betriebliche Nutzung entgangenen Einnahmeüberschusses ansetzen.

2.4. Betriebliche Funktion

Wie schon zu Beginn dieses Abschnittes erwähnt, können primäre Kosten für zusätzliche Informationen entsprechend ihrer betrieblichen Funktion (Aufgabe) umverteilt und zusammengefasst werden. Es entstehen damit andere neue Kostengrößen, bezeichnet als **sekundäre Kosten**. So werden z.B. aus dem Gehalt des Betriebsarztes und den Kosten der Arzneimittel usw. sekundäre Sozialkosten.

Diese Aufgaben werden in der Regel an bestimmten Orten im Betrieb erfüllt. Für diese Orte lassen sich Kosten besser zurechnen als für abstrakte Aufgaben, da ein Bezug zum Bereich der Kostenentstehung deutlicher wird. Der Übergang zur damit verbundenen Kostenstellenrechnung ist also sehr fließend.

IV. Kostenstellenrechnung

1. Grundsätzliches

Bisher ist die Frage nach der Art und Höhe der angefallenen Kosten beantwortet worden. Für die Zwecke der Kostenrechnung ist es aber auch wichtig, zu sehen, **wo** die einzelnen Kostenarten verursacht wurden.

Daher erfolgt im zweiten Abrechnungsschritt der Kostenrechnung die Verteilung der nicht direkt auf Kostenträger zugeordneten Kostenarten (Gemeinkosten) auf die Kostenstellen, die verursachungsgemäß am Verzehr des Produktionsfaktors beteiligt sind bzw. waren.

Die Fragestellung der Kostenstellenrechnung lautet also:
"Wo sind die Kosten angefallen ?"

2. Aufgaben der Kostenstellenrechnung

Die Kostenstellenrechnung erfasst die Kosten am Ort ihrer Entstehung zur Lösung folgender Aufgaben:

1. Die Kontrolle der Wirtschaftlichkeit kann an den Stellen durchgeführt werden, an denen die Kosten entstanden sind. Diese Wirtschaftlichkeitskontrolle ist effektiver als die Betrachtung der Wirtschaftlichkeit eines gesamten Betriebes.

2. Die Kostenstellenverantwortlichen können über die relevanten Kostendaten informiert werden, außerdem werden Budgetvorgaben ermöglicht.

3. Die Genauigkeit der Kostenträgerzeitrechnung bzw. der Kostenträgerstückrechnung wird erhöht. Die unterschiedliche Beanspruchung einer Kostenstelle durch die verschiedenen Produkte verursacht einen unterschiedlichen Gemeinkostenanteil. Dieser kann erst durch die Kostenstellenrechnung in der Kostenträgerrechnung richtig zugeordnet werden.

Um allerdings diese Aufgaben erfüllen zu können, bedarf es einer zweckmäßigen Einteilung des Betriebes in Kostenstellen. Kostenstellen sind als betriebliche Teilbereiche definiert, die zur Leistungserstellung Güter und Dienstleistungen verbrauchen und kostenrechnerisch selbstständig abgerechnet werden.

Bei der Einrichtung der Kostenstellen sind folgende Grundsätze zu berücksichtigen:

1. Eine Kostenstelle soll ein **selbstständiger Verantwortungsbereich** sein und eine **räumliche Einheit** darstellen. So sollen Kompetenzüberschneidungen vermieden, werden, und eine bessere Kontrolle der Stelle Gewähr leistet werden.
   Wird z.B. innerhalb eines Raumes eine Maschine von zwei Stellen mehr oder weniger gleichmäßig genutzt, so wäre die Einrichtung von zwei Kostenstellen für diese Maschine i.d.R. nicht vertretbar. Besser wäre es, den Maschinenbereich als **eine** Kostenstelle anzusehen und einen Verantwortungsträger zu bestimmen.

2. Die Höhe der Kostenverursachung muss **messbar** sein, um fehlerhafte Kostenkontrollen bzw. Ermittlungen von Gemeinkostenzuschlägen zu vermeiden. Eine Schätzung würde diesem Grundsatz widersprechen.
   Hierbei gilt der Grundsatz: Wenn die Kostenerfassung schlecht möglich ist, dann soll auch keine Kostenstellenabgrenzung erfolgen.
   Wenn z.B. zwei Maschinen über einen Stromzähler abgerechnet werden, fehlt die genaue Maßgröße für beide.

3. Es muss Gewähr leistet sein, dass die Belege über den Kostenanfall **zeitnah** und **korrekt erfasst** und zum Periodenabschluss **gebucht** werden. Gleichwohl müssen die angefallenen Kosten eindeutig zugeordnet werden können. Häufige Zweifel in der Zuordnung bei der Buchung lassen auf eine ungenaue Gliederung der Kostenstellen schließen.

Diese drei Grundsätze lassen sich nicht gleichzeitig realisieren, da zwar die Feinstgliederung in Kostenplätze die größtmögliche Genauigkeit Gewähr leistet, jedoch die Einhaltung von selbstständigen Verantwortungsbereichen weit gehend ausschließt. Außerdem würde ein so genaues Abrechnungsververfahren selbst erhebliche Kosten mit sich bringen. Somit ergibt sich das Problem der Optimierung bei der Kostenstelleneinteilung, welches von Fall zu Fall anders gelöst werden muss.

Auch in diesem Zusammenhang ist ein Missverhältnis von Erfolg zu Aufwand der Kostenrechnung zu vermeiden.

Insgesamt gesehen hängt die Gliederungstiefe des Betriebes in Funktionsbereiche (sinnvolle größte Kostenstellen) bis hin zu Kostenplätzen (kleinste Kostenstelle - nicht weiter untergliederbar) von folgenden Faktoren ab:

- Betriebsgröße und Betriebsorganisation
- Angestrebte Kalkulationsgenauigkeit
- Angestrebte Kostenkontrollmöglichkeit etc.

Bei der Erstellung des Kostenstellenplans sind somit viele Kriterien zu berücksichtigen und, es finden sich die unterschiedlichsten Gesichtspunkte in kombinierter Form wieder.

3. Arten von Kostenstellen und Primärkostenverteilung

Kostenstellen unterscheidet man nach funktionalen und nach abrechnungstechnischen Gesichtspunkten.

3.1. Einteilung der Kostenstellen in Funktionsbereiche

In den Erläuterungen der Kostenartenrechnung wurde bereits auf eine Gliederung der Kostenarten nach der Funktion hingewiesen. Dieses wird nunmehr wieder aufgegriffen.

Die Funktionen lassen sich in folgende betriebliche Bereiche zusammenfassen:

Materialstellen
Sie beschäftigen sich mit der Beschaffung, Annahme, Prüfung, Lagerung und Ausgabe der Werkstoffe.

Fertigungsstellen
Hier findet die eigentliche Leistungserstellung statt. Diese kann unterschiedlich in den einzelnen Stellen erfolgen:

- unmittelbar in so genannten Fertigungshauptstellen, wie Gießerei, Dreherei, Montage, Lackiererei;
- mittelbar in so genannten Fertigungshilfsstellen wie Arbeitsvorbereitung, Werkzeugausgabe, Reparaturwerkstatt.

Vertriebsstellen
Sie befassen sich mit der Behandlung der Fertigprodukte, der Lagerung, dem Verkauf, der Werbung etc.

Verwaltungsstellen
Hierunter fallen Stellen (Abteilungen), die verwaltungstechnische Leistungen für das gesamte Unternehmen erbringen, die Geschäftsführung, die Finanzbuchhaltung, die Betriebsbuchhaltung, das Personalwesen.

Allgemeine Kostenstellen
Es handelt sich um Bereiche des Betriebes, die Leistungen für die anderen Kostenstellen erbringen, z.B. Stromversorgung, Grundstücks- und Gebäudeverwaltung, Sozialwesen, Reinigung etc.

Entwicklungsstellen
Sie sind hauptsächlich in größeren Betrieben zu finden und erfüllen Forschungs-, Entwicklungs- und Konstruktionsaufgaben. Sollte hierfür kein eigener Funktionsbereich

vorgesehen sein, fallen diese Stellen in den Bereich der allgemeinen Kostenstellen. Hierzu gehören Zentrallabor, Konstruktionsabteilung, Versuchswerkstatt, Bibliothek etc.

Bei der vorstehend aufgeführten funktionalen Gliederung der Kostenstellen handelt es sich nicht um eine vollständige Aufzählung, sondern um eine Gliederung der Kostenstellenbereiche, wie sie in der Praxis zu finden ist. Die Bereiche lassen sich weiter untergliedern, z.B. nach

- der Art der Tätigkeit (Dreherei, Fräserei),
- der räumlichen Aufteilung (Werkstatt 1, Werkstatt 2)
- der Verantwortung (Meister, Vorarbeiter)
- der Art der Abrechnung auf Produktarten (Produktart A,B).

Beispiel eines Kostenstellenplans

1 Allgemeiner Bereich
- 11 Immobilien
  - 111 Heizung
  - 112 Reinigung
  - 113 Bewachung
  - 114 Grundstücke, Gebäude
- 12 Sozialdienste
  - 121 Kantine
  - 122 Sanitätsstelle
  - 123 Werksbibliothek
- 13 Energie
  - 131 Wasserversorgung
  - 132 Stromerzeugung
  - 133 Gaserzeugung
- 14 Instandhaltung
  - 141 Schlosserei
  - 142 Tischlerei
  - 143 Elektrowerkstatt
  - 144 Bauabteilung

2 Materialbereich
- 21 Einkauf
  - 211 Einkaufsabteilung
  - 212 Prüflabor
- 22 Lager
  - 221 Werkstofflager
  - 222 Warenannahme
  - 223 Lagerbuchhaltung

3 Fertigungsbereich
- 31 Fertigungshilfsstellen
  - 312 Werkzeugmacherei
  - 313 Arbeitsvorbereitung
- 32 Fertigungshauptstellen
  - 321 Dreherei
  - 322 Fräserei
  - 324 Montage
- 33 Fertigungsnebenstellen
  - 331 Abfallverwertung
  - 332 Kuppelproduktever-arbeitung

4 Vertriebsbereich
- 41 Verkauf
  - 411 Verkauf Inland
  - 412 Verkauf Ausland
- 42 Werbung
- 43 Versandlager
- 44 Kundendienst
- 45 Expedition

5 Verwaltungsbereich
- 51 Geschäftsleitung
- 52 Interne Revision
- 54 Rechnungswesen
- 55 Personalabteilung
- 56 Registratur
- 57 Rechenzentrum

3.2. Weitere Einteilungen von Kostenstellen

In abrechnungstechnischer Hinsicht finden sich unterschiedliche Lehrmeinungen, die im Folgenden kurz vorgestellt werden sollen.

3.2.1. Traditionelle Einteilung

Die traditionelle Einteilung erfolgt in **erzeugungstechnischer** Hinsicht in:

Hauptkostenstellen
Sie führen den Produktionsprozess unmittelbar durch (Dreherei, Fräserei etc.).

Nebenkostenstellen
Sie verarbeiten Abfallstoffe der Produktionsbetriebe zu Nebenprodukten (z.B. bei Kuppelproduktion).

Hilfskostenstellen
Sie dienen dem Produktionsprozess nur mittelbar (Verwaltung, Vertrieb, Fuhrpark etc.).

Sie erfolgt in **verrechnungstechnischer** Hinsicht in

Vorkostenstellen
Sie umfassen die Hilfskostenstellen, deren Kosten auf andere (Teil-)Bereiche umgelegt werden müssen, weil diese für andere Kostenstellen tätig sind:

- Allgemeine Kostenstellen,
- Fertigungshilfsstellen;

Endkostenstellen
Hierbei handelt es sich um Hauptkostenstellen und die restlichen Hilfskostenstellen im obigen Sinne. Ihre Kosten gehen direkt über Schlüssel in die Kalkulation der Kostenträger ein:

- Materialstellen,
- Fertigungshauptstellen,
- Verwaltungsstellen,
- Vertriebsstellen.

3.2.2. Moderne Einteilung

Die "moderne" Einteilung lässt die erzeugungstechnische Sicht völlig außer Acht und gliedert nur nach:

Hauptkostenstellen
Sie entsprechen den Endkostenstellen der traditionellen Lehrmeinun g.

Hilfskostenstellen
Sie entsprechen den Vorkostenstellen.

Entscheidend für die Zuordnung zu einer dieser Kostenstellen ist also nicht die Art und Weise der Mitwirkung beim Produktionsprozess, sondern ausschließlich die Verrechnungstechnik.

Für die nachfolgenden Betrachtungen sollen die Begriffe der "modernen" Einteilung verwendet werden, um eine einheitliche Terminologie zu haben.

Zusammenfassung der funktionalen und abrechnungstechnischen Gliederung der Kostenstellen:

Kostenstellen nach funktionaler Gliederung	Kostenstellen nach abrechnungstechnischer Gliederung
Materialstellen	Hauptkostenstellen
Fertigungsstellen	
- Fertigungshauptstellen	Hauptkostenstellen
- Fertigungshilfsstellen	Hilfskostenstellen
Vertriebsstellen	Hauptkostenstellen
Verwaltungsstellen	Hauptkostenstellen
Allgemeine Kostenstellen	Hilfskostenstellen

Diese Zusammenfassung wird noch benötigt, wenn die Gemeinkosten zu verteilen sind.

3.3. Verteilung der Primärkosten auf die Kostenstellen

Die eigentliche Problematik der Kostenstellenrechnung liegt jedoch nicht in der Begriffsbestimmung, sondern in der Verteilung der Primärkostenarten. Es soll die Verursachungsbeziehung zwischen Kostenarten und Kostenstellen ermittelt werden. Die Verteilung der Kostenstelleneinzelkosten ist unproblematisch, da sie direkt der Kostenstelle zugeordnet werden. Die Tabelle zeigt einige Beispiele auf:

Kostenart	Verteilungsgrundlage
Zusatzlöhne	Zusatzlohnscheine
Hilfslöhne	Stempelkarten
Gehälter	Gehaltslisten
Betriebsstoffkosten	Entnahmescheine
Fremdreparaturkosten	Rechnungen
Portokosten	Postausgangsbuch
kalkulatorische Abschreibung	Werte der Anlagekosten
kalkulatorische Zinsen	dto.
Kraftstrom	Leistungsaufnahme lt. Zähler

Anders ist es bei den Kostenstellengemeinkosten. Gemeinkosten sind ja gerade dadurch gekennzeichnet, dass sie verursachungsgemäß nicht direkt zugeordnet werden können. Es müssen Schlüssel gefunden werden, die die Beziehung der Verursachung möglichst genau darstellen. Dabei werden Wert- oder Mengenschlüssel gebildet. Eine Aufstellung möglicher bestands- und bewegungsgrößenbezogener Schlüssel zeigt die nächste Abbildung:

	Mengenschlüssel	Wertschlüssel
Bestandsgrößenbezogene Gemeinkostenschlüssel	- Raumfläche - installierte Energieverbraucher - Zahl der Beschäftigten - Rauminhalt	- Wert der Anlagen - Wert des Lagerbestandes
Bewegungsgrößenbezogene Gemeinkostenschlüssel	- Maschinenstunden - Gewichte - Lagerzeiten	- Lohn- und Gehaltskosten - Warenumsatz

Beispiel

Laut Abrechnung der Stromversorgungsbetriebe sind insgesamt 150.000 kWh verbraucht worden. Der Strom wurde

a) zur Beleuchtung der Verwaltungs- und Werkstatträume,

b) zum Betrieb der Drehbank,

c) zum Betrieb der Heizungsanlage

benötigt. Ein Verbrauchszähler befindet sich lediglich an der Drehmaschine.
Der Rechnungsbetrag der Versorgungsbetriebe in Höhe von DM 10.000,– ist verursachungsgerecht auf die Kostenstellen

a) Verwaltung,

b) Fertigung,

c) Allgemeine Kostenstelle

zu verteilen.

Es fällt gleich auf, dass die Verteilung ohne weitere Angaben unmöglich ist. Lediglich den gemessenen Verbrauch der Drehmaschine kann man direkt zuordnen.

4. Betriebsabrechnungsbogen (BAB)

Im BAB werden die Kostenstellenrechnung (BAB Teil I) und die später zu erläuternde gesamte Betriebsabrechnung (Teil II) tabellarisch dargestellt. Eine Abrechnung erfolgt i.d.R. monatlich.

Grundsätzlich werden im BAB (Teil I) nur die **Kostenträgergemeinkosten im Hinblick auf eine spätere Kostenträgerstückrechnung bzw. die Produktartgemeinkosten im Hinblick auf eine Kostenträgerzeitrechnung** auf Kostenstellen verrechnet. Die Kostenträgereinzelkosten bzw. Produktarteinzelkosten werden nur rein informatorisch und zur Ermittlung der Kalkulationssätze aufgenommen.

4.1. Aufbau des BAB

Der BAB ist in Form einer Matrix (Tabelle) aufgebaut. Die Vertikale stellt die Kostenstellen dar, die Horizontale die Kostenarten. Die jeweiligen Tabellenfelder enthalten die Anteile der Kostenstellen an den Kostenarten.

Das folgende Schema zeigt den formalen Aufbau eines BAB:

	Hilfskostenstellen	Hauptkostenstellen
Primäre Gemeinkosten lt. Konten-Gr. 92	Verteilung der Gemeinkosten nach Verursachung als Kostenstelleneinzel- oder -gemeinkosten nach Mengen- und Wertschlüsseln	
Sekundäre Gemeinkosten	Verteilung der sekundären Gemeinkosten nach Inanspruchnahme von Leistungen durch andere Kostenstellen (Durchführung der innerbetrieblichen Leistungsverrechnung)	
	Ermittlung von Kalkulationssätzen	

Dimension eines Matrixelementes

Kostenart pro Kostenstelle z.B. X DM Gehälter der Kostenstelle Y

4.2. Aufgaben des BAB

Die Hauptaufgabe der Kostenstellenrechnung, Verteilung der Kostenträger- bzw. Produktartgemeinkosten, findet im ersten Teil des BAB, der primären Gemeinkostenverteilung (I. in nachfolgender Übersicht) statt. Darauf folgt die sekundäre Gemeinkostenverteilung oder die innerbetriebliche Leistungsverrechnung (iL/ibL) (II.). Und schließlich werden im dritten Schritt Kalkulationssätze für die Zurechnung der Gemeinkosten auf die Kostenträger bzw. Produktarten ermittelt (III.).

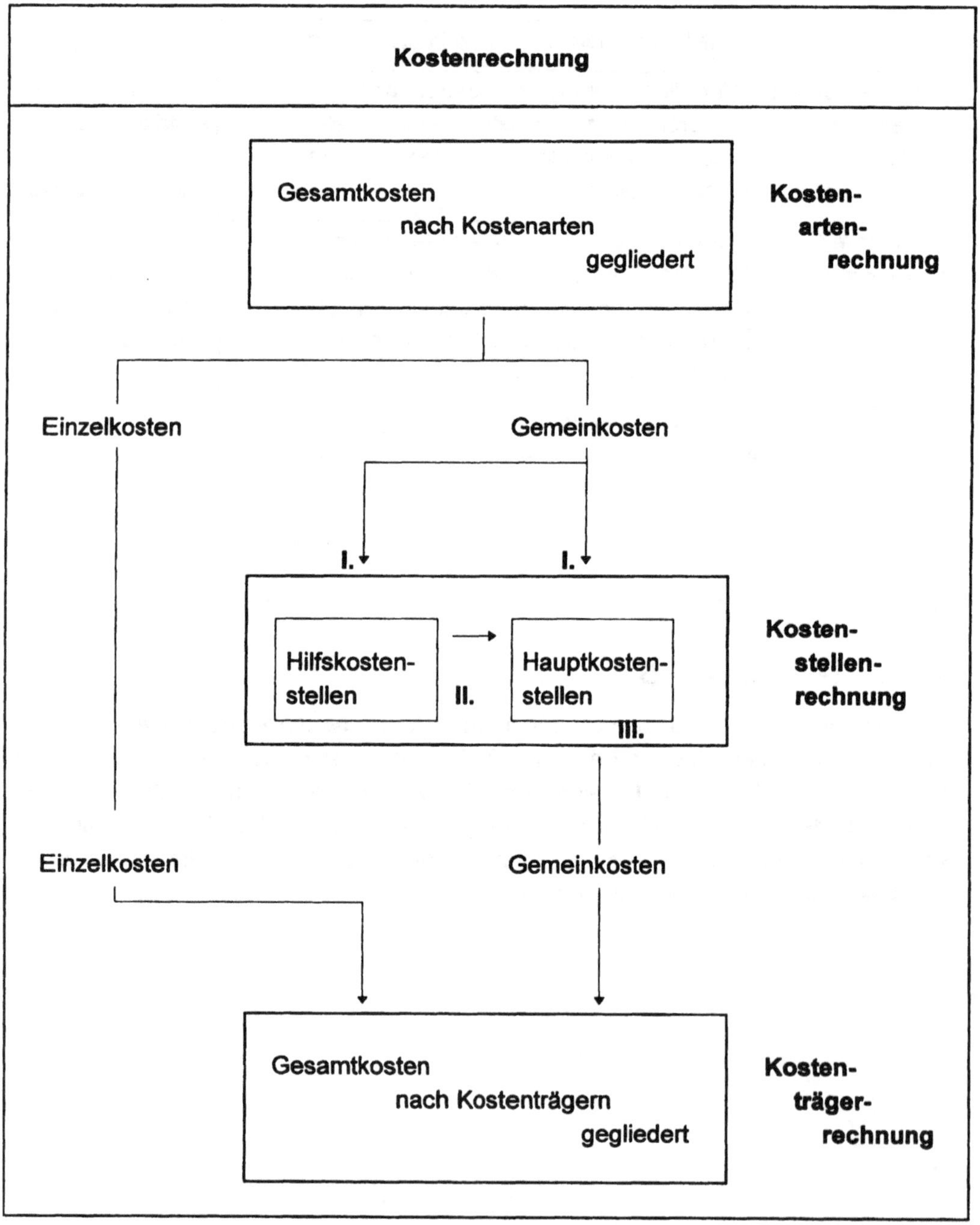
Kostenrechnung
Gesamtkosten nach Kostenarten gegliedert
Kosten-arten-rechnung
Einzelkosten
Gemeinkosten
I.
I.
Hilfskosten-stellen
II.
Hauptkosten-stellen
III.
Kosten-stellen-rechnung
Einzelkosten
Gemeinkosten
Gesamtkosten nach Kostenträgern gegliedert
Kosten-träger-rechnung

	Kostenarten	Allgemeine Ko.Stellen Hausverwaltung	Sozialwesen	Materialstelle	Fertigungshilfsstell. Meisterei	Maschinenumrüstung	Fertigungshauptstell. Dreherei	Montage	Verwaltungsstelle	Vertriebsstelle
Materialverbrauch	1.500			1.500						
Fertigungslöhne	900						600	300		
Hilfs- und Betriebsstoffverbrauch	375	8	12	22	45	48	76	95	36	33
Energie	75	5	9	12	8	6	9	12	8	6
Hilfslöhne	750	15	23	45	82	90	135	255	45	60
Gehälter	450	9	10	26	30	42	97	107	60	69
Abschreibungen	180	5	6	12	21	24	42	43	14	13
sonstige Kostenarten	202	8	5	12	20	16	39	29	45	28
Summe der Primären Gemeinkosten	2.032	50	65	129	206	226	398	541	208	209
Umlage Hausverwalt.				5	10	10	5	5	10	5
Umlage Sozialwesen				13	0	0	13	13	13	13
Umlage Meisterei							72	144		
Umlage Masch.Umrüst.							118	118		
Summe der Sekundären Gemeinkosten	2.032			147			606	821	231	227
Zuschlagsbasen				1.500			600	300	3.974	3.974
Ist-Zuschlag				9,8%			101,0%	273,7%	5,8%	5,7%

4.2.1. Primäre Gemeinkostenverteilung

Bei der primären Gemeinkostenverteilung handelt es sich lediglich um die verursachungsgerechte Verteilung der Kostenarten (Verbrauch von Produktionsfaktoren) aus der Kontengruppe 92. Soweit Belege vorhanden sind, die Kostenstellen als Verursacher angeben, ist die Verteilung kein Problem (Kostenstelleneinzelkosten). Wenn diese nicht vorliegen, muss mit den bereits erläuterten Schlüsseln eine möglichst genaue Verteilung vorgenommen werden. Hierbei kann kein Schema angeboten werden; lediglich der Hinweis auf die Wirtschaftlichkeit der Kostenrechnung ist hier wieder angebracht.

4.2.2. Sekundäre Gemeinkostenverteilung

Zurzeit beschäftigen wir uns mit der Vollkostenrechnung, deren Ziel es ist, alle Kostenarten auf die Hauptkostenstellen zu verteilen. Ein Schritt hierbei ist die Primärgemeinkostenverteilung. Häufig jedoch werden innerhalb des Betriebes Leistungen ausgetauscht, d.h. die primären Gemeinkosten, die auf einzelne Kostenstellen verteilt wurden, haben andere Stellen mitverursacht, und sie müssen diese dementsprechend belasten. Durch Einführung von Hilfskostenstellen lässt sich dieser Verbrauch genauer ermitteln. Desweiteren müssen die Kosten der Hilfskosten- auf die Hauptkostenstellen weiterverteilt werden, um die spätere Kostenträgerrechnung möglich zu machen.

Beispiel

In den Hauptkostenstellen F1 und F2 sind je 10.000,-- DM Hilfslöhne entstanden. Ferner sind 10.000,-- DM Hilfslöhne für Reparaturen in F1 und F2 angefallen. Da kein genauer Nachweis darüber besteht, welche Fertigungsstellen, welche Reparaturleistungen in Anspruch genommen haben, kann man die Hilfslöhne für die Reparaturen nur im gleichen Verhältnis auf die Fertigungstellen verteilen:

	primäre GK	F1	F2
Hilfslöhne	30.000	15.000	15.000

Richtet man für die Reparaturen eine eigene Hilfskostenstelle ein, so wird man Aufzeichnungen darüber erhalten, in welcher Hauptkostenstelle die Reparaturleistungen angefallen sind: z.B.:

F1= 1 Std., F2= 9 Std.

	primäre GK	Reparatur	F1	F2
Hilfslöhne	30.000	10.000	10.000	10.000
Umlage Rep.			1.000	9.000
Summe	30.000		11.000	19.000

Die Aufzeichnung der Istkosten in der Hilfskostenstelle "Reparaturen" ermöglicht also eine genauere Verteilung nach Inanspruchnahme der Leistungen. In der Praxis jedoch muss eine Vielzahl von Kostenarten auf alle Hilfskostenstellen und von den Hilfskostenstellen auf die Hauptkostenstellen verteilt werden.

Diese weiter gehende Verfeinerung der Kostenverrechnung erfolgt in der so genannten **innerbetrieblichen Leistungsverrechnung (ibL)**. Welche Möglichkeiten des innerbetrieblichen Leistungsaustausches es gibt, und welcher Verfahren man sich zur Verrechnung derselben bedient, soll Gegenstand der folgenden Betrachtung sein.

Formen des Austausches

a) Einseitiger Leistungsaustausch

Vom einseitigen Leistungsaustausch spricht man, wenn eine Hilfskostenstelle Leistungen an eine andere Kostenstelle abgibt, selbst aber keine von dieser empfängt. Dieser Fall kommt sehr selten vor.
Häufiger ist jedoch zu finden, dass ein gegenseitiger Austausch vorliegt. Aus Gründen der Vereinfachung der Abrechnung wird jedoch unterstellt, dass nur einseitige Leistungen erfolgten. Dieses Verfahren kann bei geringem Leistungsaustausch angewendet werden, da hier Ungenauigkeiten entstehen, die jedoch wirtschaftlich vertretbar sind.

Als Verrechnungsverfahren soll hier das **Stufenleiterverfahren** vorgestellt werden. Es berücksichtigt den innerbetrieblichen, in einer Richtung erfolgenden Leistungsaustausch. Dabei wird mit der Verteilung derjenigen Hilfskostenstelle begonnen, die selbst nur Leistungen abgibt. Letzte Kostenstelle ist diejenige, die am meisten Leistungen empfängt. Die Reihenfolge der zu verrechnenden Kostenstellen ist sorgsam festzulegen.

Hilfskostenstelle 1	Hilfskostenstelle 2	Hauptkostenstelle 1	Hauptkostenstelle 2
Summe	Summe	Summe	Summe
→	+ x_1	+ x_2	+ x_3
	Summe	Summe	Summe
	→	+ y_2	+ y_3
		Summe	Summe

Aufgabe

Der BAB einer Maschinenfabrik weist nach Durchführung der Primärkostenverteilung folgende Summen auf:

Allgemeine Kostenstelle Gebäude 3.600,-- DM
Allgemeine Kostenstelle Kraftanlagen 44.200,-- DM
Materialstellen 13.750,-- DM
Fertigungshauptstelle A 143.000,-- DM
Fertigungshauptstelle B 125.000,-- DM
Fertigungshilfsstelle 35.250,-- DM
Verwaltung und Vertrieb 145.900,-- DM

Vervollständigen Sie den BAB unter Verwendung folgender Angaben:

- Verteilung der Gebäudekosten im Verhältnis 2:7:9:12:1:5
- Umlage der Kraftanlagekosten auf
  Materialstelle 2.300,-- DM
  Fertigungsstelle A 16.500,-- DM
  Fertigungsstelle B 11.400,-- DM
  Fertigungshilfsstelle 11.100,-- DM
  Verwaltung und Vertrieb 3.100,-- DM
- Verteilung der Kosten der Fertigungshilfsstelle für Inanspruchnahme der Fertigungsstelle A in Höhe von 60 % und Fertigungsstelle B in Höhe von 40 % .

b) Gegenseitiger Leistungsaustausch

Hierbei handelt es sich um einen tatsächlichen Leistungsaustausch, der auch abrechnungstechnisch entsprechend abgewickelt wird.

Als Verrechnungsverfahren soll hier ein **mathematisches Verfahren** vorgestellt werden.

Da in der Praxis häufiger umfangreiche Leistungsverflechtungen zu finden sind, soll auf das in der Literatur zu findende iterative Näherungsverfahren, mit dem lediglich der Austausch zwischen zwei Kostenstellen verrechnet werden kann, verzichtet werden. Stattdessen wird nachfolgend ein mathematisches Verfahren, bei dem Verrechnungspreise für die ausgetauschten Leistungen ermittelt werden, behandelt.

Folgende Problematik tritt hier auf:
Bei ständigem gegenseitigen Austausch von Leistungen zwischen zwei Kostenstellen gehen die Kosten der Inanspruchnahme der anderen Kostenstelle in den Preis der erbrachten Leistung ein, so dass sich ein Zyklus ergibt, der eine direkte Erfassung nicht erlaubt. Daher lassen sich die Verrechnungspreise nur mittels eines Gleichungssystems ermitteln, bei dem pro Kostenstelle eine Gleichung erforderlich ist.

Es ergibt sich folgende Gleichung:

Primäre Gemeinkosten der empfangenden Kostenstelle + Menge empfangener Leistungen bewertet zum Verrechnungspreis der abgebenden Kostenstelle = Menge der erstellten Leistungen bewertet zum Verrechnungspreis

Der Verrechnungspreis kann als Preis je Einheit oder auch als Preis der Gesamtleistung bei Verteilung nach Prozentsätzen errechnet werden.

Beispiel

	primäre GK	Leistung. insg.	Strom	Reparatur
Hilfskostenstelle Stromversorg.	2.500,–	50.000 kW/h	-	5.000 kW/h
Hilfskostenstelle Reparatur	20.000,–	2.000 Std.	100 Std.	-
Hauptkostenstelle	80.000,–			
Summe	102.500,–			

Variablendefinition:
x_1: Verrechnungspreis für Leistungen der Kostenstelle Stromversorgung (DM/ kW/h)
x_2: Verrechnungspreis für Leistungen der Kostenstelle Reparatur (DM/ Std.)

$$2.500,\text{–} + 100\,x_2 = 50.000\,x_1$$
$$20.000,\text{–} + 5000\,x_1 = 2.000\,x_2$$

Lösung als lineares Gleichungssystem nach den bekannten mathematischen Verfahren (es sind alle Verfahren möglich): z.B. Additionsverfahren

$$
\begin{array}{llcrl}
(1) & -50.000\,x_1 + 100\,x_2 & = & -2.500 & \\
(2) & 5.000\,x_1 - 2.000\,x_2 & = & -20.000 & /\,{}^*10 \\
 & & & & \\
(1)+(2) & -19.900\,x_2 & = & -202.500 & /(-19.900) \\
 & x_2 & = & 10{,}176 &
\end{array}
$$

in (1) eingesetzt:

$$
\begin{array}{rcrl}
-50.000\,x_1 + 1.017{,}60 & = & -2.500 & /\,-1.017{,}60 \\
-50.000\,x_1 & = & -3.517{,}60 & /\,:(-50.000) \\
x_1 & = & 0{,}07 &
\end{array}
$$

Nun gilt es, die Leistungseinheiten der Hilfskostenstellen auf die Hauptkostenstelle zu verteilen:

	Hauptkostenstelle:		80.000,– DM
+	Stromversorgung:	45.000 kW/h × 0,07 =	3.150,– DM
+	Reparatur:	1.900 Std. × 0,176 =	19.334,40 DM
	Gesamt:		102.484,40 DM

Nach Verteilung der ermittelten Verrechnungspreise ergibt sich wieder die Summe der primären Gemeinkosten (Abweichungen können durch Rundungen auftreten).

	Stromversorgung	Reparatur	Hauptkostenstelle
102.500,–	2.500,–	20.000,--	80.000,–
Umlage Strom	-3.500,–	350,–	3.150,–
Umlage Reparatur	1.017,60	-20.352,–	19.334,40
Summe	./. *)	./. *)	102.484,40
*) Rundungsfehler	17,60	-2,–	15,60

Da die untereinander verteilten Gemeinkosten der Kostenstellen Stromversorgung und Reparatur in die Verrechnungspreise eingerechnet wurden, ergeben die Summen der Umlagebeträge nicht mehr den Betrag der Gemeinkosten der Kostenstellen. Lediglich die Summe der Kosten der Hauptkostenstellen müssen wieder gleich der Summe der Primärgemeinkosten sein.

Aufgaben

1.

Kostenstelle	primäre GK	Leistungen insgesamt
Sozialwesen	200.000,–	für 1.000.000 DM Löhne
Hausverwaltung	100.000,–	ür. 500 qm Fläche
Hauptkostenstelle	500.000,–	

Verteilungsschlüssel:
- Sozialstation gezahlte Löhne (DM)
- Hausverwaltung verwaltete Fläche (qm)

Innerbetriebliche Leistungen:
- Sozialstation an Hausverwaltung für 10.000 DM Löhne
- Hausverwaltung an Sozialstation für 100 qm Fläche

2.

	primäre GK
Kostenstelle Reparatur	50.000,–
Kostenstelle Gebäude	120.000,–
Hauptkostenstelle A	80.000,–
Hauptkostenstelle B	80.000,–
Hauptkostenstelle C	80.000,–
Hauptkostenstelle D	80.000,–

Innerbetriebliche Leistungen:

Reparatur an	Gebäude	20 %
	A	10 %
	B	30 %
	C	40 %
Gebäude an	Reparatur	10 %
	A	30 %
	B	20 %
	C	20 %
	D	20 %

c) Gegenüberstellung der Verfahren

Nachfolgend soll noch einmal eine Aufgabe zur innerbetrieblichen Leistungsverrechnung beschrieben werden, mit dem Ziel, die Ergebnisse der beiden kennen gelernten Verrechnungsverfahren gegenüberzustellen.

Aufgabe

Aus der Finanzbuchhaltung ergeben sich folgende Primärgemeinkosten:

	Primäre GK
GK insgesamt	145.000,--
Hilfskostenstelle 1	10.000,--
Hilfskostenstelle 2	14.000,--
Hilfskostenstelle 3	18.000,--
Hauptkostenstelle 1	29.000,--
Hauptkostenstelle 2	34.000,--
Hauptkostenstelle 3	40.000,--

Die innerbetrieblichen Leistungsbeziehungen können der nachfolgenden Tabelle entnommen werden:

	Abgebende Kostenstellen		
	Hilfskostenstelle 1	Hilfskostenstelle 2	Hilfskostenstelle 3
Leistung. insgesamt	1.500 cbm	40.000 kW/h	800 Std
Hilfskostenstelle 1	-	9.000 kW/h	60 Std
Hilfskostenstelle 2	350 cbm	-	40 Std
Hilfskostenstelle 3	410 cbm	11.000 kW/h	-
Hauptkostenstelle 1	115 cbm	5.000 kW/h	300 Std
Hauptkostenstelle 2	375 cbm	8.500 kW/h	190 Std
Hauptkostenstelle 3	250 cbm	6.500 kW/h	210 Std

Erstellen Sie den BAB sowohl nach mathematischem als auch nach Stufenleiterverfahren! Als Hinweis soll beim Stufenleiterverfahren noch gegeben werden, dass beim **unterstellten** einseitigen Leistungsaustausch die nicht beachteten Leistungen nicht weiterverteilt werden, sondern die Summe der Gemeinkosten lediglich auf die restlichen Leistungen umgerechnet wird. Stellen Sie die Ergebnisse beider Verfahren gegenüber und überdenken Sie die Brauchbarkeit in Bezug auf Wirtschaftlichkeitskontrollen und Ermittlung der Summen der Hauptkostenstellen!

4.2.3. Kalkulationssätze

Als dritte Stufe des BAB werden die so genannten Kalkulationssätze ermittelt. Sie stellen das Verhältnis von Kostenträger-Gemeinkosten und Kostenträger-Einzelkosten im Hinblick auf die Kostenträgerstückrechnung bzw. den Produktartgemeinkosten und -einzelkosten im Hinblick auf die Kostenträgerzeitrechnung, in einem verursachungsgerechten Zusammenhang dar. Zwischen den beiden Größen muss eine Beziehung bestehen, die, wie später noch deutlicher wird, proportional verlaufen muss.

Die primär und sekundär verteilten Gemeinkosten, die jetzt nach Funktionen im BAB verteilt sind, erhalten den Namen ihrer Hauptkostenstelle: Materialgemeinkosten (MGK), Fertigungsgemeinkosten (FGK), Verwaltungsgemeinkosten (VwGK) und Vertriebsgemeinkosten (VtGK).

Es werden dann folgende Gemeinkosten-Kalkulationssätze ermittelt:

$$\textbf{Materialgemeinkostensatz} = \frac{\textbf{Materialgemeinkosten}}{\textbf{Materialeinzelkosten (MEK)} \times \textbf{100}}$$

$$\textbf{Fertigungsgemeinkostensatz} = \frac{\textbf{Fertigungsgemeinkosten}}{\textbf{Fertigungslöhne (FL)}} \times \textbf{100}$$

Diese Kalkulationssätze dienen dann später in der Kostenträgerrechnung dazu, anhand der Kostenträger- bzw. Produktart-Einzelkosten die entsprechenden Gemeinkosten zu ermitteln und zu verteilen.

Beispiel

Materialeinzelkosten (MEK): DM 100.000,–
Materialgemeinkosten (Summe der Hauptkostenstelle Material-MGK): DM 10.000,–

$$\text{MGK-Kalkulationssatz} = \frac{\text{MGK} \times 100}{\text{MEK}} = \frac{1.000.000,\!–}{100.000,\!–} = 10\ \%$$

	Produkt(art) A	Produkt(art) B
Materialeinzelkosten	60.000,–	40.000,–
+ Gemeinkostensatz 10%	6.000,–	4.000,–
Materialkosten	66.000,–	44.000,–

Bezugsgröße für die Ermittlung der Verwaltungs- und Vertriebsgemeinkostensätze sind die Herstellkosten. Diese setzen sich folgendermaßen zusammen:

	Materialeinzelkosten (MEK)	
+	**Materialgemeinkosten (MGK)**	**= Materialkosten (MK)**
	Fertigungslöhne (FL/FEK)	
+	**Fertigungsgemeinkosten (FGK)**	**= Fertigungskosten (FK)**
		= Herstellkosten (HK)

Der Verwaltungs- und Vertriebsgemeinkostensatz wird also auf Basis der Herstellkosten ermittelt:

$$\textbf{Verwaltungsgemeinkostensatz} = \frac{\textbf{Verwaltungsgemeinkosten}}{\textbf{Herstellkosten}} \times 100$$

$$\textbf{Vertriebsgemeinkostensatz} = \frac{\textbf{Vertriebsgemeinkosten}}{\textbf{Herstellkosten}} \times 100$$

Oder wenn eine Zusammenfassung der Kostenstellen erfolgte bzw. nur eine Hauptkostenstelle eingerichtet wurde:

$$\textbf{Verwaltungs- und Vertriebsgemeinkostensatz} = \frac{\textbf{Verwaltungs- und Vertriebs-GK}}{\textbf{Herstellkosten}} \times 100$$

Die Verwaltungs- und Vertriebsgemeinkosten sollen dann als ein Kalkulationssatz ausgewiesen werden.

Aufgaben:

1. Mit der Aufgabe auf Seite 74 haben Sie bereits einen BAB so weit erstellt, dass die Gemeinkosten auf die Hauptkostenstellen verteilt sind. Ermitteln Sie nunmehr die Kalkulationssätze. Dazu benötigen Sie noch folgende Angaben:

Materialeinzelkosten:		50.000,– DM
Fertigungslöhne:	Fertigungsstelle 1	46.000,– DM
	Fertigungsstelle 2	31.000,– DM

Da in diesem Fall für jede Fertigungshauptstelle eine Angabe der Einzelkosten vorhanden ist, kann auch für jede Hauptkostenstelle getrennt ein Kalkulationssatz ermittelt werden. Dieses erweist sich als genauer. Man spricht dann von einer elektiven Vorgehensweise.

2. Erstellung des BAB und Ermittlung der Kalkulationssätze:

Kostenstelle	Primäre GK	Verbrauch kW/h	Verbrauch cbm	Verbrauch Rep.-Std
Stromversorgung	1.860,--	-	45	-
Wasser	960,--	-	-	-
Reparatur	1.240,--	1.560	85	-
Material	4.500,--	845	115	21
Meisterei	3.750,--	375	-	-
Dreherei	26.000,--	1.960	60	120
Schleiferei	22.500,--	2.540	55	115
Verwaltung	8.460,--	1.150	-	10
Vertrieb	5.200,--	450	-	3

Weitere Angaben:

- Umlage der Hilfskostenstellen nach den obigen Verbrauchsmengen im Stufenleiterverfahren
- Inanspruchnahme des Meisterbüros: Dreherei 1/3, Schleiferei 2/3
- Bezugsgrößen für die Hauptkostenstellen:
  Materialeinzelkosten DM 46.000,--
  Fertigungslöhne Dreherei DM 25.000,--
  Fertigungslöhne Schleiferei DM 18.000,--

4.2.4. Herstellkosten des Umsatzes

Bisher wurden bei der Ermittlung der Verwaltungs- und Vertriebsgemeinkostensätze die Herstellkosten der produzierten Menge zugrunde gelegt. Da jedoch die abgesetzte

Menge häufig von der produzierten Menge abweicht und die Verwaltungs- und Vertriebsgemeinkosten weit gehend vom Absatz verursacht werden bzw. die Verwaltungsgemeinkosten nicht für Herstellung und Absatz aufgeteilt werden können, ist es erforderlich, eine neue Bezugsgröße einzuführen. Diese wird als Herstellkosten des Umsatzes bezeichnet.

Ein weiterer Grund für die Ermittlung der Herstellkosten des Umsatzes ist vom Prinzip her schon aus der Finanzbuchhaltung bekannt. Als es dort um die Buchung der Bestandsveränderung an Fertigerzeugnissen und unfertigen Erzeugnissen ging, wurden die Erlöse nur demjenigen Aufwand gegenübergestellt, der für die abgesetzten Produkte entstanden war. Der gleiche Absatzbezug muss in der Betriebsbuchhaltung berücksichtigt werden. Jede andere Behandlung von Lagerzu- und -abgängen würde das Bild der Erfolgsrechnung verzerren.

Wie werden also die Herstellkosten des Umsatzes ermittelt ?
Die Herstellkosten der Produktion werden wie die Aufwendungen in der Finanzbuchhaltung um die hier zu Herstellkosten bewerteten Minder- und Mehrbestände an unfertigen und fertigen Erzeugnissen folgendermaßen berichtigt:

Herstellkosten der Produktion
+ Minderbestand
- Mehrbestand

= Herstellkosten des Umsatzes

Diese Berichtigung ist einfacher, wenn man berücksichtigt, dass die Bewertung der Bestandsveränderungen in der Finanzbuchhaltung auf der Basis der Herstellungskosten erfolgte. Hier soll davon ausgegangen werden, dass Herstellkosten und Herstellungskosten identisch sind. Das Konto "Bestandsveränderungen" dient also als Informationsquelle.

Das folgende Beispiel zeigt auf, wie sich die Kalkulationssätze bei Ansatz der Herstellkosten des Umsatzes verändern.

Beispiel

Produktionsmenge: 100.000 Stck.
Herstellkosten: 100.000,-- DM
Absatzmenge: 1.000 Stck.
Verwaltungs- und Vertriebs-Gemeinkosten: 10.000,-- DM

Auf Basis der Herstellkosten der Produktion ergäbe sich ein Verwaltungs- und Vertriebsgemeinkostensatz von 10 %. Auf der Basis der Herstellkosten des Umsatzes lautet die Rechnung:

	Herstellkosten der Produktion:	100.000,-- DM
-	Bestandsmehrung:	99.000,-- DM
+	Bestandsminderung:	0,-- DM
=	Herstellkosten des Umsatzes:	1.000,-- DM

$$\text{Verwaltungs- und Vertriebsgemeinkostensatz} = \frac{\text{Verwaltungs- u. Vertriebs-GK}}{\text{Herstellkosten des Umsatzes}} \times 100$$

Ergebnis: 1.000 %

Weil hier ein extremes Zahlenbeispiel gewählt wurde, lässt sich deutlich erkennen, dass diese Verfahrensweise wesentlich genauer ist; es sei denn, der Betrieb hat keinerlei oder nur geringe Lagerveränderungen.

Aufgabe

Benutzen Sie die Zahlen der letzten Aufgabe.

Folgende Bestände sind zu berücksichtigen:
unfertige Erzeugnisse: AB 20.000,-- DM, EB 5.000,-- DM;
Fertigerzeugnisse: AB 28.000,-- DM, EB 42.000,-- DM.

Ermitteln Sie die Kalkulationssätze neu!

4.2.5. Selbstkosten

Die Selbstkosten sind die Summe der Herstellkosten (der Produktion oder des Umsatzes) und der Verwaltungs- und Vertriebsgemeinkosten.

4.2.6. Proportionalität von Bezugsgröße und Gemeinkosten

Wie bereits besprochen, sollen Kalkulationssätze ein Verhältnis wiederspiegeln, das der Realität weit gehend entspricht. Wenn dieses Verhältnis - häufig im Fertigungsbereich - nicht mehr stimmt, muss man auf andere Bezugsgrößen zurückgreifen. Die Verschiebung der Proportion kann vielerlei Gründe haben, z.B. Erhöhung der Gemeinkosten durch Automatisierung bei gleichzeitiger Senkung der Fertigungslöhne.

Mögliche Bezugsgrößen sind dann: Maschinenstunden, Stückzahl, Akkordstunden, Gewichte etc.

Der auf Basis anderer Bezugsgrößen ermittelte Kalkulationssatz ist kein Prozentsatz mehr, sondern ein Betrag pro Einheit.

Beispiel

Fertigungsgemeinkosten: 10.000,-- DM
benutzte Maschinenstunden: 2.000,-- Std

Kalkulationssatz: 5,-- DM/ Maschinenstunde

Aufgabe

In der letzten Aufgabe ersetzen Sie die Bezugsgrößen für die Hauptkostenstellen durch folgende Zahlen:

Materialstelle: 46.000,-- DM
Dreherei: 1.600 Maschinenstunden
Schleiferei: 560 Akkordstunden

V. Kostenträgerrechnung

1. Zweck und Aufgaben

Die Kostenträgerrechnung schließt sich sachlogisch als dritte Stufe der Kosten- und Leistungsrechnung an die Kostenarten- und Kostenstellenrechnung an.
Ihr **Zweck** ist es, festzustellen **wofür** Kosten entstanden sind. Dadurch wird einerseits eine ursächlich aufgeschlüsselte Feststellung des Betriebsergebnisses ermöglicht, andererseits sind Unwirtschaftlichkeiten lokalisierbar.
Hauptaufgabe der Kostenträgerrechnung ist die Zurechnung der Kostenarten, entweder unmittelbar oder über die Kostenstellen, auf die einzelnen Erzeugnisse / Erzeugnisgruppen als Kostenträger. Die Zurechnung erfolgt nach dem Verursachungsprinzip. Dabei erhält sie Daten von der Kostenarten- bzw. Kostenstellenrechnung.

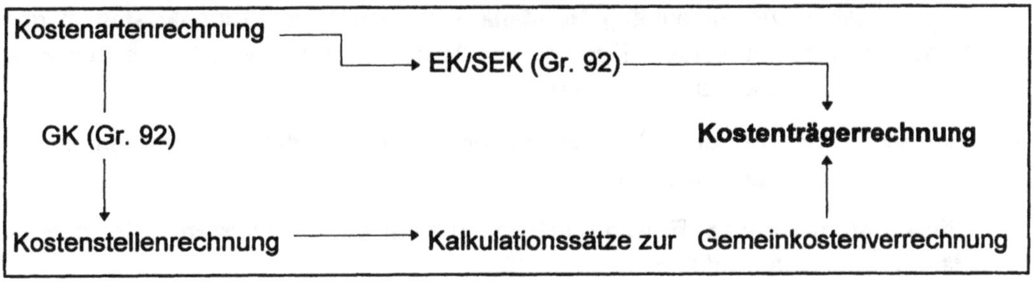

Sie stellt Daten für folgende Aufgaben bereit :

- **Beurteilung der Ertragskraft der Kostenträger**: Sie erfolgt durch Vergleiche der Umsatzerlöse der jeweiligen Leistungen mit den ihnen zurechenbaren Kosten.

- **Preisfindung am Absatzmarkt**: Sofern keine Marktpreise oder vergleichbare Preise für das Produkt existieren (Sonderanfertigungen, neue Produkte), oder wenn im öffentlichen Auftragswesen Preise aufgrund von nachzuweisenden Kosten gebildet werden (Ermittlung eines Selbstkostenpreises nach den "Leitsätzen für die Preisermittlung aufgrund von Selbstkosten vom 12.12.67").

- **Ermittlung der Preisuntergrenze**: Wenn der Betrieb in Hinsicht auf die Konkurrenz keinen Einfluss auf den Angebotspreis nehmen kann, ist die Feststellung, welcher Marktpreis gerade noch geeignet ist, die Gesamtkosten der Produktion und des Vertriebes zu decken, oder welcher Preis nur noch die variablen Kosten deckt, von erheblicher Bedeutung.

- **Ermittlung des gewinnmaximalen Preises**: Aufgrund der Marktdaten wird eine "betriebsindividuelle" Nachfrageprognose erstellt, aus der mit Hilfe der Kostenträger-Ergebnisse der gewinnmaximale Preis ermittelt wird.

- **Spezielle Kostenvergleichs- und Kontrollrechnungen**: Die Kostenträgerrechnung liefert zur Überwachung der Wirtschaftlichkeit der Produktion ggf. die nötigen Kostenwerte und unterstützt so im Bedarfsfall die Auswahl der Produktpalette.
- **Zusammenstellung von Planungs- und Entscheidungsvorlagen**: Diese werden benötigt, wenn marktbezogene Restriktionen (Konkurrenzsituation usw.) die Handlungsfreiheit des Entscheidungsträgers von vornherein einschränken.
- **Bewertung von Beständen an Erzeugnissen** (Halb- und Fertigerzeugnisse) und sonstigen Leistungen (selbsterstellte Anlagen und auch originäre Wirtschaftsgüter): Die Bewertung erfolgt in der Regel zu internen Kostenwerten (insbesondere für die kurzfristige Erfolgsrechnung). Die Daten sind dann auch häufig unter Berücksichtigung entsprechender Korrekturen die Grundlage für die Bewertung in Handels- und Steuerbilanz. Zur Vereinfachung aller folgenden Abrechnungen sollen in diesem Zusammenhang **Herstellkosten** und **Herstellungskosten** in der Höhe gleichgesetzt werden. Dadurch entfällt der Ausgleich von Differenzen zwischen diesen Größen auf Verrechnungskonten.
- **Vergleich von Vor- und Nachkalkulation**: Diese Kalkulationsarten werden bei der Kostenträgerstückrechnung näher erläutert.
- **Stückkostenvergleich**: Er wird durchgeführt zwischen verschiedenen Fertigungsstätten für gleiche Produkte.
- **Vergleichskalkulation**: Der Einsatz erfolgt bei unterschiedlichen Handlungsmöglichkeiten, z.B. gleichartige Fertigungsverfahren, Eigenfertigung - Fremdbezug, Losgrößen.
- **Feststellung von Selbstkostenveränderungen** aufgrund externer Einflüsse: Um dem Entscheidungsträger schnelles Handeln zu ermöglichen, sind oft kostenträgerbezogene Kostenveränderungen, z.B. die Folgen von Sach- oder Personalkostensteigerungen, in ihrer Wirkung auf die Kostenstruktur des Trägers zu ermitteln. Es können Erkenntnisse über die Notwendigkeit einer Änderung des Produktionsverfahrens oder -programms gewonnen werden.

2. Kostenträger

Kostenträger sind die absatzbestimmten und innerbetrieblichen Leistungen.

2.1. Absatzbestimmte Leistungen

Absatzbestimmte Leistungen sind die zur Veräußerung bestimmten Haupt- und Nebenleistungen einschließlich ihrer Vorstufen. Dieses können sein:

- **Endprodukte**
- **Zwischenprodukte**
- **sonstige (Dienst-)Leistungen**
  (Lohn- und Auftragsleistungen, Revisions- und Wartungsleistungen, Programmierarbeiten, Forschungs- und Entwicklungsarbeiten).

Nach Berücksichtigung ökonomischer und organisatorischer Gesichtspunkte kann es sinnvoll sein, absatzbestimmte Leistungen zu Produktgruppen bzw. -sparten zusammenzufassen.

2.2. Innerbetriebliche Leistungen

Innerbetriebliche Leistungen sind alle Leistungen, die nicht absatzbestimmt sind und zur Unterstützung des eigentlichen Betriebszwecks dienen. Sie müssen selbstständig bewertbar sein. Dazu gehören:

- **selbsterstellte Anlagen**
- **Ergebnisse von Forschungs- und Entwicklungsprojekten**
  (Patente, Prototypen).

Diese Leistungen sind zu gliedern in:

- zu aktivierende innerbetriebliche Leistungen ("andere aktivierte Eigenleistungen"), die dem Betrieb länger zur Verfügung stehen,
- sonstige nicht zu aktivierende innerbetriebliche Leistungen, die als Verbrauch der Periode in die Kostenrechnung eingehen.

3. Periodenrechnungen aufgrund von Kostenträgern

Die Kostenträgerrechnung gliedert sich in die Kostenträgerzeitrechnung und die Kostenträgerstückrechnung. Kostenarten- und Kostenstellenrechnung sind dagegen reine Zeitrechnungen.

3.1. Kostenträgerzeitrechnung

Bei der Kostenträgerzeitrechnung fällt die Zurechnung der Kosten auf die Kostenträger zeitlich mit der kostenrechnerischen Abrechnungs- und Kontrollperiode zusammen.
Durch diese zeitliche Verknüpfung und den Kostenausweis getrennt nach Kostenträgern bildet sie das Verbindungsstück zwischen Kostenrechnung und Betriebsergebnisrechnung.

Folgende Aufgaben sind durch die Zeitrechnung zu lösen:

- Ermittlung der Selbstkosten für die Produktarten anhand des üblichen Kalkulationsschemas,
- Ermittlung des wertmäßigen Bestandes an fertigen und unfertigen Erzeugnissen einer Produktart,
- (Kontrolle der tatsächlichen Kosten durch Vergleich mit eigenen kostenträgerbezogenen Norm- oder Plangrößen).

3.2. Betriebsergebnisrechnung

Das Betriebsergebnis stellt die Differenz zwischen den Leistungen bzw. ihrem Gegenwert, den Umsatzerlösen und den in der Kostenträgerzeitrechnung ermittelten Kosten dar. Diese Gegenüberstellung ist ebenfalls produktartbezogen.
Die Betriebsergebnisrechnung ist also die Kostenträgerzeitrechnung erweitert um den Vergleich mit den zurechenbaren Umsatzerlösen.

Während die Ermittlung des Gesamtergebnisses aus den Konten der FIBU den handels- und steuerrechtlichen Vorschriften folgt und vorrangig finanzwirtschaftlichen Informationsbedürfnissen dient, hat die Betriebsergebnisrechnung als Abschluss der Kosten- und Leistungsrechnung den Zweck, die für die Steuerung des Unternehmens grundlegende Frage zu beantworten, in **welcher Weise** die einzelnen Leistungen und die dazu gehörigen Kosten das Betriebsergebnis beeinflussen. Darüber hinaus sind je nach den Bedürfnissen des Unternehmens in der Praxis weitere Informationen interessant:

- die Aufgliederung des Kostenträgerperiodenergebnisses nach Absatzmärkten, Abnehmergruppen, verschiedenen Betrieben als Informationsvorgaben für das Marketing,
- Ergebnisauswirkungen von Preisänderungen am Absatzmarkt (Einfluss auf Absatzmengen),
- Einfluss von Änderungen bei Löhnen, Materialkosten, Kapitalkosten usw. auf die Ergebnisse der Produktarten,
- Ergebniswirksamkeit von Rationalisierungen.

Der **Feinheitsgrad** des Aufbaus der Ergebnisrechnung ist über den Aufbau der Kosten- und Leistungsrechnung (Informationslieferant) vom Produktionsprogramm, Fabrikationsverfahren, Absatzprogramm und Absatzorganisation abhängig.

Der formale Aufbau der Betriebsergebnisrechnung sollte so gestaltet sein, dass ihre Informationen **periodisch** vorliegen und **gleiche Begriffsinhalte** haben.
Zur Vermeidung von unnötigen Kosten bei der Erstellung der Ergebnisrechnung sollte berücksichtigt werden, dass es oftmals sinnvoller ist, fallweise analytische Sonderauswertungen (speziell für einen Kostenträger) durchzuführen, als die Ergebnisrechnung durch eine zu tief gehende Organisation "aufzublähen".

Die Ergebnisse sollten also unter Beachtung der Kriterien **Übersichtlichkeit** und **Wirtschaftlichkeit** nur so weit differenziert werden, um die Ursachen von Erfolg und Misserfolg zu erkennen.
Die Ermittlung der Ergebnisse in möglichst kurzen Periodenabständen ist zweckmäßig. Eine sofortige Analyse als Grundlage für rechtzeitige Maßnahmen kann dann erstellt werden.

Im Folgenden soll das Kostenträgerblatt (BAB II) als Beispiel für die Kostenträgerzeitrechnung dienen, das zugleich Kostenträgerzeit- und Betriebsergebnisrechnung integriert.

Wie aus der nachfolgenden Abbildung ersichtlich ist, kann sich die Kostenträgerzeit- und Betriebsergebnisrechnung nahtlos als Teil II an die Kostenstellenrechnung im BAB-Teil I anschließen, aufbauend auf dessen Ergebnissen.

BAB I und II

BAB (I)		1 Kosten-Arten	2 HiKoSt. Gebäude	3 HiKost. Energie	4 HauKoSt. Material	5 HauKoSt. Prod. A	6 HauKoSt. Prod. B	7 HiKoSt. Fert.-hilfst.	8 HauKoSt. Verw. +Vertr.
Materialverbrauch	1	145.550				72.775	72.775		
Fertigungslöhne	2	178.750				83.500	95.250		
Gemeinkosten	3	357.600	7.200	44.000	9.400	66.000	116.000	25.100	89.900
Umlage Gebäude	4		→	400	1.400	1.800	2.400	200	1.000
Umlage Energie	5			→	2.300	16.500	11.400	11.100	3.100
Umlage Fertigungshilfsstelle	6					14.560	21.840	←	
	7	357.600			13.100	98.860	151.640	94.000	

BAB (II)				Kostenträger	
KOSTENTRÄGERZEIT-RECHNUNG		insgesamt	Zuschlag in %	Prod.- art A	Prod.- art B
	MEK	145.550		72.775	72.775
	+ MGK	13.100	9	6.550	6.550
= Materialkosten		158.650		79.325	79.325
	FEK A	83.500		83.500	
	+ FGK A	98.860	118,4	98.860	
	FEK B	95.250			95.250
	+ FGK B	151.640	159,2		151.640
= Herstellkosten der Produktion		587.900		261.685	326.215
	+ Mindb.	+20.000		+20.000	
	- Mehrb.	-10.000		- 6.000	- 4.000
= Herstellkosten des Umsatzes		597.900		275.685	322.215
	Verw.+ + Vertrgk	94.000	15,7	43.342	50.658
= Selbstkosten des Umsatzes		691.900		319.027	372.873
BETRIEBSERGEBNIS-RECHNUNG					
Nettoumsatzerlöse		705.800		315.040	390.760
Umsatz-Betriebsergebnis		+13.900		- 3.987	+17.887

1. Aufbau des Kostenträgerblattes

Die zur Berechnung benötigten Größen wie Einzelkosten, Gemeinkostenzuschläge, Umsatzerlöse und Minder- oder Mehrbestände an unfertigen und fertigen Erzeugnissen werden jeweils zeilenweise dargestellt. Die erste Spalte des BAB II enthält die entsprechende Bezeichnung des Postens. Die zweite Spalte weist die Gesamtbeträge des Postens für den Betrieb insgesamt aus. In der dritten Spalte können dann die Kalkulationssätze für die Verrechnung der Gemeinkosten ergänzt werden. Danach folgen entsprechend der Anzahl der verschiedenen Produktarten des Betriebs Spalten für die Werte dieser Produktarten. Entstehende Zwischenergebnisse (beispielsweise Materialkosten) werden an entsprechender Stelle in dieses Schema eingeordnet.

2. Abrechnungsablauf

Wie von der Kostenstellenrechnung her schon bekannt, werden im ersten Abrechnungsschritt die Material-, Fertigungskosten und als Summe über diese die Herstellkosten der Produktion ermittelt.

Je nachdem, ob die Kostenstellenrechnung auf Konten oder im BAB I durchgeführt wurde, kommen die Zahlen aus verschiedenen Quellen.

Aufschluss hierüber gibt die folgende Übersicht.

DATEN DER KOSTENTRÄGERZEIT- UND BETRIEBSERGEBNISRECHNUNG NACH DEM ASPEKT IHRER HERKUNFT				
	Posten	Art der Kostenstellenrechnung		
		tabellarisch (Zeile	Spalte)	kontenmäßig
Einzelkosten	Fertigungsmaterial Fertigungslöhne	1 2	1,5,6 1,5,6	Kontengruppe Fertigungsmaterial Kontengruppe Fertigungslöhne
Gemeinkosten	Materialgemeinkostenzuschlag Fertigungsgemeinkostenzuschlag Verwaltungs- und Vertriebsgemeinkostenzuschläge	7 7 7	4 5,6 8	Ermittlung in Nebenrechnung oder durch spezielle Buchungen (näheres folgt später)
Bestandsveränderungen an unfertgen und fertigen Erzeugnissen.	Bestand unfertiger Erzeugnisse Bestand fertiger Erzeugnisse			Hierzu ist eine Saldierung der Konten erforderlich. Dieses ist unabhängig - von der Art der Kostenstellenerrechnung.

Sind die Herstellkosten der Produktion ermittelt, erfolgt ein entscheidender Schritt, der es ermöglicht, die entstandenen Kosten der Periode auf den Umsatz des Betriebes in dieser Periode zu beziehen:

Da sich die Gesamtkosten der Periode lediglich auf die produzierten Stückzahlen beziehen - die Gesamtleistung der Periode aber auf den Umsatz (z.B. Verkauf von Produkten, die nicht unbedingt in der aktuellen Periode produziert wurden) - müssen die Mehr- bzw. Minderbestände an unfertigen bzw. fertigen Produkten in der Periode berücksichtigt werden.

Ein **Minderbestand** an unfertigen Erzeugnissen oder Fertigerzeugnissen - ebenfalls bewertet zu Herstellkosten - **vergrößert** die Kosten, indem er zu den Herstellkosten der Produktion **addiert** wird.
Ein **Mehrbestand verringert** die Kosten, indem er von den Herstellkosten der Produktion **subtrahiert** wird.

Erst diese Betrachtungen und ihre Auswirkungen in Zeile 8 und 9 des BAB II ermöglichen später die umsatzgerechte Ermittlung des Betriebsergebnisses und verleihen ihm die notwendige Aussagekraft. Anhand dieser Größe können dann präzise Aussagen über die wirtschaftliche Leistung des Betriebes während der betrachteten Periode gewonnen werden; dieses unbeeinflusst von nicht marktbedingten Daten.

Nach Berücksichtigung der Bestandsveränderungen sind die **Herstellkosten des Umsatzes** ermittelt.

Durch Addition der Verwaltungs- und Vertriebsgemeinkosten, die in der Kostenstellenrechnung - über Zuschläge errechnet - ermittelt wurden, erhält man in Zeile 13 den letzten Posten der Kostenträgerzeitrechnung, die **Selbstkosten des Umsatzes**.

Der Übergang zur Betriebsergebnisrechnung findet im Vergleich der Selbstkosten mit den, den einzelnen Kostenträgern zurechenbaren, **Netto-Umsatzerlösen** statt. Der entstehende Saldo ist das **Betriebsergebnis** oder **Betriebsgewinn** der aktuellen Periode.

3. Erlösschmälerungen

In der Betriebsergebnisrechnung werden Nettoerlöse berücksichtigt, von den Bruttoerlösen (Preis * Menge) werden die folgenden Erlösschmälerungen abgezogen.

Erlösschmälerungen im engeren Sinne:

a. Rabatte für Selbstabholer und Verpackung, die der Kunde selbst mitbringt,
b. sonstige auf den Ausgangsrechnungen in Abzug gebrachte Sofortrabatte,
c. die durch die Gewährung eines Naturalrabattes entgehenden Erlöse,
d. Kundenskonti,
e. Boni und ähnliche periodenbezogene Gesamtrabatte,
f. Gutschriften für Rücksendungen,
g. Debitorenausfälle aufgrund von Insolvenzen oder Währungsänderungen,
h. außerplanmäßige Erfolgsminderungen aufgrund von Mängelrügen und Gewährleistungsverpflichtungen, sofern es sich dabei um - Stornierungen der ursprünglichen Erlöse, - Preisnachlässe oder - die Erstattung der Kosten, die der Kunde selbst für die Nachbesserung minderwertiger Produkte aufwendet, handelt,
i. Schadensersatzzahlungen und Konventionalstrafen wegen verspäteter oder mangelhafter Lieferung,

Erlösschmälerungen im weiteren Sinne:

a. Gutschriften für zurückgesandte Mehrwegpackungen,

b. Korrektur von Buchungs- und Berechnungsfehlern,

Bei den Punkten g. bis i. ist zu beachten, dass diese nur als Erlösschmälerungen im obigen Sinne behandelt werden, sofern sie nicht schon als kalkulatorische Wagnisse berücksichtigt worden sind. Eine doppelte Berücksichtigung dieser Punkte als Kostenträgergemeinkosten und Erlösschmälerungen ist aus Gründen der Logik unzulässig.

Aufgabe

Aus der FiBu ergeben sich folgende Zahlen:

Anteile der

Kto.Nr. Bezeichnung	insgesamt	der Erzeugnisse A	B
600.1/2 Fertigungsmaterial	95.000	42.000	53.000
620.1/2 Fertigungslöhne	49.000	22.000	27.000
210.1/2 unfertige Erzeugnisse:			
Anfangsbestand	9.800	4.000	5.800
Endbestand	12.000	4.800	7.200
220.1/2 fertige Erzeugnisse:			
Anfangsbestand	15.999	9.999	6.000
Endbestand	21.000	14.000	7.000
500.1/2 Netto-Umsatzerlöse:	293.600	143.000	150.600

In der vergangenen Periode wurde mit folgenden Ist-Sätzen kalkuliert:

Materialgemeinkosten 12 %, Verwaltungsgemeinkosten 9 %,
Fertigungsgemeinkosten 210 %, Vertriebsgemeinkosten 7 %.

Erstellen Sie das Kostenträgerblatt!

3.3. Betriebsergebnisrechnung und Kontenrahmen

In diesem Kapitel werden die so genannten Gesamtbuchhaltungssysteme und die in ihnen angewendeten Rechnungsverfahren untersucht.

Gesamtbuchhaltungssysteme organisieren den Ablauf und die ordnungsmäßige Aufzeichnung von Finanzbuchhaltung und Kostenrechnung. Der notwendige Datentransfer zwischen diesen beiden Untersystemen des Rechnungswesens erfolgt nach den Regeln des jeweiligen Gesamtbuchhaltungssystems.

Die beiden geläufigen Rechnungsverfahren zur Ermittlung des Betriebsergebnisses sind das Gesamt- und Umsatzkostenverfahren. Die folgende Abbildung stellt zwei Gesamtbuchhaltungssysteme, ihre Varianten und die jeweils möglichen Rechnungsverfahren dar.

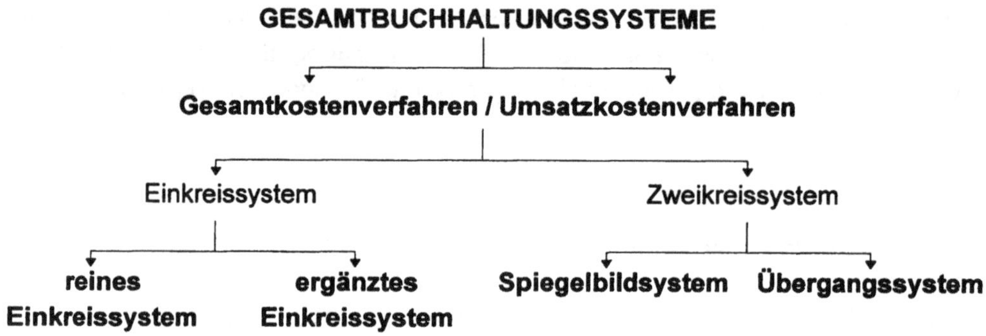

Betrachtet man einmal den Gemeinschaftskontenrahmen (GKR) und Industriekontenrahmen (IKR), so ist leicht zu erkennen, dass der GKR aufgrund seiner Prozessgliederung zum so genannten Einkreissystem tendiert, während der IKR mit der Kosten- und Leistungsrechnung in Klasse 9 von vorneherein Züge des Zweikreissystems aufweist. Selbstverständlich lassen sich beide aber auch nach dem anderen Verfahren organisatorisch aufbereiten.

3.3.1. Die Gesamtbuchhaltungssysteme als Einkreissystem

Einkreissysteme, auch monistische Systeme oder Einsysteme genannt, werden zur engen Verbindung von Finanzbuchhaltung und Kostenrechnung angewendet.
Die erste Variante, das **reine Einkreissystem** wird als ungeteilte Gesamtbuchhaltung, durchgängig von der FiBu über die Betriebsergebnisrechnung zur FiBu, durchgeführt. Das heißt, FiBu und Kosten- und Leistungsrechnung werden in einem einheitlichen System abgerechnet.

Es besteht zwischen beiden Teilsystemen durch diese Buchungstechnik - beiden Bereichen werden bestimmte Kontenklassen zugeteilt - ein direkter Kontakt.

Hierin liegt auch der größte Nachteil des Systems. Als Voraussetzung für eine grundsätzliche Erfolgsermittlung muss erst die Betriebsbuchhaltung abgeschlossen werden.

Je nach dem Entwicklungsstand der Informationsbeschaffung und -aufbereitung im Betrieb können hier zeitliche Engpässe entstehen, die den Wert der kurzfristigen Erfolgsrechnung einschränken. Dieses recht starre System wird deshalb vorwiegend von kleineren und mittleren Unternehmen angewandt. Auf das Informationsbedürfnis abgestellt lässt sich hier das Gesamt- oder Umsatzkostenverfahren durchführen. Beide Verfahren werden noch näher erläutert.

Das **ergänzte Einkreissystem**, auch als angehängte Betriebsbuchhaltung bezeichnet, lässt sich flexibler handhaben, da die Kostenrechnung als Umsatzkostenverfahren herausgelöst aus dem starren Abrechnungskreis als Nebenrechnung in tabellarischer Form - wie schon bekannt mit BAB I und BAB II - geführt wird.
Diese Variante des Einkreissystems eignet sich insofern besonders für eine nachträgliche Einführung der Kostenrechnung in einem Betrieb, wobei der "gewohnte Weg" zum Betriebsergebnis nicht umorganisiert werden muss.

3.3.2. Die Gesamtbuchhaltungssysteme als Zweikreissystem

Auch das **Zweikreissystem** (Zweisystem, dualistisches System) dient in seinen beiden Ausprägungen der Organisation von FiBu und Kosten- und Leistungsrechnung.
Im Gegensatz zum Einkreissystem wird hier das Ziel einer möglichst vollständigen Trennung von Betriebsbuchhaltung und FiBu verfolgt. Funktionale Abhängigkeiten mit den damit verbundenen Nachteilen sollen zwischen diesen beiden Teilbereichen des Rechnungswesens somit gar nicht erst entstehen.

Das **Spiegelbildsystem**, auch isolierte Betriebsbuchhaltung, erfüllt diesen Anspruch des Zweikreissystems im Gegensatz zum Übergangssystem auf die unkompliziertere Weise.
Die fast vollständige Trennung zwischen Finanzbuchhaltung und Kosten- und Leistungsrechnung ermöglicht bereits einen Abschluss in der FiBu, auch wenn die Betriebsabrechnung noch nicht durchgeführt wurde.
Die innere Abgeschlossenheit des jeweiligen Teilgebiets wird durch die **Vermeidung direkter buchungstechnischer Beziehungen** zwischen den Konten gewahrt.
Wie schon bei der Abgrenzung zwischen Aufwendungen und Kosten vorgestellt, erfolgt die Versorgung der Kostenrechnung mit den benötigten Daten über die Gewinn- und Verlustrechnung der FIBU. Die Erfolgskonten werden nochmals eröffnet mit einer Gegenbuchung auf dem "Betriebliche Eröffnungskonto". Dieses formale Eröffnungskonto stellt die Erfolgsdaten aus der FiBu spiegelbildlich zum GuV-Konto dar.

Der Vorteil des Spiegelbildsystems besteht also vor allem in einer Reduzierung der Beziehungen von FiBu und Kosten- und Leistungsrechnung auf eine einzige Schnittstelle.

Betriebliches Eröffnungskonto	
- Neutrale Erträge	- Neutrale Aufwendungen
- Umsatzerlöse	- Zweckaufwendungen
- Mehrungen an unfertigen Erzeugnissen und Fertigerzeugnissen	- Minderungen an unfertigen Erzeugnissen und Fertigerzeugnissen
- Verlust	bzw. - Gewinn

Nach Eröffung dieser Erfolgskonten erfolgt die o.a. Abgrengrenzung der Kosten und Leistungen zur Weiterverarbeitung nach dem Gesamt- oder Umsatzkostenverfahren in der Betriebsbuchhaltung.

Die zweite Variante des Zweikreissystems, das **Übergangssystem** stellt die Verbindung zwischen Kosten- und Leistungsrechnungsrechnung und FiBu durch die Einrichtung von Übergangskonten her. Die Einrichtung eines Kontos "Finanzbuchhaltung" im Bereich der Betriebsbuchhaltung und umgekehrt in der FiBu stellt in diesem Zusammenhang eine Mindestanforderung dar. Es können jedoch mehrere Übergangskonten für Aufwendungen/Kosten und Erträge erzeugt werden. Diese erfüllen dann eine Schnittstellenfunktion für die beiden Abrechnungskreise. Schon die Verdopplung der Beziehungen (zwei Übergangskonten im Gegensatz zu einem betrieblichen Abschlusskonto) im günstigsten Fall stellt einen zusätzlichen Buchungsaufwand dar, was bei einer Entscheidung für das Übergangssystem berücksichtigt werden sollte.

Im Allgemeinen sind Zweikreissysteme für umfangreichere Arbeiten in größeren Betrieben notwendig. Sie steigern durch die schnelle Lieferung gewünschter Informationen die Aussagekraft der kurzfristigen Erfolgsrechnung.

3.3.3. Gesamt- und Umsatzkostenverfahren im Zweikreissystem

a) Das Gesamtkostenverfahren

Da auch bei diesem Verfahren den umsatzbedingten Verkaufserlösen die Gesamtkosten inklusive der nicht umsatzmäßig gedeckten Wertverzehre - gegliedert nach Kostenarten aufgrund verbrauchter Produktionsfaktoren - gegenübergestellt werden,

müssen die Bestandsveränderungen an unfertigen und Fertigerzeugnissen im Betriebsergebnis berücksichtigt werden. Für diese Verfahrensweise sind die gleichen Gründe, wie bei der Kostenträgerzeitrechnung bereits erläutert, ausschlaggebend.
Somit ermittelt sich das Betriebsergebnis nach dem Gesamtkostenverfahren wie folgt:

Betriebsergebnis (nach GKV)

- Gesamtkosten einer Periode gegliedert nach Kostenarten entsprechend den verbrauchten Produktionsfaktoren	- Umsatzerlöse der Periode (evtl. schon nach Produkt-gruppen /-arten gegliedert)
- Herstellkosten der Bestandsminderungen an unfertigen Erzeugnissen und Fertigerzeugnissen	- Herstellkosten der Bestandsmehrungen an unfertigen Erzeugnissen und Fertigerzeugnissen
- Betriebsgewinn der Periode	bzw. - Betriebsverlust der Periode

Die Vorteile des Gesamtkostenverfahrens liegen im **einfachen Aufbau**, wobei auf eine tief gehende Differenzierung der Kostenstruktur verzichtet wird, und darauf aufbauend **unkompliziertere Buchungen** ermöglicht werden.

Diesen Vorteilen stehen allerdings einige entscheidende Nachteile gegenüber:

- Eine Kosten- und Erfolgsanalyse bezogen auf einzelne Produktarten ist mit dem Gesamtkostenverfahren nicht durchführbar.
- Der Lagerumsatz auf den einzelnen Konten ist nicht erkennbar, so gestaltet sich die Erfassung von Zu- und Abgängen der einzelnen Produktarten bei Mehrproduktfertigung als schwierig.

Zusammenfassend ist zu sagen, dass das Gesamtkostenverfahren aufgrund der Einfachheit seines rechnerischen Aufbaus von kleinen und mittleren Unternehmen bevorzugt wird.

Problematisch wird die Anwendung des Verfahrens beim Wachstum dieser Betriebe in Richtung einer mehrstufigen Fertigung mit differenzierter Produktpalette.
Da die Gesamtkosten lediglich gegliedert nach Kostenarten vorliegen und nicht nach einzelnen Produktarten oder -gruppen aufgeschlüsselt sind, kann mit der Erstellung des Betriebsergebnisses kein Vergleich der Erfolgswirksamkeit von Produkten untereinander durchgeführt werden. Im Extremfall wäre es beispielsweise denkbar, dass ein oder wenige Produkte des angebotenen Sortiments isoliert überproportional erfolgswirksam wären, während die Kosten der restlichen Produkte durch ihren Anteil am Erlös nicht gedeckt würden. Die Anwendung des Gesamtkostenverfahrens ließe diese Entwicklung nicht erkennen. Ein längeres Fortbestehen von Unwirtschaftlichkeiten würde bei einer sich ändernden Marktsituation die Existenz des Unternehmens auf Dauer gefährden.

ABSCHLUSS DES GESAMTKOSTENVERFAHRENS

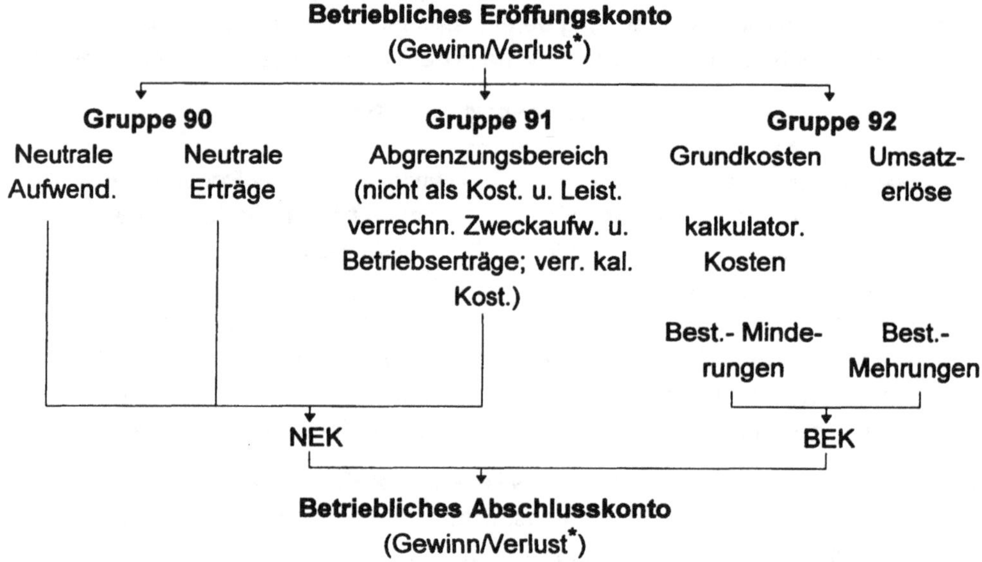

b) Das Umsatzkostenverfahren

Eine absatzorientierte Erfolgsrechnung wird durch die Anwendung des Umsatzkostenverfahrens ermöglicht.
Die Gliederung von Umsatzerlösen und Gesamtkosten nach ihren Anteilen an den abgesetzten Produktarten oder -gruppen sind wichtige Voraussetzungen dieses Verfahrens.

Das Betriebsergebnis wird durch die Gegenüberstellung der Selbstkosten des Umsatzes je Produktart mit den entsprechenden Umsatzerlösen ermittelt. Dieses sieht dann buchungstechnisch so aus:

Betriebsergebnis (nach UKV)

- Selbstkosten des Umsatzes jeweils gegliedert nach den abgesetzten Produktarten/gruppen der Periode	- Umsatzerlöse der Periode gegliedert nach den abgesetzten Produktarten /gruppen
- Betriebsgewinn der Periode	bzw. - Betriebsverlust der Periode

Für die weiteren Betrachtungen soll jedoch eine alternative Lösung des Umsatzkostenverfahrens gelten: Auf einem Vorabschlusskonto "**Verkaufskonto**" wird für jede Produktart getrennt der jeweilige Teilgewinn oder Teilverlust ermittelt.

Die Umsatzerlöse pro Produktart werden nach Umbuchung auf der Habenseite ausgewiesen. Durch die Buchung der Selbstkosten des Umsatzes der entsprechenden Produktart auf der Sollseite dieser Konten errechnet sich als Saldo der Teilgewinn oder Teilverlust der Produktart.
Dieser wird dann auf dem Betriebsergebniskonto gegengebucht, und es ergibt sich hier als Zusammenfassung aller Produktart-Teilgewinne bzw. -Verluste der Betriebsgewinn oder -verlust.

Verkaufskonto 1	
- Herstellkosten des Umsatzes 1 - Verwaltungs- und Vertriebsgemeinkosten 1 = Selbstkosten 1 (des Umsatzes) - Teilgewinn	- Erlöse 1 o. Teilverlust 1

Verkaufskonto 2	
- Herstellkosten des Umsatzes 2 - Verwaltungs- und Vertriebsgemeinkosten 2 = Selbstkosten 2 (des Umsatzes) - Teilgewinn	- Erlöse 2 o. Teilverlust 2

Betriebsergebnis (UKV - zweite Alternative)	
Betriebsgewinn	Teilgewinn 1 + Teilgewinn 2

Anstelle einer erfolgsmäßigen Erfassung von **Mehr- und Minderbeständen** ist es jedoch beim Umsatzkostenverfahren technisch notwendig, die Anfangs- und Endbestände der **unfertigen und fertigen Erzeugnisse** mit der Gegenbuchung im Eröffnungskonto als Bruttobuchung - wie unten beschrieben - zu berücksichtigen.

Betriebliches Eröffnungskonto	
- Neutrale Erträge - Umsatzerlöse - Endbestände an unfertigen Erzeugnissen und Fertigerzeugnissen - Verlust	- Neutrale Aufwendungen - Zweckaufwendungen - Anfangsbestände an unfertigen Erzeugnissen und Fertigerzeugnissen bzw. - Gewinn

Vorteilhaft ist bei diesem Umsatzkostenverfahren die schnelle Erfolgsermittlung einzelner Produktgruppen bzw. Produktarten. Außerdem lassen sich Lagerumsätze an unfertigen und fertigen Erzeugnissen erkennen. Somit ist eine breitere Informationsgrundlage geschaffen worden.
Nachteilig wirkt sich der relativ aufwändige und komplizierte Aufbau aus.

An dieser Stelle soll der Buchungsgang des Umsatzkostenverfahrens detailliert beschrieben werden.

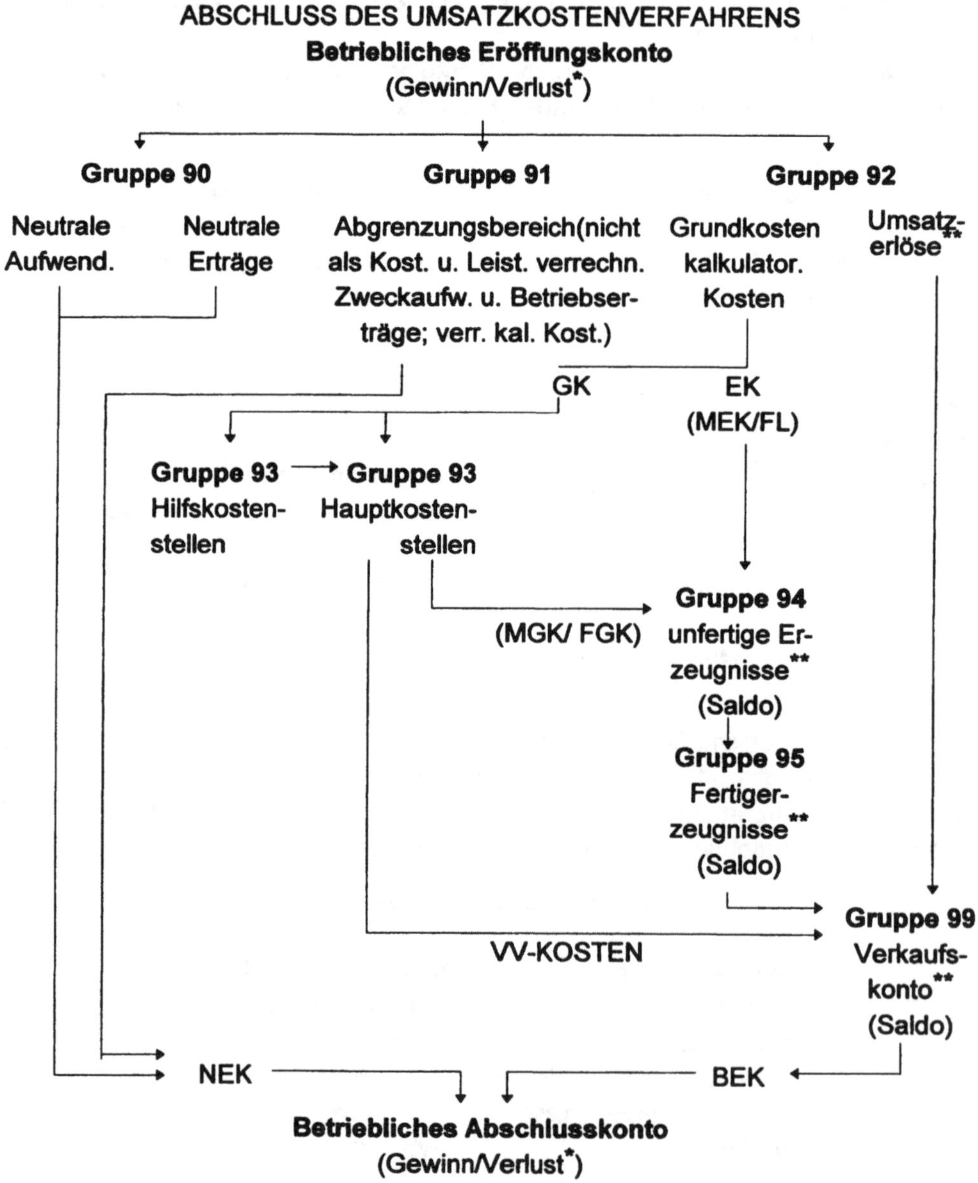

** je Produktart ein Konto

Die neutralen Konten werden wie beim Gesamtkostenverfahren eröffnet und abgeschlossen.

Auf den Konten der unfertigen und fertigen Erzeugnisse werden die Anfangs- und Endbestände (Gegenbuchung "Eröffnungskonto") eingebucht.
Der Gewinn wird dem Abschlusskonto gegengebucht.

Weitere Änderungen ergeben sich bezüglich der Gruppe 92:

Von den Kostenkonten werden die Gemeinkosten auf die Hilfskostenstellen und die Hauptkostenstellen, zusammengefasst in der Kontengruppe 93 gebucht (Prinzipien der primären Verteilung siehe Kapitel IV, Kostenstellenrechnung).
Buchungssätze:

jeweiliges Kostenstellenkonto an Gemeinkostenkonto
(Die Gemeinkostenkonten sind dann abgeschlossen.)

Die innerbetriebliche Leistungsverrechnung findet dann zwischen den Vor- und Endkostenstellen (Prinzipien der sekundären Verteilung, ebenda).
Buchungssätze:

Hauptkostenstellenkonten an Hilfskostenstellenkonten
(Die Hilfskostenstellenkonten sind abgeschlossen.)

Die Material-, Fertigungs-, Verwaltungs- und Vertriebsgemeinkosten können durch die Summierung der jeweiligen Hauptkostenstellenkonten ermittelt werden.

Die **Einzelkosten** (Materialeinzelkosten und Fertigungslöhne) werden auf die Konten "unfertige Erzeugnisse" der Gruppe 94 gebucht, wobei in dieser Gruppe für jede Produktart ein Konto "unfertige Erzeugnisse Produkt xy" eingerichtet wird.
Buchungssätze:

unfertige Erzeugnisse an Einzelkostenkonten
(Die Einzelkostenkonten sind abgeschlossen.)

Die Material- und Fertigungsgemeinkosten, als Ergebnisse der innerbetrieblichen Leistungsverrechnung, werden ebenfalls von den Konten der Hauptkostenstellen auf die Konten "unfertige Erzeugnisse Produkt xy" umgebucht.

Die Gemeinkosten der Materialstelle werden, wie bekannt, mit Hilfe des Materialgemeinkostenzuschlags verteilt (MGK:MEK*100).
Die Materialgemeinkosten ergeben sich als Summe der Sollseite der Materialstelle. Die Materialeinzelkosten sind als Summe der Sollseite des Fertigungsmaterialkontos erfasst.
Der sich ergebende Prozentsatz wird auf die Materialeinzelkosten jeder Produktart aufgeschlagen. Die **Materialeinzelkosten einer Produktart** ergeben sich auf dem Konto "unfertige Erzeugnisse" der Produktart im Soll mit der Gegenbuchung im Haben des Fertigungsmaterialkontos.

Diese sich ergebenden Gemeinkostenbeträge nennt man **Gemeinkostenzuschläge in DM** (hier Materialgemeinkostenzuschläge in DM). Sie sind immer auf eine Produktart bezogen, da ihre Summe über alle Produktarten den jeweiligen Gemeinkosten entspricht.
Buchungssätze:

unfertige Erzeugnisse an Materialstelle

Die Kosten der Fertigungshauptstelle werden nach folgendem Schlüssel verteilt: FGK:FL*100.
Die Fertigungsgemeinkosten ergeben sich aus der Summe der Sollseite der Fertigungshauptstelle. Die Fertigungseinzelkosten bilden die Summe der Sollseite der Fertigungslöhne.
Der Fertigungsgemeinkostenzuschlag wird auf die Fertigungslöhne jeder Produktart (aus der Buchung: unfertige Erzeugnisse an Fertigungslöhne) aufgeschlagen.
Buchungssätze:

unfertige Erzeugnisse an Fertigungshauptstelle

So befinden sich nun die **Herstellkosten der Produktion** als Summe von Material- und Fertigungseinzel- und -gemeinkosten neben den Beständen auf den Konten "unfertige Erzeugnisse" der einzelnen Produktarten.

Es ergeben sich die gesamten Herstellkosten der Produktion aus der Summe der Sollseiten aller produktartbezogenen unfertigen Erzeugnisse abzüglich der Anfangsbestände.

Die Summe der fertig gestellten Produkte, bewertet zu Herstellkosten, entspricht der Summe der Salden aller produktartbezogenen unfertigen Erzeugnisse nach Buchung des o.a. Schlussbestandes, oder alternativ der Summe aller Sollseiten der Fertigerzeugnisse abzüglich der Anfangsbestände.

Der Produktionsakt im Betrieb und der damit verbundene Werteverzehr wird im System durch die Umbuchung des Saldos der Konten "unfertige Erzeugnisse" auf die "Fertigerzeugnisse" je Produktart fest gehalten.
Jede Produktart erhält somit ebenfalls ein eigenes Konto "Fertigerzeugnisse Produkt xy".
Buchungssätze:

Fertigerzeugnisse an unfertige Erzeugnisse

Die **Herstellkosten des Umsatzes** ermitteln sich nun aus der Summe der Salden der produktartbezogenen Fertigerzeugnisse.
Aufgrund der Kontierungen auf den Erzeugniskonten sind jetzt auch die Umsätze auf den Lagerkonten erkennbar (Anfangsbestand + Zugänge - Schlussbestand = abgesetzte Produkte bewertet zu Herstellkosten).

Diese Herstellkosten des Umsatzes werden nun den Verkaufskonten der jeweiligen Produktarten weiterverrechnet.
Buchungssätze:
Verkaufskonten an Fertigerzeugnisse

Um zu den **Selbstkosten des Umsatzes** auf den Verkaufskonten zu gelangen, wird nun der Verwaltungsgemeinkostenzuschlag (VerwGK:Herstellkosten des Umsatzes*100) ermittelt.

Die **Verwaltungsgemeinkosten** sind die Summe der Sollseite der Verwaltungsstelle. Der Verwaltungsgemeinkostenzuschlag in DM wird ermittelt auf der Basis der Herstellkosten des Umsatzes einer Produktart, dem Saldo des Fertigerzeugniskontos der Produktart.
Der Verwaltungsgemeinkostenzuschlag in DM wird gebucht:
Verkaufskonto an Verwaltungsstelle

Der Vertriebsgemeinkostenzuschlag wird analog ermittelt und gebucht.

Es fehlt jetzt noch die Umbuchung der Umsatzerlöse.
Buchungssätze:
Umsatzerlöse an Verkaufskonten

Die Selbstkosten des Umsatzes ergeben sich schließlich aus der Summe der Sollseiten der Verkaufskonten je Produktart abzüglich eventueller Teilgewinne.

Der Teilgewinn wird schließlich an das Betriebsergebniskonto gebucht:
Verkaufskonten an BEK

Der Abschluss des Betriebsergebniskontos wird dann, wie bekannt, vorgenommen.

Aus diesen dargelegten Einzelheiten werden die Vorteile des Umsatzkostenverfahrens in Bezug auf die produktdifferenzierte Gewinnung von Entscheidungshilfen noch einmal deutlich.

Aufgaben

1. a) Anfangsbestände:
   Maschinen 18.000 DM, Bank 230.000 DM, unfertige Erzeugnisse: Produkt A 3.000 DM, Produkt B 2.000 DM, Fertigerzeugnisse: Produkt A 8.000 DM, Produkt B 2.000 DM, Eigenkapital 263.000 DM

b) Konten:
o.a., weiter: Verbindl. an Finanzamt und Versicherung, Umsatzerlöse: Produkt A, Produkt B, Zinserträge, Aufwendungen für Rohstoffe, Aufwend. für Hilfsstoffe, Fertigungslöhne, Hilfslöhne, Abschreibung, Steuern, sonstige Aufwendungen, Neutrales Ergebniskonto, Verkaufskonto A und B, Betriebsergebniskonto, Betriebliches Eröffnungs- und Abschlusskonto, GuV-Konto, SBK und Kostenstellen. (ohne USt und VSt)

c) Geschäftsvorfälle:
1. Wir überweisen eine Gewerbesteuernachzahlung 2.000 DM.
2. Wir zahlen Fertigungslöhne brutto 30.000 DM, netto 25.000 DM, Versicherungen und Steuern 5.000 DM.
3. Wir zahlen Hilfslöhne brutto 5.000 DM, netto 3.000 DM, Versicherungen und Steuern 2.000 DM.
4. An Sozialleistungen (Arbeitgeberanteil) fallen 7.000 DM (Konto: sonstige Aufwendungen) an; an sonstigen Zweckaufwendungen überweisen wir 108.000 DM.
5. Wir kaufen und verbrauchen Rohstoffe 20.000 DM und Hilfsstoffe 10.000 DM.
6. Die kalkulatorische Abschreibung beträgt 10.000 DM, die bilanzielle 9.000 DM.
7. Kunden kaufen Produkte A für 80.000 DM, Produkte B für 220.000 DM (Banküberweisung).
8. Die Bank schreibt uns Zinsen gut 4.000 DM.
9. Die Endbestände betragen:
unfertige Erzeugnisse: Produkt A 1.000 DM, Produkt B 1.000 DM,
fertige Erzeugnisse: Produkt A 10.000 DM, Produkt B 5.000 DM.

d) Die Einzelkosten verteilen sich:
Rohstoffverbrauch: Produkt A 15.000 DM, Produkt B 5.000 DM,
Fertigungslöhne : Produkt A 18.000 DM, Produkt B 12.000 DM.

e) Die Gemeinkosten verteilen sich:
I. allgemeine Kostenstelle
II. Fertigungshilfsstelle
III. Materialstelle
IV. Fertigungshauptstelle
V. Verwaltungsstelle
VI. Vertriebsstelle

	I.	II.	III.	IV.	V.	VI.
Gemeinkosten-material	2.000	500	1.000	3.000	2.000	1.500
Hilfslöhne	1.000	500	500	1.000	1.000	1.000
kalkulat. Ab-schreibung	1.000	1.000	1.000	4.000	2.000	1.000
sonstige GK	6.000	18.000	15.500	57.000	7.000	11.500

f) Die Hilfskostenstellen verteilen sich sekundär: (Ziffern wie e)

	II.	III.	IV.	V.	VI.
allgem.Kostenstelle	1.000	2.000	3.000	2.000	2.000
Fertigungshilfsstelle			21.000		

2. a) Anfangsbestände:
Maschinen 22.000 DM, Bank 70.000 DM, Kasse 5.000 DM, unfertige Erzeugnisse: Produkt A 3.000 DM, Produkt B 2.000 DM, Fertigerzeugnisse: Produkt A 8.000 DM, Produkt B 2.000 DM, Eigenkapital 112.000 DM

b) Konten:
o.a., weiter: Verbindl. an Finanzamt/Versicherungen, Umsatzerlöse: Produkt A, Produkt B, sonstiger Ertrag, Aufwand für Rohstoffe, Aufwand für Hilfsstoffe, Fertigungslöhne, Hilfslöhne, Sozialaufwand, Abschreibung, Mietaufwand, sonstiger Aufwand, Aufwand aus Kassenfehlbetrag, verrechnete kalkulatorische Kosten, kalkulatorische Zinsen, kalkulatorischer Unternehmerlohn, Neutrales Ergebniskonto, Verkaufskonten A und B, Betriebsergebniskonto, GuV-Konto, -Privat, SBK und Kostenstellen (ohne USt und VSt).

c) Geschäftsvorfälle
1. Wir entnehmen 3.000 DM für private Zwecke aus der Kasse.
2. Das Finanzamt überweist uns 2.000 DM Gewerbesteuer zurück.
3. Wir kaufen und verbrauchen Rohstoffe 30.000 DM und Hilfsstoffe 10.000 DM.
4. Kunde kauft Produkte A für 120.000 DM, Produkte B für 320.000 DM (Banküberweisung).
5. Die Abschreibungen betragen 4.000 DM.
6. Die Grundstücksaufwendungen werden überwiesen 5.000 DM, kalkulatorisch wurden 8.000 DM Mietkosten verrechnet.
7. Wir zahlen Fertigungslöhne per Banküberweisung brutto 40.000 DM, netto 32.000 DM.

8. An Sozialleistungen (AG-Anteil) fallen 5.000 DM an.
9. An Reparaturen usw. wurden 100.000 DM überwiesen (Konto: sonstige Aufwendungen).
10. Es ergibt sich ein Kassenfehlbetrag von 1.000 DM.
11. Die kalkulatorischen Zinsen für die Maschinen sind nach der Restwertmethode zu berechnen 10 %.
12. Wir verrechnen als Unternehmerlohn 6.000 DM.
13. Die Endbestände betragen:
unfertige Erzeugnisse: Produkt A 18.000 DM, Produkt B 12.000 DM,
fertige Erzeugnisse: Produkt A 10.000 DM, Produkt B 30.000 DM.

d) Die Einzelkosten verteilen sich:
Rohstoffverbrauch: Produkt A 18.000 DM, Produkt B 12.000 DM,
Fertigungslöhne : Produkt A 10.000 DM, Produkt B 30.000 DM.

e) Die Gemeinkosten verteilen sich primär auf:
I. allgemeine Kostenstelle Gebäude
II. allgemeine Kostenstelle Sozialstation
III. Materialstelle
IV. Fertigungshauptstelle
V. Verwaltungsstelle
VI. Vertriebsstelle

	I.	II.	III.	IV.	V.	VI.
Gemeinkosten-material	10%	10%	30%	30%	10%	10%
Sozialkosten	500	500	1.000	1.000	1.000	1.000
Abschreibungen				4.000		
Unternehmer-lohn					6.000	
kalkulat. Miete	8.000					
kalkulat. Zinsen				100%		
sonstige GK	30.000	10.000	20.000	20.000	10.000	10.000

f) Die Hilfskostenstellen verteilen sich sekundär: (Ziffern wie e)

auf:	I.	II.	III.	IV.	V.	VI.
I.	-	10%	20%	30%	20%	20%
II.	20%	-	10%	50%	10%	10%

Anmerkung: Bitte auf volle DM aufrunden!

4. Kostenträgerstückrechnung

4.1. Aufgaben bei der Überwachung und Auswertung des betrieblichen Kombinationsprozesses

Einige Aufgaben in Bezug auf die Wirtschaftlichkeitskontrolle und Entscheidungsvorbereitung im Betrieb, die in ihrer Differenziertheit von den bereits angesprochenen Teilgebieten der Kostenrechnung nicht oder nur unzureichend abgedeckt werden, erfüllt die Kostenträgerstückrechnung (Kalkulation).
Kosiol nennt in diesem Zusammenhang die "Überwachung der technischen Wirtschaftlichkeit". Gemeint ist die Analyse des Kosten - Leistungsverhältnisses am physischen Produktionsort, im Betriebsbereich oder am Maschinenplatz, ermöglicht durch die Zurechnung der Kosten auf die betrachtete Produkteinheit. Die noch zu betrachtenden Verfahren ermöglichen also die Entscheidungsfindung über den Einsatz betrieblicher Ressourcen im Einzelnen.
Ein weiterer Punkt betrifft die Verwertung betrieblicher Leistungen auf den Absatzmärkten. Durch die Festlegung von Preisuntergrenzen können in Zeiten stark fallender Preise Erkenntnisse darüber gewonnen werden, ob ein kurzfristiges Verbleiben in der Verlustzone einer endgültigen Betriebsstilllegung vorzuziehen ist.
Durch Rückrechnung ermittelter Kostenträgerergebnisse auf die Preisanteile von Beschaffungsgütern wird eine Kontrolle des Beschaffungsmarktes für das Unternehmen erleichtert.
Nicht zuletzt dient die Kostenträgerstückrechnung der Erfassung des Leistungstransfers zwischen den betrieblichen Teilbereichen durch Schaffung interner Verrechnungspreise.

4.2. Zeitlicher Rahmen für die Kostenträgerstückrechnung

Nach dem zeitlichen Bezug zur bereits erfolgten Leistungserstellung lassen sich drei Kalkulationsweisen differenzieren.

Die Vorkalkulation geht der eigentlichen betrieblichen Leistung voraus. Angewandt wird sie in Betrieben mit Einzel- und Kleinserienfertigung. Durch die Berücksichtigung von Planeinsatzmengen wird sie zum Vorgabeinstrument für die produzierenden Betriebsteile und dient dem Absatzbereich durch Bereitstellung von Grenz- und Erwartungspreisen zur Angebotserstellung.
Von der Vorkalkulation unterscheidet man die Plankalkulation bei Massenfertigung.

Die Zwischenkalkulation findet Anwendung bei langfristigen Großprojekten, wie etwa im Großanlagenbau. Sie soll mit der Kostenüberwachung von Teilabschnitten der Einhaltung des gesamten finanziellen Rahmens dienen. Außerdem dient sie der

Wertermittlung der unfertigen Erzeugnisse zu Bilanzierungszwecken. Bisher nicht berücksichtigte Planungstatbestände sollen die weitere Planung beeinflussen. Sie ist somit Ausgangsbasis für geänderte weitere Vorkalkulationen.

Nach der Durchführung des Leistungsprozesses im Betrieb verbleibt der Nachkalkulation als Istrechnung der Vergleich der geplanten Kostenvorgaben mit den tatsächlich aufgetretenen Kosten.

4.3. Kalkulationsverfahren

Das folgende Schema benennt die Kalkulationsverfahren, die in diesem Buch besprochen werden.

<table>
<tr><td colspan="6">Kalkulationsverfahren</td></tr>
<tr><td colspan="2">Divisionskalkulationen</td><td colspan="2">Zuschlagskalkulationen</td><td colspan="2">Kuppelkalkulationen</td></tr>
<tr><td>Divisionsk. im engeren Sinne</td><td>Äquivalenz-ziffernkal-kulation</td><td>summarische Zuschlags-kalkulation</td><td>differenzie-rende Zu-schlagskalk.</td><td>Restwert-rechnung</td><td>Verteilungs-rechnung</td></tr>
<tr><td>- einstufig
- zweistufig
- mehrstufig</td><td>- einstufig
- zweistufig
- mehrstufig</td><td></td><td>- differenzie-rende Lohnzu-schlagsk.
- Bezugs-größenk.</td><td></td><td></td></tr>
</table>

4.3.1. Divisionskalkulation

Ziel der Divisionskalkulation ist es, die Selbstkosten je Kostenträger zu ermitteln. Dies geschieht durch Division der Gesamtkosten der Periode durch die Anzahl der hergestellten Produkte.
Die Abrechnung kann entsprechend der Produktionsstruktur eines Einproduktbetriebes einstufig oder, falls mehrere Produktionsebenen durchlaufen werden, mehrstufig durchgeführt werden.

An die Stelle eines Einproduktbetriebes kann ein Mehrproduktbetrieb treten, wenn organisatorisch oder durch Kostenträgerzeitrechnung Gewähr leistet wird, dass die Kosten pro Produktart abrechenbar sind.

a. Einstufige Divisionskalkulation

Hier erfolgen keine Lagerbestandsveränderungen an unfertigen und fertigen Erzeugnissen.

Der Vorteil dieser Methode liegt in der Einfachheit und Schnelligkeit ihrer Durchführung. Dem steht gegenüber, dass dieses Verfahren für die Kalkulation in der Praxis häufig zu ungenau ist. Eine Bewertung der Bestände an unfertigen und fertigen Erzeugnissen ist ebenfalls nicht möglich.

Die folgende Kosten- und Leistungsstatistik eines Betriebes, der Walzenbürsten für Stahlwerke herstellt, ist die Grundlage zur Anwendung des Verfahrens. In der vergangenen Periode wurden 1500 Walzenbürsten hergestellt.

	Kosten insgesamt	Kosten je Bürste
Besatzmaterial (1000 t)	55.600	37,07
Stahlband (300 t)	28.400	18,93
Deckel (3000 Stück)	3.200	2,13
Löhne und Gehälter	90.000	60,00
Soziale Kosten	9.000	6,00
Hilfs- und Betriebsstoffe	45.000	30,00
Energiekosten	33.000	22,00
Versicherungen	1.000	0,67
Abschreibungen	120.000	80,00
	385.200	256,80

Kosten je Bürste (k) = K:x k = 385.200:1500 = 256,80

b. Zweistufige Divisionskalkulation

Es gelten die gleichen Voraussetzungen bezüglich der Anwendung des Verfahrens wie auch schon bei der einstufigen Variante mit dem Unterschied, dass eine Lagerbestandsveränderung an Fertigerzeugnissen berücksichtigt wird.

Beispiel

gesamte Herstellkosten (HK): 60.000; gesamte hergestellte Menge (x_H): 10.000; Verwaltungs- und Vertriebskosten (Vwk+Vtk): 40.000; abgesetzte Menge (x_A): 1.000

$$\frac{HK}{x_H} + \frac{Vwk + Vtk}{x_A} = k \quad \frac{60.000}{10.000} + \frac{40.000}{1.000} = 46 \text{ DM/St}$$

Die bereits angesprochenen Vorteile der einstufigen Divisionskalkulation ergeben sich auch hier. Hinzu kommt, dass es nunmehr möglich ist, die Bestände an Fertigerzeugnissen zu bewerten und eine genaue Preisentscheidung zu treffen.

In der Praxis wird diese Variante der Divisionskalkulation relativ selten angewendet, da die Kalkulation aufgrund der fehlenden Bewertung der unfertigen Erzeugnisse zu ungenau ist.

c. Mehrstufige Divisionskalkulation

Erstreckt sich die Herstellung eines homogenen Produktes über mehrere Produktionsstufen mit entsprechenden Lagerveränderungen an unfertigen und fertigen Erzeugnissen, so muss in der Regel das Verfahren der mehrstufigen Divisionskalkulation angewendet werden.

Voraussetzung für die Verwendung des Verfahrens ist der Einprodukt-Betrieb, in dem eine Kostenstellenrechnung durchgeführt wird. Es ist möglich, Lagerbestandsveränderungen an unfertigen und fertigen Erzeugnissen zu erfassen.

Da in der Praxis aufgrund bestimmter Losgrößen oder Bestellmengen die Produktionsergebnisse einzelner Stufen voneinander abweichen, bilden sich Zwischenlager.

Abrechnungstechnisch werden nach Ermittlung der entsprechenden Stufenkosten nur diejenigen weiterverrechnet, die zur Erstellung des nächsten Zwischenproduktteils anfielen.

Das Verfahren schafft eine sehr genaue Basis für zu treffende Preisentscheidungen, zusätzlich werden die Bestandsveränderungen und Bestände an unfertigen und fertigen Erzeugnissen bewertet.
Die Möglichkeit einer Wirtschaftlichkeitskontrolle für jede Kostenstelle ist ein weiterer Vorteil.
Falls für einige Betriebe in der Praxis eine Kostenstellenrechnung zu aufwendig und deshalb nicht immer erforderlich ist, ist in diesen Fällen die mehrstufige Divisionskalkulation unter dem Aspekt der Wirtschaftlichkeit der Kostenrechnung jedoch nicht zu empfehlen.

Der Abrechnungsweg lässt sich wie folgt formal darstellen:

Kosten je Leistungseinheit bis einschließlich der i-ten Produktionsstufe = Summe der Kosten der wiedereingesetzten Zwischenprodukte der (i-1)-ten Produktionsstufe und gesamte Stufenkosten der i-ten Produktionsstufe dividiert durch die Ausbringungsmenge der i-ten Produktionsstufe.

$$k_{St} = \frac{K_{ST} + x_I \times k_{VST}}{x_O}$$

Beispiel

Der Produktionsvorgang vollzieht sich in vier Stufen. Der Vertrieb wird als fünfte Produktionsstufe abrechnungstechnisch erfasst. Die bereits angesprochenen Zwischenlagerbestände ergeben sich als Differenz der Ausbringungsmenge der Produktionsstufe i und der wieder eingesetzten Menge in der Produktionsstufe i + 1.

KoSt	Stufenkosten	Arbeitsvorgänge	Errechnung Stück-/Stufen-kosten	Stückko. je Einh.	Lagerverän-derung
I	20.000	Out. 8.000 E	20.000 / 8.000	2,50	UNF. ERZEUGN.
II	40.000	Inp. 8.000 E Out. 6.000 E	40.000+8.000×2.5 / 6.000	10,00	Lagerzugang: 2.000 * 10,00 = + 20.000
III	90.000	Inp. 4.000 E Out. 2.750 E	90.000+4.000×10.00 / 2.750	47,27	Lagerabgang: 2.750 * 47,27 = - 129.992,50
IV	50.000	Inp. 5.500 E Out. 6.000 E Fertigerzeugn.	50.000+5.500×47.27 / 6.000	51,66	Minderung unf.Erz. 109.992,50 FERTIGERZEUG. Lagerabgang: 2.000 * 51,66 = - 103.320
V Verw. u. Vertr	15.000	Inp. 8.000 E Out. 8.000 E	15.000+8.000×51.66 / 8.000	53,54	Minderung fert.Erz. 103.320

Aufgaben

1.

KoSt	Stufenkosten	Arbeitsvorgänge	Errechnung Stück-/Stufenkosten	Stückko. je Einheit	Lagerveränderungen
I	98.400	Out. 8.400 E			
II	67.500	Inp. 7.100 E Out. 6.900 E			
III	78.000	Inp. 6.500 E Out. 4.450 E			
IV	33.100	Inp. 4.200 E Out. 4.300 E			

2. Die Pader-Brauerei hat in der letzten Periode 10.000 Hektoliter Pader-Pils hergestellt. Dabei sind 900.000 DM an Periodenkosten angefallen.

   1. Aufgabenteil:
   Die Selbstkosten pro 0,33-l-Flasche sind mit Hilfe der einstufigen Divisionskalkulation zu ermitteln.

   2. Aufgabenteil:
   Es konnten nur 4.000 Hektoliter abgesetzt werden. Die Verwaltungs- und Vertriebskosten betragen 100.000 DM. Die Selbstkosten pro 0,33-l-Flasche sind mit Hilfe der zweistufigen Divisionskalkulation zu ermitteln. Wie hoch ist der Wert der Lagerbestandsveränderung?

   3. Aufgabenteil:
   Der Brauprozess läuft über folgende Kostenstellen:

   Stufe I - Weichen und Keimen der Gerste
   25.000 kg Gerste werden in Wasser eingeweicht. Stufenkosten: DM 60.000

   Stufe II - Darre
   15.000 kg Malz bleiben nach dem Trockenprozess übrig - davon gehen 5.000 kg auf Lager. Stufenkosten: DM 6.000

   Stufe III - Schrotmühle und Sudhaus
   Das geschrotene Malz wird mit Wasser vermischt - die dabei gewonnene Maische wird erhitzt. Nach Absetzen der Rückstände und Beigabe von Hopfenwürze ergeben sich 10.000 Hektoliter Sud. Stufenkosten: DM 400.000

   Stufe IV - Kühlung, Gärung, Filterung
   Stufenkosten: DM 220.000

Stufe V - Abfüllen
Nach dem Filtern wird auf Flaschen abgefüllt. Stufenkosten: DM 86.000

Stufe VI - Verwaltung und Vertrieb
Von den hergestellten 10.000 Hektolitern werden nur o.a. 4.000 Hektoliter abgesetzt. Stufenkosten: DM 100.000

Die Selbstkosten pro 0,33-l-Flasche sind mit Hilfe der mehrstufigen Divisionskalkulation zu ermitteln. Wie hoch ist der Wert der Bestandsveränderung an fertigen und unfertigen Erzeugnissen?

d. Divisionskalkulation mit Äquivalenzziffern

Die Äquivalenzziffernkalkulation ist eine Divisionskalkulation im weiteren Sinne. Hier wird kein Einproduktunternehmen vorausgesetzt.
Anwendbar ist dieses Verfahren zum Beispiel bei der Sortenfertigung. Die Produkte müssen aufgrund des gleichartigen Rohstoffverbrauchs oder aufgrund gleichartiger Fertigungsverfahren ähnlich sein. Aus dieser Abhängigkeit ergibt sich eine Kostenrelation.
Dabei wird davon ausgegangen, dass die Kosten der artverwandten Erzeugnisse in einem bestimmten Verhältnis zueinander stehen, das durch Äquivalenzziffern ausgedrückt werden kann.

Dargestellt wird hier die einstufige Vorgangsweise, jedoch ist die Divisionskalkulation mit Äquivalenzziffern auch zwei- und mehrstufig möglich.
Die mehrstufige Äquivalenzziffernkalkulation unterscheidet sich von der einstufigen insofern, als dass sich das einstufige Verfahren auf jeder Stufe des Fertigungsprozesses wiederholt.

Voraussetzung für die Durchführung des einstufigen Verfahrens ist, dass keine Lagerveränderungen an unfertigen und fertigen Erzeugnissen erfolgen. Darüber hinaus ist eine Kostenstellenrechnung bei der dieser Kalkulation nicht notwendig.

Vorteilhaft ist die einfache Durchführung des Verfahrens. Es ist unter praktischen Gesichtspunkten aber selten einsetzbar, da die Bestände an fertigen und unfertigen Erzeugnissen nicht erfasst und bewertet werden.

Die Berechnung lautet:

$K \div RE = k_{RE}$ (RE= Recheneinheit)

$k_{RE} \times \text{Äquivalenzziffer} = k$

Beispiel

Das nachfolgende Beispiel kann sich entweder auf eine Kostenstelle innerhalb eines Molkereibetriebes beziehen - oder aber als ganzes auf einen Abfüllbetrieb:

Für das Abfüllen von je 100 Milchtüten der unterschiedlichsten Größen sind folgende Zeiten ermittelt worden:

- Größe 1 (1/4 l) 85 min je 100 Tüten
- Größe 2 (1/2 l) 119 min je 100 Tüten
- Größe 3 (1/1 l) 187 min je 100 Tüten

Als Äquivalenzzahl wird die kleinste Größe gewählt. Auf der Basis der abgefüllten Menge jeder Sorte werden die Recheneinheiten (RE) ermittelt:

Größe	Abfüllmenge (Tüten)	Zeit: je100 Tüten	Äquivalenzzahl	RE
1	25.000	85	1	25.000
2	40.000	119	119÷85 = 1,4	56.000
3	100.000	187	187÷85 = 2,2	220.000
Summe Recheneinheiten =				301.000

Die Gesamtfertigungskosten im Zeitraum betragen 21.070 DM - somit betragen die Fertigungskosten je RE:

21.070:301.000 = 0,07 DM je RE bzw. 7,- DM je 100 RE

Unter Verwendung der Äquivalenzzahlen können nun die Fertigungskosten je Größe errechnet werden:

Größe	Abfüllmenge	Zeit: je 100T	Äqui.- Zahl	RE	Fertigungskosten DM		
					je 100 RE	je 100Tü	je Sorte
1	25.000	85	1	25.000	7,-	7,-	1.750
2	40.000	119	1,4	56.000	7,-	9,80	3.920
3	100.000	187	2,2	220.000	7,-	15,40	15.400
				301.000			21.070

Aufgabe

Die Pader-Brauerei stellt neben dem Pils (10.000 hl) auch Exportbier (4.000 hl) und Bockbier (3.000 hl) her. Die Periodenkosten belaufen sich auf 1.640.000,-- DM. Die Kosten der Sorten hängen in der Hauptsache von der Stammwürze (Pils: 6,3 %; Export: 9 %; Bockbier: 9,9 %) ab.
Ermitteln Sie die Selbstkosten je Hektoliter und je Sorte!

4.3.2. Zuschlagskalkulation

Im Gegensatz zur Divisionskalkulation wird bei der Zuschlagskalkulation eine Differenzierung von Kostenträgereinzel- und -gemeinkosten vorgenommen, um die Kosten auf voneinander unabhängige Produkte zurechnen zu können.

Die Art der Realisierung dieses Ziels ist auch das erste Unterscheidungskriterium zwischen den beiden Hauptbereichen dieses Kalkulationsverfahrens, der summarischen und differenzierten Zuschlagskalkulation.
Bei der summarischen Zuschlagskalkulation werden die Gemeinkosten nicht nach Kostenstellen differenziert, sondern als eine Größe gesammelt. Da in diesem Fall lediglich eine Kostenartenrechnung Voraussetzung des Verfahrens ist, wird diese Form besonders in Kleinbetrieben eingesetzt.
Die differenzierte Form verlangt eine Aufteilung der Gemeinkosten zumindest nach den Hauptkostenstellen oder Funktionsbereichen.
Innerhalb dieser beiden Grundformen kann die Abrechnung unter dem Aspekt des Einzelkostenbezugs kumulativ oder elektiv durchgeführt werden. Im Fall der kumulativen Abrechnung werden die Gemeinkosten auf eine gesamte Einzelkostengröße bezogen. Die elektive Anwendung besteht in der weiteren Differenzierung der Einzelkosten als Basisgrößen.

Zwei wichtige Verfahren in diesem Zusammenhang, die Lohnzuschlags- und die Bezugsgrößenkalkulation, werden näher erläutert. Auch sie können im obigen Sinne jeweils kumulativ und elektiv durchgeführt werden.

Die folgende Grafik veranschaulicht die Zusammenhänge noch einmal.

<table>
<tr><th colspan="8">Zuschlagskalkulation</th></tr>
<tr><td colspan="2">summarisch</td><td>← GK-Bezug →</td><td colspan="4">differenzierte</td></tr>
<tr><td></td><td></td><td></td><td colspan="2">Lohnzuschlagsk.</td><td colspan="2">Bezugsgrößenk.</td></tr>
<tr><td>kumulativ</td><td>elektiv</td><td>← EK-Bezug →</td><td>kumulativ</td><td>elektiv</td><td>kumulativ</td><td>elektiv (Maschinenstundensatz-Rechnung)</td></tr>
</table>

a. Die summarische Zuschlagskalkulation

Innerhalb dieses Hauptbereiches ist in Bezug auf die Einzelkosten als Basisgrößen eine kumulative und elektive Vorgehensweise möglich.

Im kumulativen Verfahren werden die Gemeinkosten auf die gesamten Einzelkostengrößen bezogen.
Der elektive Weg basiert auf einer Differenzierung der Einzelkosten, die Auswahl wird von der individuellen Kostenverursachungsstruktur des Betriebes und einer notwendigen Relation der Einzel- und Gemeinkosten bestimmt.
Bei beiden Varianten stellt sich mit der Annahme einer Proportionalität zwischen Einzel- und Gemeinkosten ein Problem.
Diese, durch die Struktur des Verfahrens bedingte Unterstellung deckt sich in den seltensten Fällen mit den Erfahrungen der Praxis.

Wie das folgende Beispiel zeigt, werden einem Produkt A mit einem im Vergleich zu einem Produkt B höheren Einzelkostenanteil auch dementsprechend mehr Gemeinkosten zugeschlagen, obwohl in unserem Beispiel beide Maschinen zur Produktion dieser Güter in der gleichen Fabrikhalle stehen und ihr Betriebsstoffverbrauch nicht voneinander abweicht. (Die Differenz der Einzelkosten lässt sich aus der Komplexität des Fertigungsverfahrens für Produkt A erklären, die mit einem höheren Lohnanteil vergütet wird.

Beispiele

kumulativ	elektiv
Ausgangsbasis BAB MEK 100,- DM FL 200,- DM • GK 30,- DM	Ausgangsbasis BAB MEK 100,- DM FL 200,- DM GK 30,- DM
GK/(MEK+FL) = 10 % Zuschlag	GK/MEK = 30 % Zuschlag GK/FL = 15 %
Kalkulation: MEK 5,00 DM FL 8,00 DM Summe EK 13,00 DM GK(10%) 1,30 DM SK 14,30 DM	Kalkulation: MEK 5,00 DM — FL 8,00 DM GK(30%) 1,50 DM — GK(15%) 1,20 DM FL 8,00 DM — MEK 5,00 DM SK 14,50 DM — SK 14,20 DM
Nachteil: Es wird eine Proportionalität zwischen allen EK und allen GK unter stellt, die tatsächlich nur selten vorhanden ist. (Ein Produkt mit 15,- DM EK bekäme automatisch mehr GK zugeschlagen, als ein Prod. mit 10,- DM, bei dem sich z.B.nur die Lohnkosten verringert haben.)	Vorteil: Es kann der Zuschlagssatz gewählt werden, bei dem am ehesten eine Proportionalität GK und EK besteht; daher etwas genauer als das kumulative Verfahren.

Liegen im Betrieb derartige Grenzfälle vor, durchbricht der Kostenrechner mit der Anwendung der summarischen Zuschlagskalkulation das Prinzip der logisch nachvollziehbaren Abbildungskraft wirtschaftlicher Vorgänge.
Mit der Wahrung dieses Prinzips steht und fällt aber die Aussagekraft einer betrieblichen Kostenrechnung.

b. Die differenzierte Zuschlagskalkulation

Bei der differenzierten oder differenzierenden Zuschlagskalkulation gilt das folgende allgemeine Schema:

<table>
<tr><td>MEK</td><td>MGK</td><td>FL</td><td>FGK</td><td>SEF</td><td></td><td></td><td></td></tr>
<tr><td colspan="2">MK</td><td colspan="3">FK</td><td>VwGK</td><td>VtGK</td><td>SEV</td></tr>
<tr><td colspan="5">HK</td><td colspan="3">VVK</td></tr>
<tr><td colspan="8">SK</td></tr>
</table>

MEK: Materialeinzelkosten MGK: Materialgemeinkosten MK: Materialkosten

FL: Fertigungslöhne FGK: Fertigungsgemeinkosten FK: Fertigungskosten
SEF: Sondereinzelkosten der Fertigung HK: Herstellkosten
VwGK: Verwaltungsgemeinkosten VVK: Verwaltungs- und Vertriebskosten
SEV : Sondereinzelkosten des Vertriebs VtGK: Vertriebsgemeinkosten
SK : Selbstkosten

b.1 Die differenzierte Lohnzuschlagskalkulation

Die Zuschlagsbasis für die Fertigungsgemeinkosten sind die Fertigungslöhne.

Beim **kumulativen** Verfahren wird **ein Zuschlagssatz** für den gesamten Fertigungsbereich ermittelt.

Beim **elektiven** Verfahren wird pro Fertigungsstelle ein Fertigungsgemeinkosten-Zuschlagssatz ermittelt.

Beispiel

Eine Firma kalkuliert mit folgenden Zuschlagssätzen:
Materialgemeinkosten 5 %; Materialeinzelkosten 2.000 DM;
Fertigungsgemeinkosten:
Fertigungsstelle 1 150 %; Fertigungsstelle 2 100 %; Fertigungsstelle 3 50 %
Fertigungslöhne:
Fertigungsstelle 1 200 DM; Fertigungsstelle 2 300 DM; Fertigungsstelle 3 100 DM
Verwaltungsgemeinkosten 10 %; Vertriebsgemeinkosten 20 %;
Sondereinzelko.d.Vertriebs 45 DM/St

Materialeinzelkosten	2.000		
Materialgemeinkosten	100	Materialkosten	2.100
Fertigungslöhne 1	200		
Fertigungsgemeinkosten 1	300		
Fertigungslöhne 2	300		
Fertigungsgemeinkosten 2	300		
Fertigungslöhne 3	100		
Fertigungsgemeinkosten 3	50		
Sondereinzelkosten.d.Fertigung	0	Fertigungskosten	1.250
		Herstellkosten	3.350
Verwaltungsgemeinkosten	335		
Vertriebsgemeinkosten	670		
Sondereinzelkosten.d.Vertriebs	45	Verw.u.Vertkosten	1.050
		Selbstkosten	4.400

Anmerkung: Dieses Schema entspricht den Gliederungsanforderungen für die Bewerbung um öffentliche Ausschreibungen.
Es entspricht bis zu den Herstellkosten auch der Aufstellung zur Ermittlung der **Herstellungskosten** der Finanzbuchhaltung. Allerdings handelt es sich in der Finanzbuchhaltung nicht um Kosten, sondern um Aufwendungen. Bei den Herstellungskosten können MGK und FGK berücksichtigt werden, müssen aber nicht.

Aufgabe

Zur Herstellung einer Maschine werden Rohstoffe im Wert von 3.400 DM verbraucht, die Fertigungslöhne betragen 560 DM in der ersten, 670 DM in der zweiten Fertigungsstelle. Eine extra erworbene Lizenz zur Herstellung kostete 300 DM, an Verteterprovision ist zu zahlen 200 DM.
Die Gemeinkosten-Zuschläge betragen:
Material 6 %, erste Fertigungsstelle 85 %; zweite Fertigungsstelle 1.200 %, Verwaltung 10 %, Vertrieb 15 %.
Ermitteln Sie die Selbstkosten!

b.2 Die Bezugsgrößenkalkulation

b.2.1 Die kumulative Bezugsgrößenkalkulation

Sofern über die Lohnzuschlagskalkulation keine verursachungsgerechte Kostenzurechnung der Gemeinkosten Gewähr leistet ist, ist als Basis nicht mehr der Lohn zu wählen. Vielmehr sollte auf Bezugsgrößen ausgewichen werden, die eine verursachungsgerechte Proportionalität von Bezugsgröße und Gemeinkosten darstellen.

Beispiel

Fertigung I: Fertigungslöhne 200 TDM
Fertigung II: Fertigungslöhne 150 TDM
Beide Kostenstellen produzieren (qualitativ u. quantitativ) gleiche Produkte und benutzen die gleichen Maschinen - aus bestimmten Gründen wurden in Fertigung I aber höhere Löhne gezahlt.
In diesem Fall kann die Höhe der Fertigungslöhne nicht als verursachungsgerechte Bezugsgröße für die Ermittlung der Zuschlagssätze verwendet werden.

Für die Anwendung der kumulativen Bezugsgrößenkalkulation (bzw. Nichtanwendung der Lohnzuschlagskalkulation) gelten unter dem Aspekt der Genauigkeit der Rechnung folgende Bedingungen bzw. Voraussetzungen:

1) Die Fertigungslöhne verhalten sich nicht proportional zu den Fertigungsgemeinkosten (z.B. wegen unterschiedlicher Entlohnung bei gleicher Arbeitsleistung oder wegen unterschiedlicher Tarifänderung).

2) Für verschiedene Produkte mit mehrstufigen Produktionsverduktionsverfahren gelten gleiche Produktionszeiten und -arten auf den Maschinen in einer Kostenstelle - auch bei unterschiedlichen Maschinenkosten.

In diesem Fall sind die Fertigungsgemeinkosten ins Verhältnis zu Bezugsgrößen zu setzen wie:

- Maßeinheiten (Outputs: Stückzahl, Gewichte etc.),
- Maschinenstunden,
- Akkordstunden.

Die Berechnung lautet:

	Materialkosten	
+	Fertigungskosten	(= Fertigungslöhne + Fertigungsgemeinkosten auf Basis einer Bezugsgröße z.B.: FGK 120 DM/Std; FGK 40 DM/Stück) Output 3 St/Std
=	Herstellkosten	
+	Verw.u.Vertriebskosten	
=	Selbstkosten	

b.2.2 (elektive) Maschinenstundensatzrechnung

Der im Rahmen der Kostenstellenrechnung eigentlich für Wirtschaftlichkeitszwecke errechnete Fertigungsgemeinkosten-Zuschlagssatz wird in der Zuschlagskalkulation für alle Kostenträger, welche die Leistung der Kostenstelle in Anspruch nehmen, benutzt. Eine derartige Abrechnung führt aber zu einer unzutreffenden Belastung der Erzeugnisse, wenn diese die Anlagen der Kostenstelle nicht gleichmäßig beanspruchen und die eingesetzten Maschinen unterschiedlich hohe Kosten auslösen.
Die Fertigungsgemeinkosten pro Leistungseinheit werden zu hoch angesetzt, wenn die Arbeiten auf einer Maschine ausgeführt werden, die niedrigere Kosten verursacht. Die Kosten werden bei der Kalkulation dagegen in zu geringer Höhe berücksichtigt, wenn die Fertigung auf einer Maschine erfolgt, bei der hohe Kosten entstehen.

Beispiel

Die Güter x und y sollen produziert werden - dabei werden eingesetzt:
Produkt x: - Maschine A: 5 Std = 50 DM FGK; Maschine B: 1 Std = 100 DM FGK
Produkt y: - Maschine A: 1 Std = 10 DM FGK; Maschine B: 5 Std = 500 DM FGK
Nach der bisherigen Kalkulationsmethode erhielten beide Produkte den gleichen Kostenanteil für sechs Stunden!

Somit sind Grundlagen bzw. Bedingungen für die Anwendung der Maschinenstundensatzrechnung zum Zweck der Ermittlung des verursachungsgerechten Gemeinkosten-Zuschlages:

1) Die Fertigungslöhne verhalten sich nicht proportional zu den Fertigungsgemeinkosten.

2) Die Maschinenkosten pro Maschine in einer Kostenstelle sind unterschiedlich.

3) Die Bearbeitungszeit für verschiedene Produkte mit mehrstufigen Produktionsverfahren ist je Maschine unterschiedlich.

In diesem Fall ist ein Maschinenstundensatz für **jede** Maschine festzulegen. (Dieses Prinzip läuft quasi auf eine Platzkostenstellenrechnung hinaus - da man vom Prinzip der übergeordneten Kostenstelle abweicht: "Kostenstellenrechung auf Platzkostenbasis").

Um eine Maschinenstundensatzkalkulation durchführen zu können, ist es zunächst erforderlich, die Gemeinkosten nach ihrer **Maschinenabhängigkeit** aufzuspalten:

Maschinenabhängige Gemeinkosten	Maschinenunabhängige Gemeinkosten = Restgemeinkosten
- Energiekosten - Instandhaltungskosten - Werkzeugkosten - kalk. Abschreibung - kalk. Zinsen - Raumkosten u.a.m.	- Hilfslöhne - Gehälter - Sozialkosten - Heizungskosten - Hilfsstoffe u.a.m. (Diese Kosten verhalten sich nicht proportional zum Maschineneinsatz und sollten daher nach anderen Bezugsgrößen, z.B. Sozialkosten auf der Basis gezahlter Fertigungslöhne, verteilt werden.)

Die Kalkulation besteht dann nur in der Anwendung der unterschiedlichen Stundensätze bzw. Restgemeinkosten auf Basis der Löhne bzw. sonstiger Bezugsgrößen.

Es ergibt sich dann folgendes Berechnungsschema:

	Materialkosten	
+	Fertigungskosten	(= FL
		+ FGK = nach Maschinenstundensatz je Maschine
		+ Restgemeinkosten)
=	Herstellkosten	
+	Verw.u.Vertriebskosten	
=	Selbstkosten	

Beispiel

In diesem Beispiel werden unterschiedliche Produkte auf unterschiedlichen Maschinen gefertigt. Ermittelt wird hier der Maschinenstundensatz für eine Spezialmaschine als Plangröße.
Da hier die Anschaffungskosten der Spezialmaschine höher sind als bei der Universalmaschine, fallen für jede Maschine unterschiedliche kalkulatorische Abschreibungen und Zinsen an. Weitere Fertigungsgemeinkosten (Raum-, Energie- u. Werkzeugkosten) sind ebenfalls unterschiedlich. Sie sind daher über die Berechung von Maschinenstundensätzen getrennt für die einzelnen Maschinen zu ermitteln.

1. **Schritt: Bestimmung der Planbeschäftigung**

   (In der Istkostenrechnung entfällt diese Rechnung, da man von der tatsächlichen Beschäftigung ausgeht.)

   Arbeitstage nach Berücksichtigung der Samstage, Sonntage und Feiertage: 251
   Stunden pro Tag: 251 × 8 = 2008
   - 20 % Ausfallzeit 2008 - 20 % = 1606,40
   - 20 % Abschlag 1606.40 - 20 % = 1285,--(gerundet)

   Beschäftigung: 1285 Std p.a.

2. **Schritt: Ermittlung der kalkulatorischen Abschreibung**

   $$\frac{\text{Wiederbeschaffungswert}}{\text{BND} \times \text{Beschäftigung (Std p.a.)}} = \frac{110.000}{7 \times 1285} = 12{,}23$$

   kalk. Abschreibung: 12,23 DM pro Maschinenstunde

3. **Schritt: Ermittlung der kalkulatorischen Zinsen** (Zinsen 8,5 %)

   $$\frac{(\text{Ak} + \text{Restwert}) \times i}{2 \times \text{Beschäftigung}} = \frac{(90.000 + 1000) \times 0.085}{2 \times 1285} = 3{,}01$$

   kalk. Zinsen : 3,01 DM pro Maschinenstunde

4. **Schritt: Ermittlung der Instandhaltungskosten**

   In der Plankostenrechnung werden die voraussichtlichen Instandhaltungskosten über einen Schlüssel ermittelt (hier 30 % vom Wiederbeschaffungswert), welcher auf Erfahrungswerten beruht - in der Istkostenrechnung ist von den tatsächlich angefallenen Kosten auszugehen.

   $$\frac{\text{Wiederbeschaffungswert}}{\text{BND} \times \text{Beschäftigung}} \times i = \frac{110.000}{7 \times 1285} \times 0{,}3 = 3{,}66$$

   Instandhaltungskosten: 3,66 DM pro Maschinenstunde

5. Schritt: Ermittlung der Raumkosten

$$\frac{\text{Fläche} \times \text{Verrechnungspreis(p.M.)} \times 12 \text{ Monate}}{\text{Beschäftigung}} = \frac{30 \times 7 \times 12}{1285}$$

Raumkosten: 1,96 DM pro Maschinenstunde

6. Schritt: Ermittlung der Energiekosten

(In der Istkostenrechung werden die tatsächlichen - vom Stromzähler abgelesenen - Kosten angesetzt.)

DM/Kwh × Anschlusswert × durchschn. Auslastung =
0,18 × 25 × 0,70 = 3,15

Energiekosten: 3,15 DM pro Maschinenstunde

7. Schritt: Ermittlung der Werkzeugkosten

a) Instandsetzung des Werkzeugs:

Lohnsatz × Zeitaufw. × durchschn. Zahl d. Instandsetzung
9 × 40/60 × 11 = 66,-

FEK des Schärfvorganges:	66,–	(in der Istkostenrechnung
+ FGK 250 % :	165,–	ist der tatsächl. Wert anzusetzen)
Instandsetzungskosten :	231,–	

b) Werkzeugkosten:

$$\frac{\text{Werkzeugwert} + \text{Instandsetzungskosten}}{\text{Standzeit} \times \text{Einsatzperioden}} \times \text{Lastlaufzeit} =$$

$$\frac{650 + 231,\!-}{30 \times 12} \times 0,\!75 = 1,\!84$$

(Standzeit : Zeit (Tage) in der das Werkzeug scharf ist - die Schärfe "steht"; Lastlaufzeit: die tatsächliche Nutzung des Werkzeugs beim Einsatz.)

Werkzeugkosten: 1,84 DM pro Maschinenstunde

8. Schritt: Summenbildung aus den Einzelpositionen (2 bis 7)

Maschinenstundensatz 25,85 DM

Dieser Satz ist Basis für die sich nun anschließende Kalkulation.

(**Anmerkung:** Unter dem Aspekt der Beschäftigungsschwankung und verursachungsgerechten Zurechnung, könnten in diese Rechnung auch noch die Fertigungslöhne einbezogen werden.)

4.3.3. Kuppelkalkulation

Um Kuppelprodukte handelt es sich, wenn bei der Herstellung eines Gutes aufgrund technischer Gegebenheiten zwangsläufig Nebenprodukte anfallen (z.B.: Roheisen als Hauptprodukt - Gichtgas u. Schlacke in den Hochöfen als Nebenprodukt).

Wesentlich ist, dass der Anfall der Nebenprodukte nicht eigentlicher Betriebszweck ist.

Somit ist die Kuppelkalkulation ein Verfahren, das die Kosten nicht verursachungsgemäss verrechnen kann, da der Kostenanteil der verschiedenen Kuppelprodukte nicht ermittelbar ist. Sie stellt eine Methode dar, die sich am Prinzip der Kostentragfähigkeit orientiert. Die Kalkulation von Kuppelprodukten kann in zwei Formen erfolgen:

- Restwertrechnung
- Verteilungsrechnung.

a. Restwertrechnung

Die Restwertrechnung wird bei der Kalkulation von Kuppelprodukten dann angewendet, wenn ein Haupterzeugnis und ein oder mehrere Nebenerzeugnisse hergestellt werden. Sie eignet sich umso mehr, je geringer der Wert des oder der Nebenerzeugnisse ist.

Bei der Restwertmethode wird davon ausgegangen, dass die Erlöse, die sich aus der Nebenproduktion ergeben, die Gesamtkosten der Kuppelproduktion mindern. Eventuell notwendige Weiterverarbeitungskosten des oder der Nebenerzeugnisse werden von ihren Erlösen subtrahiert. Der Restbetrag aus den Kosten der Produktion und den - gegebenenfalls bereinigten - Erlösen der Nebenerzeugnisse wird durch die Anzahl der erstellten Haupterzeugnisse dividiert, um die Kosten für die Herstellung einer Einheit des Hauptproduktes zu erhalten.

Beispiel

Kosten des Kuppelprozesses		60.000
- Erlöse für Nebenprodukt B	18.000	
- direkt zurechenbare Kosten für Np B (für Weiterveredelung)	6.000	
	12.000	12.000
- Erlöse für Nebenprodukt C	6.480	
- direkt zurechenbare Kosten für Np C	4.800	
	1.680	1.680

- Erlöse für Nebenprodukt D	4.320	
- direkt zurechenbare Kosten für Np D	1.200	
	3.120	3.120
		43.200
+ direkt zurechenbare Kosten für das Hauptprodukt A		14.400
Herstellkosten für 200 t Produkt A		57.600
Kosten pro t Produkt A		288

b. Verteilungsrechnung

Die Verteilungsrechnung findet Anwendung, wenn aus einem verbundenen Produktionsprozess mehrere Haupterzeugnisse hervorgehen. Die Gesamtkosten der Kuppelproduktion werden mit Hilfe von Äquivalenzziffern auf die einzelnen Erzeugnisse verteilt.
Dabei können unterschiedliche Maßstäbe für die Verteilung der Gesamtkosten zugrundegelegt werden.

Ziel ist also, einen Schlüssel zu finden, der den Prinzipien Verursachungsgerechtigkeit und Kostentragfähigkeit gerecht wird.

Die Schlüssel können sein:
1. Der Marktpreis (entsprechender Kostenanteil pro DM des erzielten Preises eines Produktes):
   Die Methode ist jedoch wegen mangelnder Vergleichbarkeit mehrerer Perioden aufgrund von Preisschwankungen nachteilig (ggf. Verrechnungspreis verwenden).
2. Besser ist eine Verteilung der Gesamtkosten aufgrund technischer Maßstäbe (z.B.: Gewicht, Menge).

Beispiele

Marktpreis als Schlüssel:

Produkt	Menge t	Marktpreis	Recheneinh.	Stückk.	Gesamtk.
Hp A	200	384	76.800	314,19	62.837
Np B	100	180	18.000	147,27	14.727
Np C	60	108	6.480	88,37	5.302
Np D	30	144	4.320	117,18	3.534
			105.600		86.400

Kosten pro RE: 86.400/105.600 = 0,8182

produzierte Menge als Schlüssel:

Produkt	Menge=RE	Stückk.	Gesamtk.
Hp A	200	221,54	44.308
Np B	100	221,54	22.154
Np C	60	221,54	13.292
Np D	30	221,54	6.646
	390		86.400

Kosten pro RE: 86.400/390 = 221,54

Aufgabe

Das Chemie-Unternehmen "Tiefst AG" produziert in Kuppelfertigung ein Hauptprodukt A und weitere 3 Nebenprodukte (B,C,D), die - bis auf Np C - jeweils unterschiedlich weiterveredelt werden:

Produkt	Kosten des Kuppelproz.	direkt zurechenbare Kosten	produzierte Mengen (kg)	Preis je kg
Hp A		2.000	5.000	10
Np B		2.000	500	5
Np C	→ 40.000	-	200	3
Np D		100	100	4
			5.800	

4.3.4. Einflüsse auf die Wahl des Kalkulationsverfahrens

a. Produktionsprogramm

Das Produktionsprogramm einer Unternehmung umfasst die Art und Menge der Güter, die zur Realisierung des Unternehmensziels produziert werden sollen.
Für die Auswahl eines Kalkulationsverfahrens, das dem Identitäts- und Verursachungsprinzip gerecht werden soll, sind für den Kostenrechner im besonderen Maße die Anzahl der Produktarten und das Ausmaß ihrer fertigungstechnischen Übereinstimmung interessant.

Nach dem Kriterium der Anzahl lassen sich Einprodukt- und Mehrproduktfertigung grob unterscheiden. Bei Einproduktbetrieben wird in der Regel eine Vielzahl gleichartiger Produkte hergestellt (einfache Massenfertigung). So sind die Anforderungen an die

Differenziertheit der zu wählenden Kalkulationsmethode verhältnismäßig gering. In der Praxis werden in diesen Fällen hauptsächlich Verfahren der Divisionsrechnung angewandt.

Die Mehrproduktunternehmung lässt sich grundsätzlich in die folgenden Teilbereiche gliedern. Als Teilbereich mit der größten Übereinstimmung der Produktionseinheiten ist zuerst die Sortenfertigung mit begrenzter Stückzahl und Zeit zu nennen.
Es handelt sich hier um die Produktion von Fertigungseinheiten einer gleichen Produktgruppe, die sich lediglich in Bezug auf Qualitätsmerkmale und Abmessungsdimensionen bei gleichartigem Produktionsverfahren oder Stoffverbrauch voneinander unterscheiden. Betriebe, die beispielsweise verschiedene Draht- oder Röhrensorten herstellen, sind hier angesprochen. Aufgrund des hohen Grades an Verwandtschaft zwischen den Produktausprägungen bieten sich hier Äquivalenzziffernverfahren an. Der Sortenfertigung entspricht die unbegrenzte, abhängige Massenfertigung von mehreren Produktarten.

Die Fertigung von unterschiedlichen und voneinander unabhängigen Produkten in einer festen Anlage wird als Serienfertigung bezeichnet.
Man unterscheidet hier die Einzel- und Mehrserie, wobei ein Produkt, das in begrenzter Stückzahl hergestellt wird, als Einzelserie (jede Serie hintereinander) oder als Mehrserie (mehrere Serien parallel) aufgelegt wird. Anwendung findet im letzten Fall die Zuschlagskalkulation. Bei der Einzelserie kann die Divisionskalkulation angewandt werden. Der Einzelserie entspricht wiederum in ihrer Unbegrenztheit die o.a. einfache Massenfertigung, der Mehrserie die unabhängige Massenfertigung von mehreren Produktarten.

Einzelproduktfertigung liegt schließlich vor, wenn ein Betrieb Güter herstellt, die den jeweiligen Anforderungen des Auftraggebers in einer spezifischen Weise entsprechen und nur als Einzelobjekt fertig gestellt werden. Die Bereiche des Großanlagenbaus werden durch diesen Gattungsbegriff besonders angesprochen. In diesem Fall kommt die Zuschlagskalkulation zur Anwendung.

Vergegenwärtigt man sich nun die angesprochenen Kalkulationsverfahren in ihrem spezifischen Aufbau, so lässt sich sagen, dass mit zunehmender Produktähnlichkeit Verfahren der Divisionskalkulation verwendet werden und mit abnehmender Ähnlichkeit zwischen den Produkten über die Äquivalenzziffernverfahren auf die Verfahren der Zuschlagskalkulation übergegangen werden sollte.

Fertigungsart	Untergliederung	Kalkulationsverfahren
Einzelfertigung		Zuschlagskalkulation
Serienfertigung	Einzelserie	Divisionskalkulation
	Mehrserie	Zuschlagskalkulation
Sortenfertigung		Divisionskalkulation mit Äquivalenzziffern
Massen-fertigung	einfach	Divisionskalkulation
	mehrfach – abhängig	Divisionskalkulation mit Äquivalenzziffern
	mehrfach – unabhängig	Zuschlagskalkulation

b. Produktionsverfahren

Je nachdem, ob alle technisch erforderlichen Verfahrensschritte an einem Ort und als zusammengefasste Tätigkeit zur Produkterstellung führen, oder ob Verrichtungen an mehreren Arbeitsplätzen und über verschiedene Zwischenprodukte zum Endergebnis führen, spricht man von einstufigen oder mehrstufigen Produktionsprozessen.

Dieser sachlichen Einteilung folgen auch, wie schon angesprochen, die diversen Kalkulationsverfahren. Während bei einer einstufig organisierten Produktion das einstufige Divisions-, Äquivalenzziffernverfahren oder die Zuschlagskalkulation mit Gesamtzuschlag ausreichen, werden bei mehrstufiger Organisation die mehrstufigen Verfahrensvarianten oder die differenzerte, elektive Zuschlagskalkulation eingesetzt.

Der Sonderfall der Kuppelproduktion wird in diesem Rahmen durch ein eigenes Verfahren abgedeckt.

Zusammenfassend ist zu sagen, dass das gewählte Kalkulationsverfahren die technischen Eigenheiten der Produkterstellung in ihren wirtschaftlichen Auswirkungen möglichst genau wiederspiegeln sollte.

VI. Kostenrechnungssysteme - Umfang der Verrechnung auf Kostenträger

1. Vollkostenrechnung ohne Kostenauflösung

1.1. Bezug zu den Teilbereichen der Kosten- und Leistungsrechnung

In der Darstellung der einzelnen Teilbereiche der Kostenrechnung wurde in den letzten Abschnitten das System der Vollkostenrechnung ohne Kostenauflösung verwandt.
Kennzeichnend für dieses Vollkostensystem mit seinen Ausprägungen ist es, dass jeweils sämtliche Kostenarten, die im Betrieb anfallen, letztlich auf die relevanten Kalkulationsobjekte weiterverrechnet werden, und damit für alle Kostenträger stets die vollen Kosten bestimmt werden.
Sehr deutlich wird dieses am Beispiel einer kleinen Divisionskalkulation (K:x = k). "K" sind die gesamten angefallenen Kosten (variable als beschäftigungsabhängige, fixe als zeitabhängige Kosten). "k" ergab sich dadurch als eine konstante Stückkostengröße - unabhängig von der Beschäftigung.
(In einem Teilkostensystem werden später unter Berücksichtigung von Beschäftigungsschwankungen den verschiedenen Kalkulationsobjekten nur Teile der betrieblichen Gesamtkosten zugerechnet; prinzipiell nur jene Kosten, die sich verursachungsgemäß für die betreffenden Kalkulationsobjekte erfassen lassen.)

Diese Art der Verrechnung führt zu schwerwiegenden Nachteilen. Einige werden im Folgenden dargestellt. Demgegenüber gibt es aber durchaus auch einige Vorteile für die Verwendung dieser Vollkostenrechnung ohne Kostenauflösung.

1.2. Nachteile dieser Vollkostenrechnung

a) Gemeinkostenschlüsselung als fundamentaler Mangel

Bei der Istkostenrechnung werden die Gemeinkosten einschließlich der Fixkosten über einen Schlüssel auf die Produkte verrechnet. Meistens stehen mehrere Gemeinkostenschlüssel alternativ zur Verfügung, so dass die Auswahl und Anwendung einer dieser Schlüssel immer mit Willkür behaftet ist. Bei der Anwendung kommt es zu Ungenauigkeiten, da die Verrechnung nicht verursachungsgemäß erfolgt, und nur eine rechnerische Abhängigkeit von Kosten und Bezugsgröße besteht.

Kosten, die gemeinsam für mehrere Leistungen entstehen, lassen sich nicht ohne Willkür auf die einzelnen Leistungen verteilen. So können z.B. Abschreibungsbeträge einer Drehbank, auf der unterschiedliche Werkstücke bearbeitet werden, nicht objektiv auf die verschiedenen Werkstücke verteilt werden.
Desgleichen können die allgemeinen Verwaltungskosten nie objektiv auf die einzelnen Erzeugnisse verrechnet werden, da ein Zurechnungsmechanismus niemals zugrunde liegt.
Für die Fixkostenproportionalisierung (z.B. Miete) gibt es ebenfalls kein Kriterium für eine verursachungsgemäße Zuordnung.
Die fixen Kosten werden eben nicht durch einzelne Leistungseinheiten verursacht. Solange die Kapazität und die Betriebsbereitschaft des Unternehmens unverändert bleiben, ändert sich die Höhe der Bereitschaftskosten nicht.

Die Vollkostenrechnung führt somit durch fehlerhafte Gemeinkostenschlüssel zu einer mangelhaften Aussagefähigkeit der Nettoerfolgsgrößen.

b) Fehler bei der Planung und Steuerung

Grundsätzliche Planungen

Wenn Informationen echte Planungsgrößen darstellen sollen, muss die Beschäftigungsschwankung mit berücksichtigt werden. Da das in der Vollkostenrechnung nicht erfolgt, ist die Information für die Preispolitik nur bedingt gegeben, höchstens im Sinne einer Vorausschätzung.

Beispiel

Produkt A verursacht 10.000 DM fixe Kosten und 20,-- DM variable Stückkosten. Bei einer Ausbringungsmenge von 1.000 Stück entstehen Gesamtkosten von 30.000 DM (10.000 + 1.000 * 20,--). Die Stückkosten betragen also 30,-- DM. Wird die Ausbringungsmenge verdoppelt, so bleiben die Stückkosten nicht bei 30,-- DM, wie folgende Rechnung zeigt:

10.000,-- DM + 2.000 * 20,-- DM = 50.000,-- DM Gesamtkosten
50.000,-- DM ÷ 2.000 = 25,-- DM Stückkosten

Preispolitik und Nettogewinn

Die errechneten Nettostückgewinne lassen keine Rückschlüsse auf den Periodengewinn zu, es sei denn, es tritt der äußerst seltene Fall auf, dass die der Gewinnermittlung zugrunde liegende Ausbringungsmenge genau mit der in der Periodenrechnung geplanten Menge übereinstimmt. Geht man bei der Erfolgsplanung von Nettostückgewinnen aus, wird man entweder zu hohe oder zu niedrige Periodenergebnisse prognostizieren.

Beispiel

Geplante Menge für eine Periode: 2.000 Stück; Abgesetzte Menge: 1.000 Stück
Kosten (siehe obiges Beispiel):

variable Kosten (K_v) 2.000 * 20,-- DM + fixe Kosten (K_f) 10.000,-- DM
= Kosten (K) 50.000,-- DM
Stückkosten (k): 25,-- DM

Bei einem Verkaufspreis von 50,-- DM würde ein Stückgewinn von 25,-- DM entstehen (geplant). Da aber nur 1.000 Stück abgesetzt wurden, erhöhen sich die Stückkosten auf 30,-- DM und der Stückgewinn sinkt auf 20,-- DM. Es besteht also keine richtige Aussage der Kosten bezüglich der Preisbildung.

Dieser Mangel ist auf die Verrechnung anteiliger fixer Kosten auf einzelne Leistungseinheiten zurückzuführen. Da die Höhe dieser Kosten auf kurze Sicht von einer Änderung des Produktionsvolumens nicht beeinflusst wird, wird der Erfolgsbeitrag einer Leistungseinheit bei einer Orientierung an den Nettostückgewinnen grundsätzlich unterschätzt, was bei der Prognose der erfolgsmäßigen Auswirkungen von Veränderungen des Produktions- und Absatzvolumens zu gravierenden Fehlinterpretationen führen kann.

Geht man davon aus, dass das System der Vollkostenrechnung historisch gesehen in erster Linie für den Rechnungszweck "Preiskalkulation" entwickelt wurde, muss man bei einer Orientierung an den Anforderungen, die aus heutiger Sicht an die Preiskalkulation und Preispolitik zu stellen sind, zu der Auffassung gelangen, dass die Vollkostenrechnung diese Aufgaben nicht in befriedigender Weise erfüllt. Sie ist nicht in der Lage, brauchbare Informationen über kostenmäßige Preisuntergrenzen zu liefern.

Die kurzfristige Preisuntergrenze

Die kurzfristige Preisuntergrenze ist erreicht, wenn die variablen Stückkosten durch den Verkaufspreis gedeckt werden.

Das Finden einer kurzfristigen Preisuntergrenze ist bei der bisherigen Vollkostenrechnung nicht möglich, da variable Kosten nicht bekannt sind.

In Zeiten stagnierenden oder rückläufigen Absatzes stehen die Unternehmen oft vor der Wahl, ihre Erzeugnisse unter den errechneten Selbstkosten zu verkaufen oder auf die Hereinnahme eines Auftrages zu verzichten. In solchen Fällen ist die Kenntnis der Preisuntergrenze für preispolitische Entscheidungen wichtig. Diese Grenze kann nur durch Auflösung der Stückkosten ermittelt werden.

c) Fehler bei Investitionsalternativen

Die Berücksichtigung verschiedener Investitionsalternativen mit unterschiedlichen Kostenfunktionen ist bei der Vollkostenrechnung nicht möglich.

Beispiel

Die Funktionen K_{ver} (A und B) in der folgenden Grafik zeigen die Gesamtkosten zweier Maschinen, kalkuliert auf Vollkostenbasis. Die Produktion auf Maschine A ist bei jeder Ausbringungsmenge kostengünstiger.
Bei Kostenauflösung in variable und fixe Kosten ergeben sich die Funktionen K_A und K_B. Die Kosten der Maschine A steigen also stärker, so dass bei einer Produktionsmenge x_1 der Wechsel auf Maschine B günstiger wäre. Bei der Produktion von weniger als x_A-Stück werden die Kosten nach der bisherigen Vollkostenmethode für das auf Maschine A gefertigte Produkt zu niedrig kalkuliert.

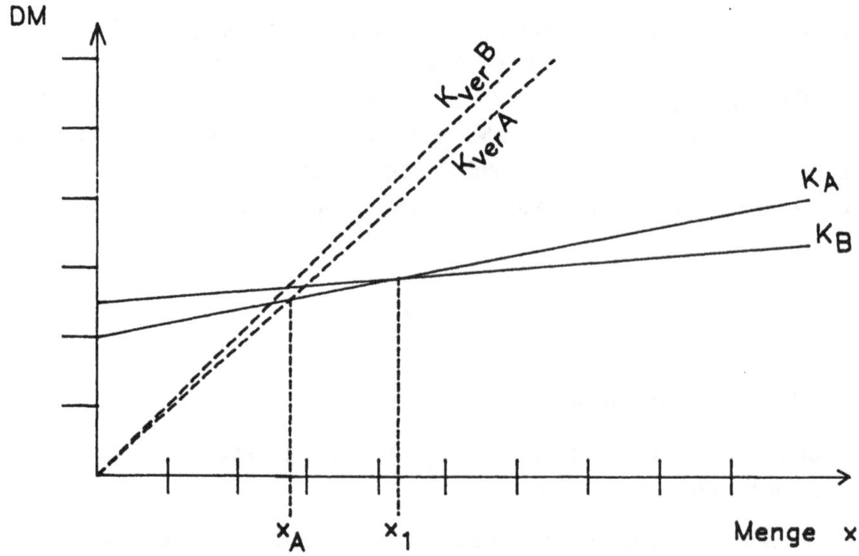

d) Fehlende Kostenspaltung zur Ermittlung des Break-Even-Points

Da in der bisherigen Vollkostenrechnung keine Kostenaufspaltung in variable und fixe Kosten vorgenommen wird, ist es in diesem System nicht möglich, die kritische Ausbringungsmenge (Break-Even-Point) zu bestimmen, also jene Menge, von der an sich die Herstellung und der Verkauf eines Erzeugnisses rentiert.

e) Kontrolle

Kostenvergleich auf Basis der Vollkostenrechnung

Die Vollkostenrechnung als Istkostenrechnung liefert lediglich Informationen über die Ergebnisse bereits getroffener unternehmerischer Entscheidungen. So ist eine Wirtschaftlichkeitskontrolle von Kostenstellen oder Kostenträgern annähernd nur durch den Vergleich von mehreren bereits abgeschlossenen Abrechnungsperioden möglich. Dabei stellt sich die Frage, welche Kosteneinflussgrößen positive oder negative Ergebnisse bewirkt haben.
Ist die Auswirkung einer Kosteneinflussgröße auf eine Abweichung erkennbar, so ergeben sich keine Zuordnungsprobleme. In der Praxis jedoch sind die Ursachen für Kostenveränderungen schon deshalb schwer erkennbar, weil meist mehrere Kosteneinflussgrößen die Änderung eines Kostenwertes verursachen. In diesem Fall ist eine Zuordnung nach dem Verursachungsprinzip wegen fehlender Beschäftigungsaussagen nicht möglich. Zusätzlich wird ein Zeitvergleich durch das Wirken von Zufälligkeiten erschwert.

Erfolgskontrolle der Produktarten

Aus den genannten Gründen ist es auch gefährlich, sich an den Gewinnen zu orientieren, also Erzeugnisse mit Verlust aus dem Programm zu streichen und andererseits Produkte mit besonders hohen Gewinnen im Rahmen der Verkaufsaktivitäten zu forcieren. So ist es durchaus möglich, dass ein "Verlustprodukt" in Wirklichkeit (wenn man die ihm fälschlicherweise zugeschlüsselten Fixkosten außer Acht lässt) noch einen positiven Beitrag zur Abdeckung der Fixkosten erbringt. Eine Streichung von Verlust-Erzeugnissen kann unter Umständen sogar zu einer Verschlechterung der Erfolgssituation des Unternehmens führen.

Beispiel

Erzeugt ein Betrieb zehn Produktarten, und erzielt er mit neun Produktarten einen Gewinn von 1.000,-- DM, während durch den Absatz der zehnten Produktart ein Verlust von 200,-- DM entsteht, beträgt der Gesamtgewinn nur 800,-- DM. Es wäre nun falsch, anzunehmen, dass durch die Einstellung der Produktion der zehnten Produktart der Verlust von 200,-- DM vermieden und folglich ein Gewinn von 1.000,-- DM entstehen würde.

Wenn sich die Gesamtkosten von Produktart 10 von beispielsweise 900,-- DM aus fixen Kosten von 300,-- DM und variablen Kosten von 600,-- DM zusammensetzen würden, könnten durch die Einstellung der Produktion von Produktart 10 nur die variablen Kosten eingespart werden, die fixen Kosten jedoch müssten durch die restlichen Produkte gedeckt werden. Der Gesamtgewinn würde dann nicht 1.000,-- DM betragen, sondern nur 700,-- DM - also weniger, als bei Fortsetzung der Produktion von Produktart 10.

1.3. Vorteile dieser Vollkostenrechnung

Nach den eben erwähnten schwerwiegenden Nachteilen ergibt sich die Frage "Warum wird dann die Vollkostenrechnung ohne Kostenauflösung überhaupt noch gelehrt bzw. genutzt?".

Es gibt jedoch ein paar wesentliche Gründe, die für eine Vollkostenrechnung sprechen.

Ursprüngliches Kostenrechnungssystem

Die Kostenrechnung ist ursprünglich als Vollkostenrechnung ohne Kostenauflösung entstanden. Das dauernde Wachstum in den fünfziger und sechziger Jahren führte in der Praxis zu einer relativ oberflächlichen Betrachtung, wo Systemfehler zu Lasten des Marktes und nicht zu Lasten der Unternehmer gingen.

Beispiel

Ein Betrieb ermittelt in einer Periode 100.000,-- DM Kosten für 10.000 erstellte und abgesetzte Produkte. (In diesen Kosten sind für den Unternehmer nicht bekannte 40.000,-- DM Fixkosten enthalten.) Aufgrund der Divisionskalkulation ergeben sich Stückkosten von 10,-- DM (der Fixkostenanteil beträgt 4,-- DM).
In der Folgeperiode sollen aufgrund des Wachstums 11.000 Produkte hergestellt und abgesetzt werden. Die Kosten werden auf Basis der Vollkostenrechnung 110.000,-- DM betragen, pro Produkt weiterhin 10,-- DM.

Tatsächlich steigen die Kosten aber nur auf 106.000,-- DM (66.000,-- DM variable Kosten zuzüglich 40.000,-- DM Fixkosten), pro Stück also betragen sie 9,64 DM. Die Preisgestaltung erfolgt zu Lasten des Marktes auf der Basis von zu hoch berechneten Kosten.

Erst mit Beginn der Rezession in den sechziger Jahren wurde sich der Unternehmer bewusst, dass er beim Rückgang von Absatz und Produktion zu wenig Fixkostenanteile für seine Preisgestaltung zugrunde legte.

Vereinfachung zum Verständnis der Kostenrechnungs-Teilbereiche

Aus pädagogischen Gründen konnte bei der Darstellung der Kostenarten-, Kostenstellen- und Kostenträgerrechnung nicht auf alle Gestaltungsgesichtpunkte gleichzeitig eingegangen werden. Der Leser erinnert sich an die schon bisher notwendigen Differenzierungen zwischen Aufwendungen und Kosten, Kosten nach Art ihrer Verrechnung auf Kostenstellen sowie Kostenträger etc. Wie schwer wäre es gewesen, auch noch Kosten unter dem Aspekt der Beschäftigungsschwankungen zu betrachten, und diese in die Verteilung von Anfang an mit einzubeziehen!

Übertragbarkeit der Abrechnungsmethoden

Wie insbesondere in der Teilkostenrechnung zu erkennen sein wird, lassen sich die bisher erlernten Verfahren der BAB-Abrechnug sowie die der Kalkulationen ohne weiteres unter Einbezug von Beschäftigungsschwankungen in andere Kostenrechnungssysteme übertragen.

Steuerrechtliche Bewertung und öffentliche Aufträge

Während in der Handelsbilanz Material- und Fertigungsgemeinkosten in ihrer eigentlichen Aufwandshöhe aktiviert werden können, schreibt die Steuerbilanz die Aktivierung dieser Gemeinkosten vor. Soweit die Kosten- und Leistungsrechung Basis dieser Bewertung sein soll, muss also auf Vollkostenbasis gerechnet werden.

Ebenfalls müssen öffentliche Aufträge nach den Leitsätzen für die Preisermittlung aufgrund von Selbstkosten zu Vollkosten kalkuliert werden.

Langfristige Preisuntergrenze

Soweit Informationen über langfristige Preisuntergrenzen einzelner Produkte benötigt werden, ist ebenfalls neben den anderen folgenden Systemen zusätzlich eine Vollkostenrechnung durchzuführen. Teilkostensysteme können kostenträgerorientiert lediglich kurzfristige Preisuntergrenzen aufgrund der ausschließlichen Verteilung produktionsabhängiger Kosten auf Kostenträger liefern.

Basis für Modelle weiterer Kostenrechnungssysteme

Da die neueren Systeme der Teilkostenrechnung und der Prozesskostenrechnung ebenfalls in einzelnen Bereichen problematisch sind, wird man zur weiteren Entwicklung von Abrechnungsmöglichkeiten sicherlich wie z.B. auch bei der Prozesskostenrechnung immer erst von der Basis der Vollkostenrechnung mit ihrer vereinfachten Abrechung ausgehen.

2. Vollkostenrechnung mit Kostenauflösung

2.1. Kostenauflösung und ihre Bedeutung

Die bereits geschilderten Nachteile der Vollkostenrechnung ohne Kostenauflösung ebneten den Weg für eine strengere Anwendung des Verursachungsprinzips bei der Verrechnung der Kosten auf die Kostenträger. Die Auffassung, dass die Fixkosten sich nicht produktionsabhängig ergeben, führte zum Verfahren der Vollkostenrechnung mit Kostenauflösung, anschließend zur Anwendung der Teilkostenrechnung.

Grundlage ist die Trennung von fixen und variablen Kostenbestandteilen unter dem Aspekt einer veränderten Beschäftigungsgröße.
Es wird untersucht, ob die betrachtete Kostenart bei einer Veränderung der Beschäftigungsgröße einen konstanten Verlauf aufweist und sich damit als fixe Kostenart (K_f - zeitabhängig) verhält -, oder ob bei einem veränderlichen Kostenverlauf eine variable Kostenart (K_v - produktionsabhängig) vorliegt.

Kosten, die weder einen reinen fixen noch einen reinen variablen Verlauf aufweisen, bezeichnet man als Mischkosten.
In diesem Zusammenhang ist die Ermittlung von Kostenfunktionen von besonderer Bedeutung. Sie zeigt den genauen quantitativ-ursächlichen Zusammenhang der Änderung der Beschäftigungsgröße in ihrer Auswirkung auf den Kostenverlauf.

Hier werden jedoch im Rahmen der Kostenauflösung nur die **proportionalen** beschäftigungsvariablen Kosten (K_p) als variable Kosten behandelt. Diese Proportionalität wird in Übereinstimmung mit der allgemeinen Betriebswirtschaftslehre unterstellt, um die Kosten rechenbar zu machen. Gutenberg weist nach, dass sich die variablen Kosten aufgrund der in einem Industriebetrieb verwendeten limitationalen Produktionsfaktoren tatsächlich in der Regel linear verhalten.

Das Problem der Kostenauflösung stellt sich im Wesentlichen bei den Kostenträger-Gemeinkosten, da die Entwicklung der Einzelkosten proportional verläuft.

Normalerweise wird die Kostenauflösung für jede Kostenart einer Kostenstelle durchgeführt. Jedoch kann auch eine Auflösung des Gesamtbetrags einer Kostenart oder der Gesamtkosten einer Unternehmung erfolgen, soweit dies aus praktischen Zwängen notwendig ist.

Wie bereits gezeigt, ist es wichtig, die Zusammensetzung der Kosten zu kennen. Um die Kosten in fixe und proportionale Bestandteile zerlegen zu können, sind mehrere Verfahren der Kostenauflösung entwickelt worden. Der Wirtschaftlichkeitsaspekt der Kostenrechnung bestimmt die Art des anzuwendenden Verfahrens (einfaches ungenaues oder aufwändiges genaues).

2.2. Darstellung der Kostenverläufe

Die Kostenverläufe lassen sich wie folgt anhand von Grafiken dastellen:

- Mengenabhängige gesamte Kosten

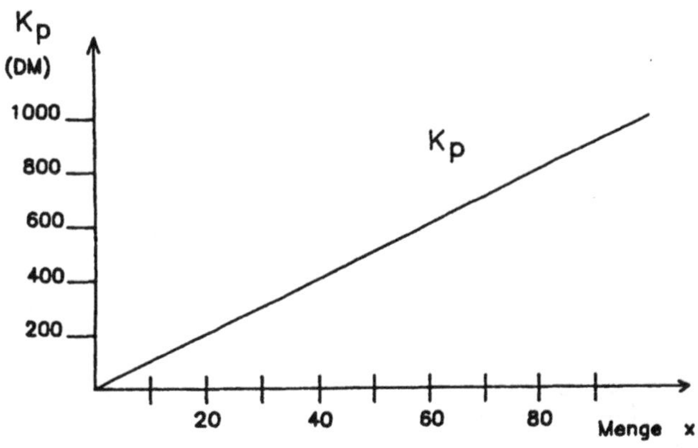

- Mengenabhängige Kosten je Mengeneinheit

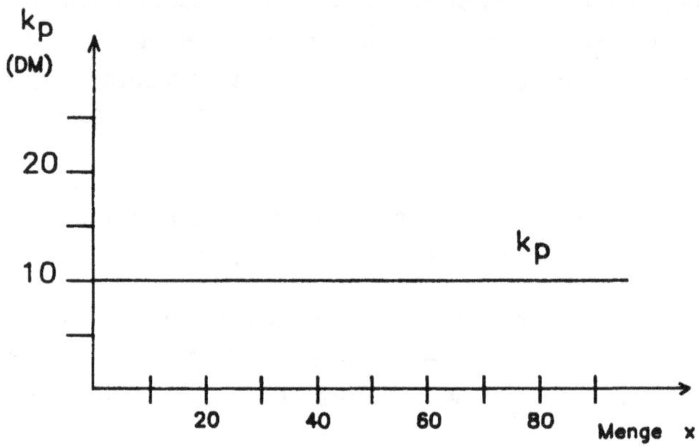

- Zeitabhängige gesamte Kosten

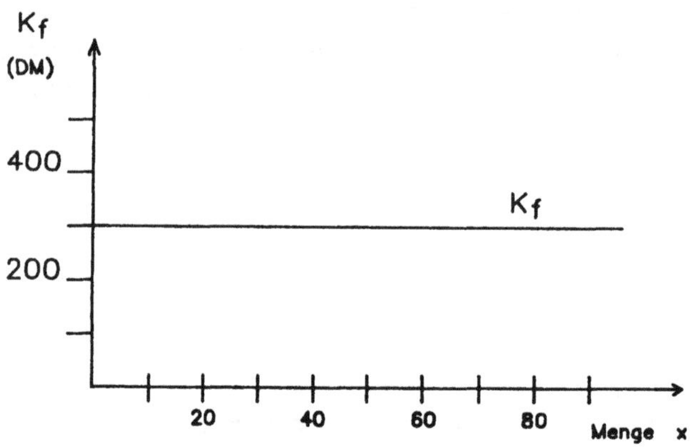

- Zeitabhängige Kosten je Mengeneinheit

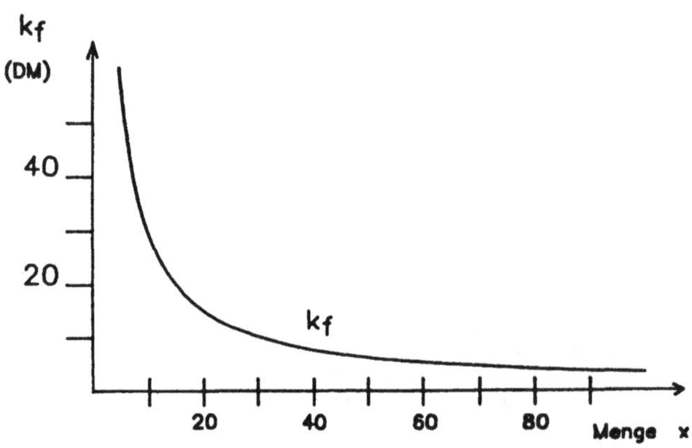

- Gemischter Kostenverlauf

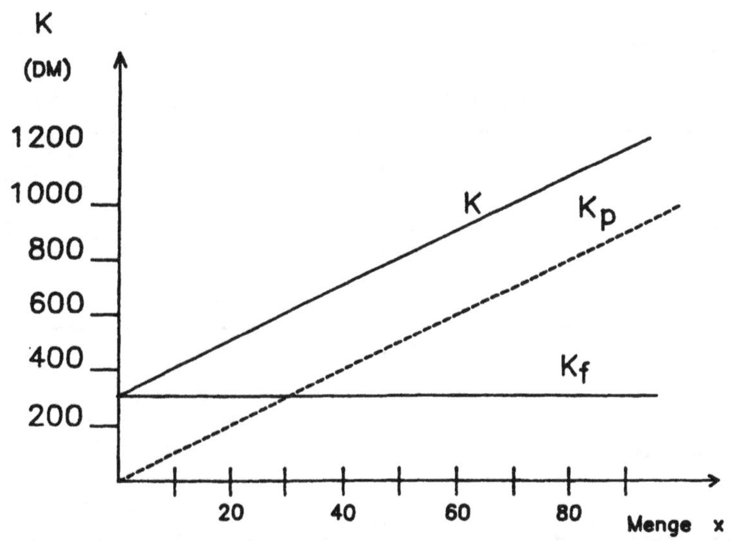

2.3. Die Verfahren der Kostenauflösung

2.3.1. Die buchtechnische Methode

Bei dieser Methode werden die Istkosten vergangener Perioden daraufhin überprüft, wie sie sich bei Beschäftigungsschwankungen verhalten.
Die Anteile der eindeutig fixen oder proportionalen Kosten sind relativ einfach zu bestimmen. Um die fixen und proportionalen Anteile der Mischkosten annähernd genau feststellen zu können, bedarf es der Erfahrung des Kostenrechners.
Da die Kostenarten im Wege des Leistungsprozesses in unterschiedlichen Kostenstellen anfallen und unterschiedliche Bezugsgrößen haben, empfiehlt sich die **differenzierte Betrachtung der Kostenarten je Kostenstelle**.

Beispiel
(Angaben in TDM):

Kostenstellenbereich: Fertigung

Kostenart	gesamt	fix	proportional
Fertigungslöhne	12	--	12
Hilfslöhne	8	2,5	5,5
Sozialkosten	10	1,5	8,5
Werkzeuge	1,5	--	1,5
Abschreibungen	5,5	3,5	2,0
	37	7,5	29,5

Kostenstellenbereich: Verwaltung

Kostenart	gesamt	fix	proportional
Gehälter	9	9	--
Sozialkosten	4	4	--
Büromaterial	0,5	0,3	0,2
Versicherung	1,5	1,5	--
Abschreibungen	1	1	--
	16	15,8	0,2

Kostenstellenbereich: Vertrieb

Kostenart	gesamt	fix	proportional
Gehälter	7	7	--
Sozialkosten	3	3	--
Provision	1,5	--	1,5
Werbung	1	1	--
Verpackung/Versand	O,5	--	0,5
Abschreibungen	1	1	--
	14	12	2

Der Einfachheit der buchtechnischen Methode steht gegenüber, dass man ohne Verwendung statistischer Methoden nur mehr oder weniger genaue Näherungswerte erhält.

2.3.2. Die mathematisch-grafische Methode

Grafisch gesehen wird die Veränderung der Mischkosten zwischen zwei Beschäftigungspunkten betrachtet:

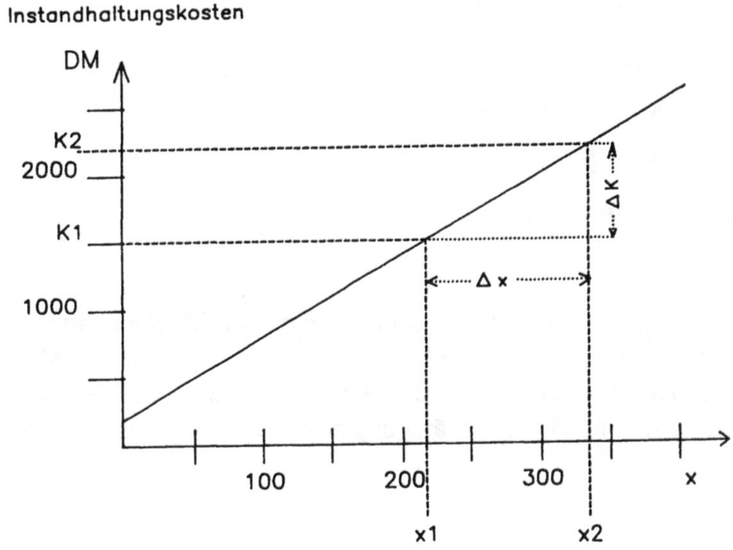

Die Steigung der Geraden und damit die proportionalen Stückkosten lassen sich über den Kostenanstieg und Beschäftigungsanstieg zwischen zwei Punkten dieser Geraden errechnen:

$$\frac{K2 - K1}{x2 - x1} = \frac{2200 - 1500}{330 - 220} = \frac{700}{110} = 6{,}36 = K' = k_p$$

Die Fixkosten lassen sich nun über das Einsetzen der bekannten Kostengrößen ermitteln.

$$K = K_f + k_p * x$$

$$22.000 = K_f + 6{,}36 * 330$$

$$K_f = 101{,}2$$

Somit lautet die Funktion für diese Kostenart:

$$K = 101{,}2 + 6{,}36\ x$$

Beispiel

Es liegen folgende Werte vor:

Beschäftigung 6.700 St; Kosten 33.790 DM
Beschäftigung 7.900 St; Kosten 37.630 DM

$$\frac{37.630 - 33.790}{7.900 - 6.700} = \frac{3.840}{1.200} = 3{,}2$$

$$33790 = K_f + 3{,}2 * 6.700$$

$$K_f = 12.350$$

Funktion: $K = 12.350 + 3{,}2\ x$

Eine weitere mathematische Methode zur Auflösung von Mischkosten ist die Auflösung nach dem Beschäftigungsgrad. Im Gegensatz zur oben gezeigten Methode werden hier nicht die proportionalen Stückkosten ermittelt, sondern es werden die gesamten proportionalen Kosten für die Beschäftigung errechnet, die in einem Punkt gleich 100 % gesetzt wird.

Beispiel
(Zahlen wie oben)

Beschäftigungsgrad	Instandhaltungskosten
100 % (330 Std) = x2	2.200 DM = K2
66,66 % (220 Std) = x1	1.500 DM = K1

Die Kostenveränderung zwischen den Beschäftigungsgraden wird ins Verhältnis gesetzt zur relativen Beschäftigungsschwankung bezogen aus den Beschäftigungsgrad von 100%. Das Ergebnis zeigt die K_p für die Beschäftigung x2:

$$K_p2 = \frac{K2 - K1}{\frac{x2 - x1}{100}} = (K2 - K1) * \frac{100}{x2 - x1} = (2200 - 1500) * \frac{100}{100 - 66{,}66} = 2.099{,}58$$

Bei einer Beschäftigung von 100 % (330 Std) entstehen proportionale Kosten von 2.099,58 DM. Da die gesamten Kosten für diese Beschäftigung bekannt sind, können die fixen Kosten wie folgt ermittelt werden:

$$K = K_f + K_p$$

$2200 = K_f + 2099{,}58$

$K_f = 100{,}42$

Um die k_p zu erhalten, teilt man K_p durch die Beschäftigung:

2.099,58 DM : 330 Std = 6,36 DM/Std

2.3.3. Die statistische Streubildmethode

Auch bei dieser Methode geht man von einem linearen Verlauf der Kostenkurve aus. Die Beschäftigung und die damit verbundenen Kosten werden über ein Jahr hinweg aufgezeichnet.
Diese Daten werden in ein Koordinatensystem eingetragen und freihändig eine Gerade gezeichnet, die möglichst geringe Abstände zu den markierten Punkten aufweist.
Aus dem Schnittpunkt dieser Geraden und der Kostenachse ergeben sich die fixen Kosten pro Monat, mit zwölf multipliziert pro Jahr. Der verbleibende Rest der Kosten stellt die proportionalen Kosten dar.

Beispiel

Monat	Beschäftigung Tsd. St./Monat	Kosten TDM/Monat
Jan.	1,8	1,7
Feb.	2,2	2,2
Mär.	2,4	2,4
Apr.	2,0	1,9
Mai	2,6	2,3
Jun.	2,9	2,7
Jul.	3,1	2,6
Aug.	2,6	2,6
Sep	2,1	2,1
Okt.	2,7	2,7
Nov.	3,4	2,8
Dez.	2,3	2,3
Gesamt	30,1 St./Jahr	28,3 DM/Jahr

Die fixen Kosten liegen laut folgender Grafik bei ungefähr 600 DM/Monat, das sind

12 * 600 = 7.200 DM/Jahr.

Damit ergeben sich variable Gesamtkosten von

28.300 - 7.200 = 21.100 DM/Jahr.

Die proportionalen Stückkosten betragen

21.100 DM : 30.100 St. = 0,7 DM/St.

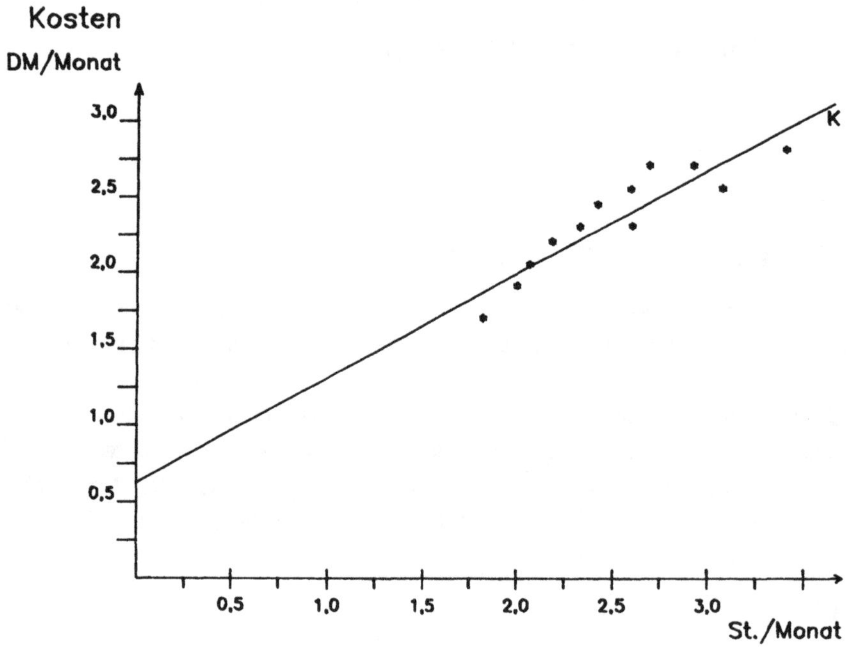

Dieses Verfahren ist aufgrund seiner mangelnden Genauigkeit nur für relativ unwichtige Kostengrößen geeignet.

2.3.4. Methode der kleinsten Quadrate

Durch die statistische Streubildmethode wird die Kostenfunktion nur näherungsweise - und damit gegebenenfalls zu ungenau - ermittelt. Die Methode der kleinsten Quadrate führt im Gegensatz dazu - allerdings unter größerem Rechenaufwand - zu genaueren Werten.

Die Vorgehensweise wird am folgenden Beispiel demonstriert:

1. Schritt

Errechnung der monatsdurchschnittlichen Beschäftigung (Maschinenstunden) und Stromkosten der Maschine:

30.180 M-Std : 12 Monate = 2.515 M-Std/Monat
28.260 DM : 12 Monate = 2.355 DM/Monat

2. Schritt

Ermittlung der Abweichungen der monatlichen Kosten und der Beschäftigung zu den Durchschnittswerten:

Monat	M-Std	Stromkosten/M	Differenzen zum Durchschnitt (2.515 M-Std)	Differenzen zum Durchschnitt (2.355 DM)
	x	K	x^*	K^*
1	1.800	1.725	- 715	- 630
2	2.235	2.175	- 280	- 180
3	2.400	2.385	- 115	30
4	2.070	1.905	- 445	- 450
5	2.550	2.325	35	- 30
6	2.925	2.700	410	345
7	3.060	2.550	545	195
8	2.625	2.625	110	270
9	2.085	2.100	- 430	- 255
10	2.730	2.670	215	315
11	3.360	2.775	845	420
12	2.340	2.325	- 175	- 30
	30.180	28.260		

3. Schritt

Quadrierung der Werte der Beschäftigungsabweichung zum Durchschnittswert; Multiplikation der Werte der Kosten- und Beschäftigungsabweichung:

Monat	Quadrierung Besch.-Abweichung x^{*2}	Multiplikation der Differenzen $x^* * K^*$
1	511.225	450.450
2	78.400	50.400
3	13.225	- 3.450
4	198.025	200.250
5	1.225	- 1.050
6	168.100	141.450
7	297.025	106.275
8	12.100	29.700
9	184.900	109.650
10	46.225	67.725
11	714.025	354.900
12	30.625	5.250
	2.255.100	1.511.550

4. Schritt

Ermittlung des proportionalen Satzes k_p:

$$k_p = \frac{\text{Summe der Produkte aus Beschäftigungsabweichung u. Kostenabweichung}}{\text{Summe der quadrierten Beschäftigungsabweichungen}}$$

$$k_p = \frac{1.511.550}{2.255.100} = 0{,}67 \text{ DM}$$

5. Schritt

Ermittlung der fixen Kosten - Beschäftigung und Kosten zu Durchschnittswerten werden in die Funktion eingesetzt:

$$K = K_f + k_p * x$$

$$2.355{,}\text{--} = K_f + 0{,}67 * 2.515$$

$$2.355{,}\text{--} = K_f + 1.685{,}05$$

$$K_f = 669{,}95$$

Die Kostenfunktion lautet :

Stromkosten = 669,95 + 0,67 * M-Std

(K = 669,95 + 0,67 * x)

Inhaltlich basieren die fünf aufgezeigten Vorgehensschritte auf folgendem Gleichungssystem:

(Def.: K_i = Kosten der Periode; x_i = Beschäftigung der Periode)

$$\text{I} \quad k_p * \sum_{i=1}^{12} x_i + 12 \times K_f = \sum_{i=1}^{12} K_i$$

$$\text{II} \quad k_p * \sum_{i=1}^{12} x_i^2 + K_f * \sum_{i=1}^{12} x_i = \sum_{i=1}^{12} K_i x_i$$

I	k_p * 30.180	+ 12 K_f	= 28.260	
II	k_p * 78.157.800	+ 30.180 K_f	= 72.585.450	(:10
I'	30.180 k_p	+ 12 K_f	= 28.260	(* 3.018
II'	7.815.780 k_p	+ 3.018 K_f	= 7.258.545	(* 12
I"	91.083.240 k_p	+ 36.216 K_f	= 85.288.680	
II"	93.789.360 k_p	+ 36.216 K_f	= 87.102.540	(-

$$- 2.706.120\ k_p = - 1.813.860$$

$$k_p = 0{,}67$$

$$30.180 \times 0{,}67 + 12\ K_f = 28.260$$

$$12\ K_f = 8.039{,}40$$

$$K_f = 669{,}95$$

Kostenfunktion: $K = 669{,}95 + 0{,}67 * x$

Aufgabe

In einer Unternehmung sind in den letzten zwölf Kostenrechnungsperioden zusammen 200.190 DM Stromkosten angefallen, außerdem wurden 30.151 Maschinenstunden gefahren. Wie lautet die betriebsspezifische Kostenfunktion?

Folgende Einzelergebnisse ergaben sich pro Kostenrechnungsperiode:

Monat	Ist-Besch. Std/Monat	durchschnittliche Beschäftigungsabweichung Std/Monat	Istkosten DM/Monat	durchschnittliche Kostenabweichung DM/Monat		
	x	x^*	K	K^*	x^{*2}	$x^* \cdot K^*$
1	2.650		18.000			
2	2.300		14.600			
3	2.200		16.500			
4	2.550		16.200			
5	2.715		16.150			
6	2.625		15.900			
7	2.590		15.850			
8	2.468		16.100			
9	2.500		17.250			
10	2.530		17.800			
11	2.518		17.850			
12	2.505		17.990			

2.4. Die Ermittlung des Break-Even-Points (BEP)

Die Break-Even-Analyse stellt die Beziehungen zwischen Beschäftigung, Kosten und Erlösen dar. Dabei handelt es sich insbesondere um die Errechnung derjenigen Beschäftigung bzw. derjenigen Erlöse, bei denen die gesamten Kosten in dem Abrechnungszeitraum gerade vom Erlös gedeckt werden.

Dieser Punkt wird als Break-Even-Point (BEP) oder auch Nutzenschwelle bezeichnet. Vor dem BEP befindet sich ein Unternehmen im Verlustbereich, nach dem Überschreiten des BEP beginnt der Gewinnbereich.

Die BEP-Analyse kann für Einproduktunternehmen als Ganzes, für bestimmte Abteilungen, Platzkostenstellen, Artikel oder Artikelgruppen durchgeführt werden.

Wenig sinnvoll ist es hingegen, eine Analyse für einen Mehrproduktbetrieb als Ganzes mit durchschnittlichen Erlös- und Kostenfunktionen durchzuführen, da eine Beurteilung für einzelne Produktarten aufgrund von Durchschnittswerten des Betriebes nicht aussagefähig ist.

Grundlage für die Durchführung einer BEP-Analyse ist die Kostenauflösung. So können die Fixkosten als Block behandelt werden, während die proportionalen Kosten abhängig von der jeweiligen Beschäftigung sind.

(Die grafische Ermittlung des BEP wurde anhand der folgenden Abbildung durchgeführt.)

GRAFISCHE ERMITTLUNG DES BEP

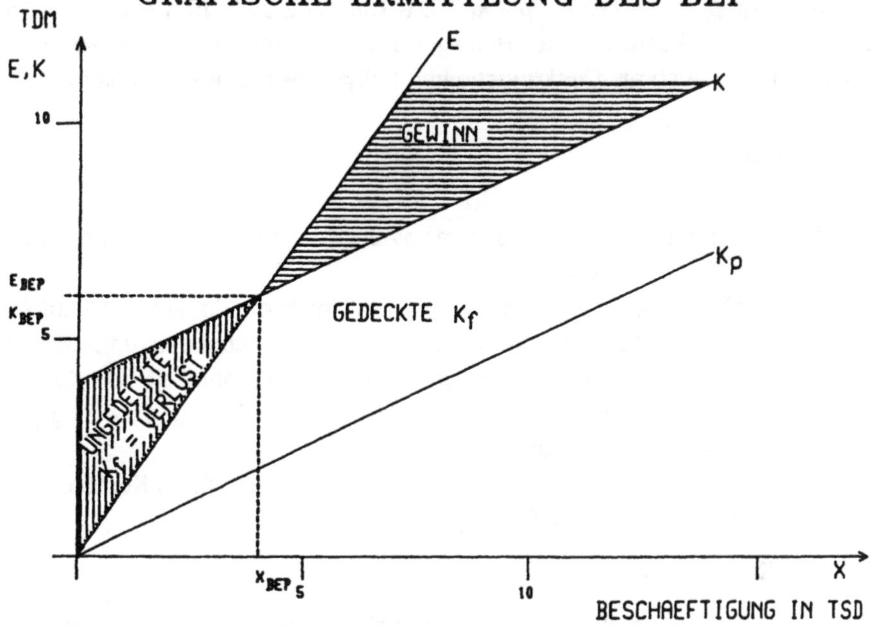

Die rechnerische Ermittlung ergibt sich wie folgt:
Aus der Abbildung wird ersichtlich, dass im BEP Kosten und Erlöse (E) gleich sind:

$$E = K$$

Die Summe der Erlöse errechnet sich durch Multiplikation der abgesetzten Menge (x) mit den Preisen (p):

$$E = p * x$$

Die Gesamtkosten setzen sich aus fixen und proportionalen Kosten zusammen:

$$K = K_f + k_p * x$$

Durch Gleichsetzung der Erlös- und Kostenfunktion und anschließender Auflösung nach x wird der Schnittpunkt der Funktionen ermittelt:

$$p * x = K_f + k_p * x$$

$$px - k_p x = K_f$$

$$x(p - k_p) = K_f$$

$$x_{BEP} = \frac{K_f}{p - k_p}$$

Der Nenner des Bruches lautet "p - k_p". Die Differenz zwischen Preis pro Stück und proportionalen Stückkosten ist der Betrag, der dazu dient, einen Teil der fixen Kosten zu decken; er wird auch als Deckungsbeitrag (DB_{ST}) bezeichnet. Somit gilt:

$$x_{BEP} = \frac{K_f}{DB_{ST}}$$

Rein mathematisch gibt diese Formel zwar einen Sinn, doch was steckt - betriebswirtschaftlich betrachtet - dahinter?
Der Deckungsbeitrag pro Stück deckt einen Teil der fixen Kosten. Demzufolge deckt der gesamte Deckungsbeitrag, der sich analog zum Stückdeckungsbeitrag durch Erlöse abzüglich proportionaler Kosten errechnet, in Abhängigkeit von der jeweiligen Beschäftigung größere Teile der fixen Kosten ab; ist der Deckungsbeitrag größer als die Fixkosten, entsteht ein Gewinn.
Im BEP ist der Gesamtdeckungsbeitrag gleich den gesamten fixen Kosten. Es entsteht noch kein Gewinn! Somit gilt im BEP:

$$E - K_p = DB = K_f$$

Die Formel bekommt so auch betriebswirtschaftlich ihren Sinn, da sie inhaltlich bedeutet:

$$x_{BEP} = \frac{E - K_p}{p - k_p} = \frac{DB}{DB_{ST}}$$

Der Deckungsbeitrag dient also zur Deckung der fixen Kosten. Ist er größer als die fixen Kosten, so verbleibt ein Gewinn - ist er kleiner, so entsteht ein Verlust.

Aus diesem Grund ist eine errechneter BEP-Menge bei produzierten ganzen Einheiten immer auf ganze Zahlen aufzurunden. Eine Abrundung hätte eine Produktion im Verlustbereich zur Folge.

Der BEP für die Kosten und Erlöse ergibt sich durch Multiplikation BEP-Menge mit dem Preis:

$$E_{BEP} = p * x_{BEP}$$

Soll der BEP-Erlös direkt ermittelt werden, ohne Umweg über die Menge, so setzt man den Preis gleich 100 %, während man den Deckungsbeitrag pro Stück zu ihm ins Verhältnis setzt:

$$p = 100\ \%$$

$$DB_{ST} = ?\ \%$$

Die Berechnung des BEP-Erlöses erfolgt folgendermaßen:

$$E_{BEP} = \frac{K_f}{DB_{\%}}$$

Die Sicherheitsstrecke stellt das Maß dar, um das ein geplanter Erlös zurückgehen kann, bevor der Eintritt in die Verlustzone erfolgt. Bezeichnet wird der prozentuale Anteil des geplanten Erlöses. Die Sicherheitsstrecke (S) wird ermittelt durch:

$$S = \frac{E_{PLAN} - E_{BEP}}{E_{PLAN}} * 100$$

Im Rahmen der Gewinnmaximierung ist es für die Unternehmen besonders wichtig zu wissen, wie sich Änderungen der Bezugsgrößen Fixkosten, proportionale Kosten, Preis und Menge auf den Gewinn auswirken.

In den bisherigen Darstellungen wurde der Gewinn oder Verlust und auch der Deckungsbeitrag stets als eine Fläche dargestellt - ein direktes Ablesen war nicht möglich.

Um die Auswirkungen der o.a. Bezugsgrößenänderungen deutlicher zu machen, verwendet man das Gewinn-Erlös-Diagramm.

Die folgende Abbildung stellt die alte und neue Darstellungsform im direkten Vergleich gegenüber. Man erkennt, dass die Erlösgerade über die Fixkostengerade als Abszisse gekippt wurde. Sie ist die Ausgangsgröße für die Überlegungen.
Die Höhe des Deckungsbeitrages ist an der Höhe der Deckungsbeitrags-Linie ablesbar, der Gewinn auf der Ordinate.
Dabei gibt die DB-Linie im Lot des jeweiligen Erlöses folgenden Sachverhalt wieder:

$$Gewinn = - K_f + (E - k_p x)$$

Eine **Anmerkung** zur Entwicklung eines Gewinn-Erlös-Diagramms und zum Fixieren der DB-Linie:
Die fixen Kosten verursachen einen Verlust in voller Höhe, sofern keine Verkaufserlöse erzielt werden. Insofern kann der erste Punkt der DB-Linie bei Erlös 0 und entsprechender Fixkostenhöhe im negativen Bereich der Ordinate festgelegt werden.

Der zweite Punkt ergibt sich dort, wo die fixen Kosten gerade voll gedeckt sind, der Gewinn im E_{BEP} also Null ist.
Durch die Verbindung der beiden Punkte entsteht die DB-Linie.

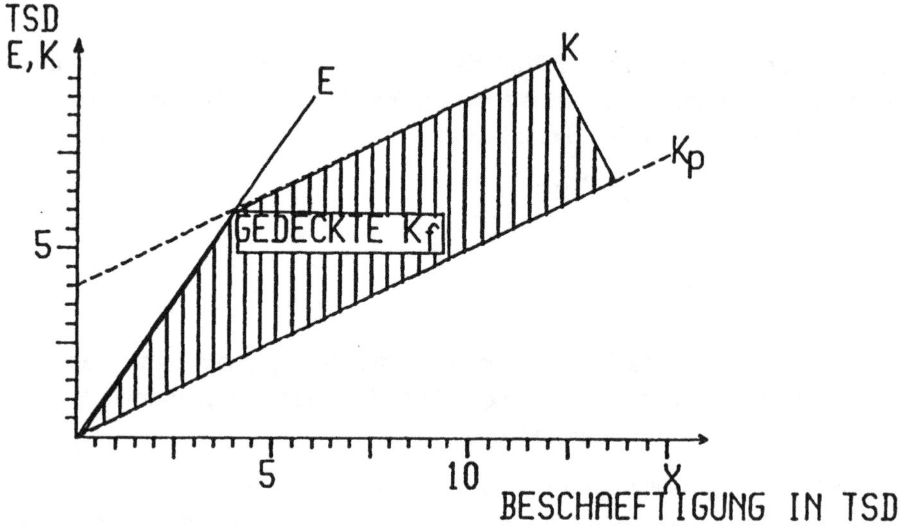

GEWINN – ERLOES DIAGRAMM

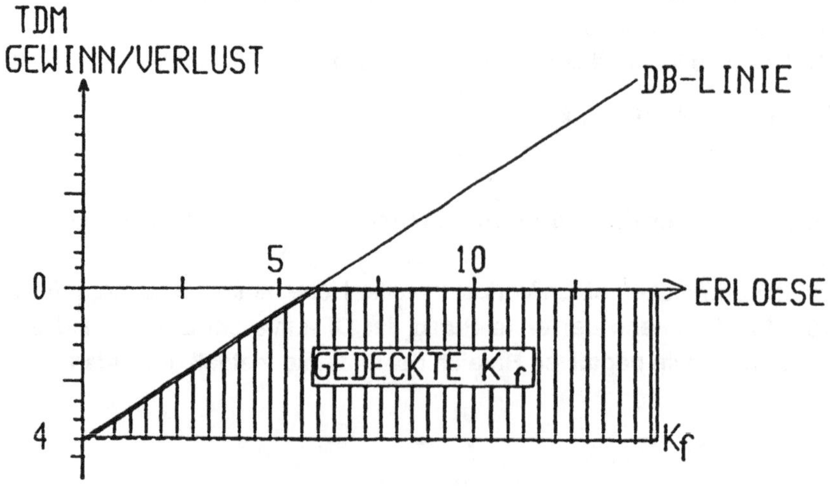

Beispiel

Es folgt nun ein Beispiel für die Anwendung der bisher aufgeführten Formeln. Folgende Kostenpunkte sind bekannt: K1 = (2.000, 5.000); K2 = (10.000, 9.000)

(Die x-Werte stellen die Beschäftigung, die y-Werte die Kosten dar.)

Angestrebt ist ein Erlös von: E = (8.000, 12.000)

1. Ermittlung des Preises:

$$E = p * x$$

$$12.000 = p * 8.000$$

$$p = 1,50$$

2. Kostenauflösung (zur Ermittlung der Funktion):

$$k_p = \frac{K2 - K1}{x2 - x1}$$

$$k_p = \frac{9.000 - 5.000}{10.000 - 2.000}$$

$$k_p = 0,5$$

$$K = K_f + k_p * x$$

$$5.000 = K_f + 0,5 * 2.000$$

$$K_f = 4.000$$

$$K = 4.000 + 0,5x$$

3. Ermittlung des x_{BEP}:

$$E = K$$

$$\text{bzw. } p * x = K_f + k_p * x$$

$$1,5\,x = 4.000 + 0,5x$$

$$x_{BEP} = 4.000$$

4. Ermittlung des E_{BEP}:

$$E_{BEP} = p * x_{BEP}$$

$$E_{BEP} = 1,5 * 4.000$$

$$E_{BEP} = 6.000$$

5. Ermittlung der Sicherheitsstrecke:

$$S = \frac{E_{PLAN} - E_{BEP}}{E_{PLAN}} * 100$$

$$S = \frac{12.000 - 6.000}{12.000} * 100$$

$$S = 50\ \%$$

6. Direkte Ermittlung des E_{BEP}:

$$1{,}5\ (p) = 100\ \%$$

$$1\ (p - k_p) = 66\ 2/3\ \%$$

$$E_{BEP} = \frac{K_f}{DB_{ST}} * 100$$

$$E_{BEP} = \frac{4.000}{66\ 2/3} * 100$$

$$E_{BEP} = 6.000$$

Die folgende Abbildung stellt dieses Beispiel im Koordinatensystem dar.

ERLOESBEZOGENE BETRACHTUNG

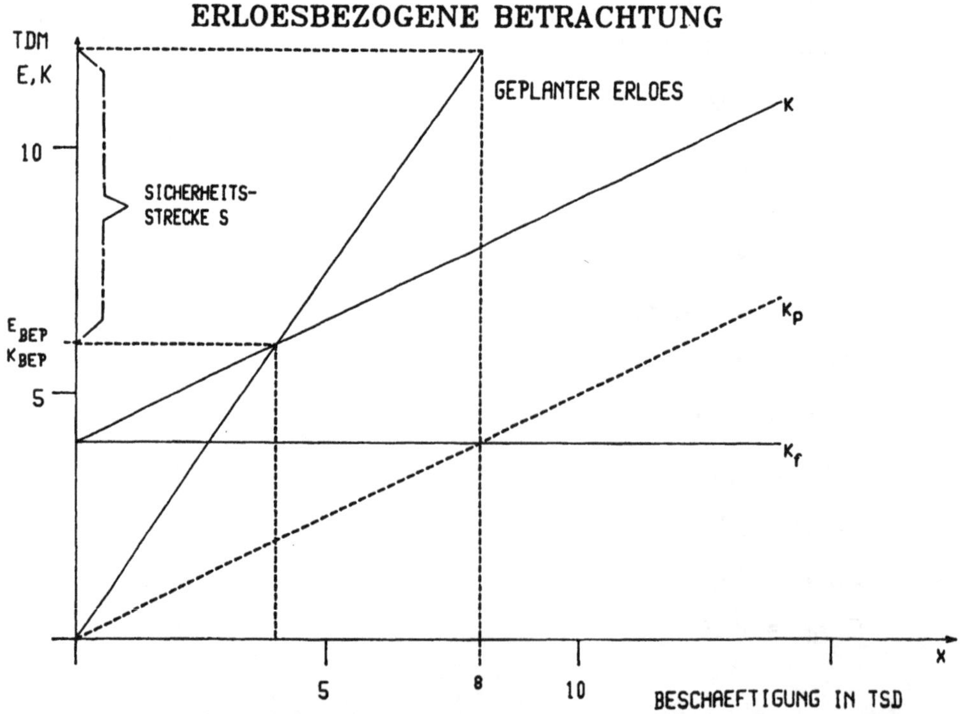

2.4.1. Die stückbezogene Betrachtung des BEP

Die stückbezogene Betrachtung des BEP ist eine Alternative zur bisherigen Erlös- bzw. Gesamtkostenbetrachtung. Der BEP lässt sich nicht nur für eine Produktart (im Diagramm: E, K), sondern auch für ein Produkt (im Diagramm: p, k) darstellen.

Bei einer späteren Analyse lassen sich dann Änderungen von Absatzmenge, Preis und Kosten auf den BEP und auf den Stückgewinn darstellen.

Beispiel

Ein Unternehmen hat folgendes Ergebnis erwirtschaftet:

Verkaufserlöse:	8.000 * 1,50 =	12.000	100 %
- K_p	8.000 * 0,50 =	4.000	33 1/3 %
= DB		8.000	66 2/3 %
- K_f		4.000	33 1/3 %
= Gewinn		4.000	33 1/3 %

$$E_{BEP} = \frac{4.000}{66\ 2/3} * 100 = 6.000$$

Der stückbezogene BEP errechnet sich wie folgt:

Preis pro Stück	1,50
- k_p	0,50
= DB_{ST}	1,00

Unter dem Einfluss des Degressionseffektes der fixen Stückkosten (k_f) entwickeln sich die Stückkosten und Stückgewinne folgendermaßen:

	1000	2000	3000	4000	5000
p	1,5	1,5	1,5	1,5	1,5
k_p	0,5	0,5	0,5	0,5	0,5
k_f	4,-	2,-	1,3	1,0	0,8
- k	4,5	2,5	1,8	1,5	1,3
= g	- 3,0	- 1,0	- 0,3	0,0	+ 0,2
				↑ BEP	

Diese Zahlenwerte sind in der nachfolgenden Grafik aufbereitet. Es zeigt sich, dass der x_{BEP} dort liegt, wo der Preis gleichhoch wie die Stückkosten ist.

STUECKBEZOGENE BETRACHTUNG

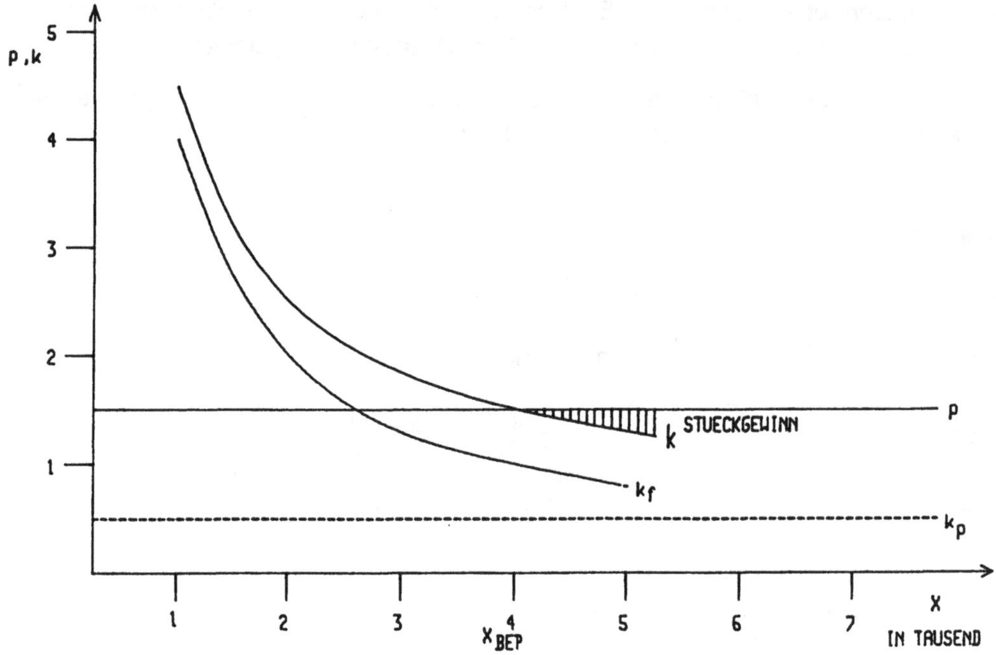

2.4.2. Der BEP in Abhängigkeit von Bezugsgrößenänderungen

a) Preisänderungen

Preisänderungen und ihre Auswirkungen auf den BEP

Der x_{BEP} errechnet sich nach der Formel

$$x_{BEP} = \frac{K_f}{p - k_p} .$$

Durch diese Beziehung wird ersichtlich, dass der Divisor kleiner wird, wenn der Preis sinkt und demnach die BEP-Menge größer wird. Steigt hingegen der Preis, so wird der Divisor größer, die BEP-Menge kleiner.

Beispiel

$K_f = 4.000$ $\quad p_0 = 1{,}50$

$k_p = 0{,}50$ $\quad p_1 = p_0 + 40\ \% = 2{,}10$

$x = 8.000$ $\quad p_2 = p_0 - 40\ \% = 0{,}90$

Ausgangssituation: $p_0 = 1{,}50$ DM

$$x_{BEP0} = \frac{4.000}{1{,}50 - 0{,}50} = 4.000$$

$$E_{BEP0} = 4.000 * 1{,}5 = 6.000$$

Preiserhöhung: $p_1 = 2{,}10$ DM

$$x_{BEP1} = \frac{4.000}{2{,}10 - 0{,}50} = 2.500$$

$$E_{BEP1} = 2.500 * 2{,}1 = 5.250$$

Preissenkung: $p_2 = 0{,}90$ DM

$$x_{BEP2} = \frac{4.000}{0{,}90 - 0{,}50} = 10.000$$

$$E_{BEP2} = 10.000 * 0{,}9 = 9.000$$

Preisänderungen und ihre Auswirkungen auf den Gewinn

Durch die doppelte Auswirkung von Erlösänderungen und Steigungsänderung der DB-Linie ist die Gewinnauswirkung stärker als bei anderen Bezugsgrößenänderungen. Das zeigt auch die folgende Aufstellung und das anschließende Diagramm.

Preisänderung	- 40 % p_2=0,9	100 % p_0=1,5	+ 40 % p_1=2,1
Erlöse	7.200	12.000	16.800
- K_p	4.000	4.000	4.000
= DB	3.200	8.000	12.800
- K_f	4.000	4.000	4.000
= Gewinn	- 800	+ 4.000	+ 8.800

Preisaenderung u. BEP

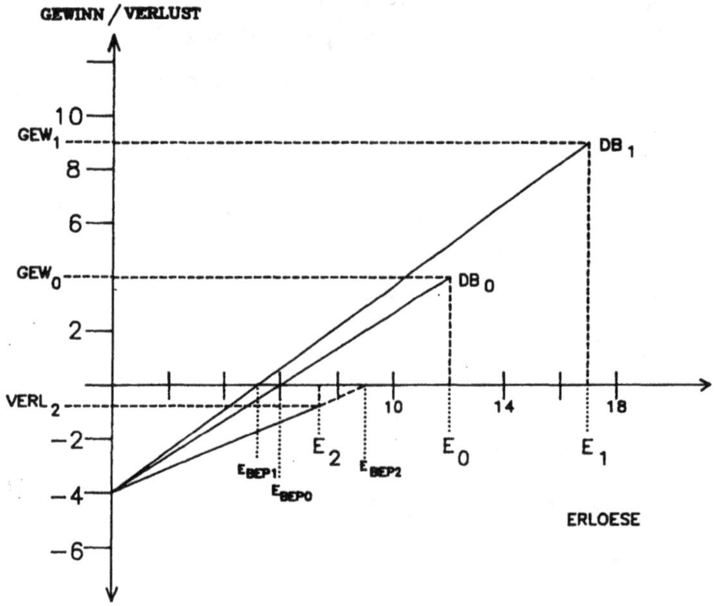

Preisaenderung u. Gewinn

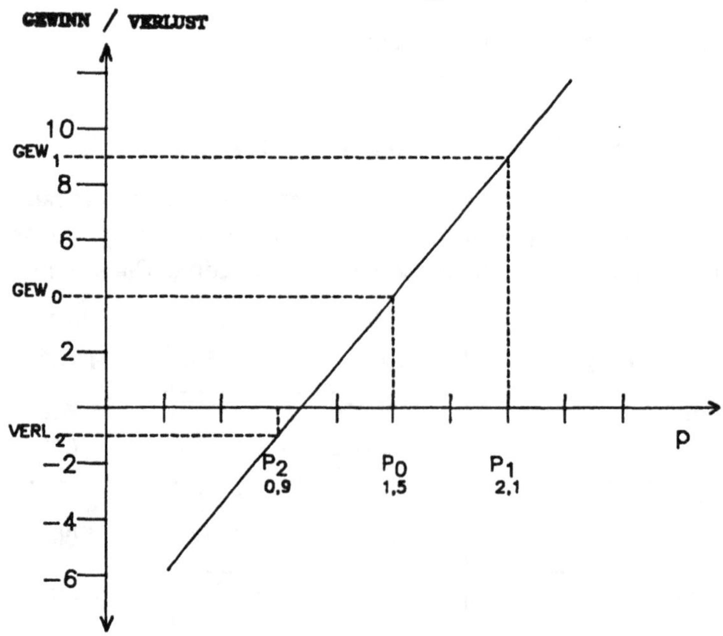

b) Absatzmengenänderungen

Absatzmengenänderungen und ihre Auswirkungen auf den BEP

Die Formel zeigt, dass sich eine Mengenänderung nicht auf den BEP auswirkt, lediglich die Erlöspunkte verschieben sich.

$$x_{BEP} = \frac{K_f}{p - k_p}$$

Beispiel

$K_f = 4.000$ $\quad x_0 = 8.000$

$k_p = 0{,}50$ $\quad x_1 = x_0 + 40\ \% = 11.200$

$p = 1{,}50$ $\quad x_2 = x_0 - 40\ \% = 4.800$

$$x_{BEP0,1,2} = \frac{4.000}{1{,}50 - 0{,}50} = 4.000$$

$$E_{BEP0,1,2} = 4.000 * 1{,}5 = 6.000$$

Absatzmengenänderungen und ihre Auswirkungen auf den Gewinn

Die Steigung der DB-Linie ist die gleiche wie bei der Gewinnauswirkung. Die Situation ist der folgenden Tabelle und Grafik zu entnehmen.

Mengenänderung	- 40 % x_2=4.800	100 % x_0=8.000	+ 40 % x_1=11.200
Erlöse	7.200	12.000	16.800
- K_p	2.400	4.000	5.600
= DB	4.800	8.000	11.200
- K_f	4.000	4.000	4.000
= Gewinn	+ 800	°+ 4.000	°+ 7.200

Mengenaenderung u. BEP

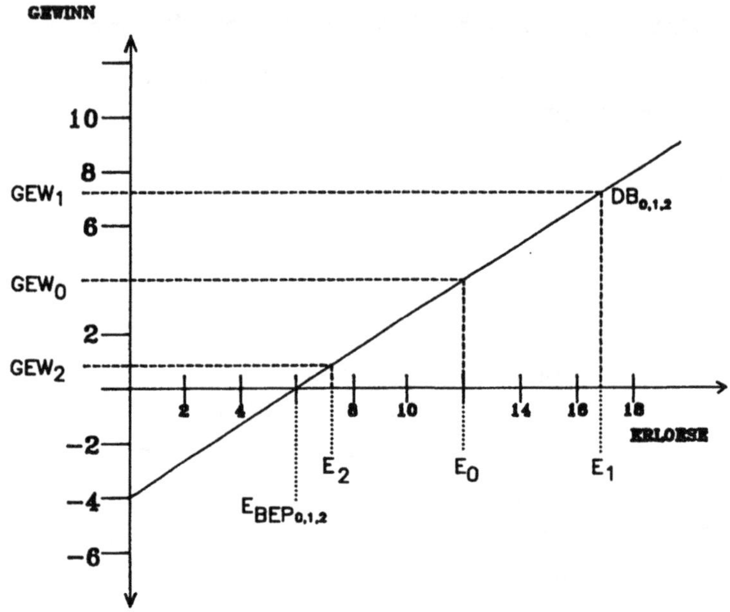

Mengenaenderung u. Gewinn

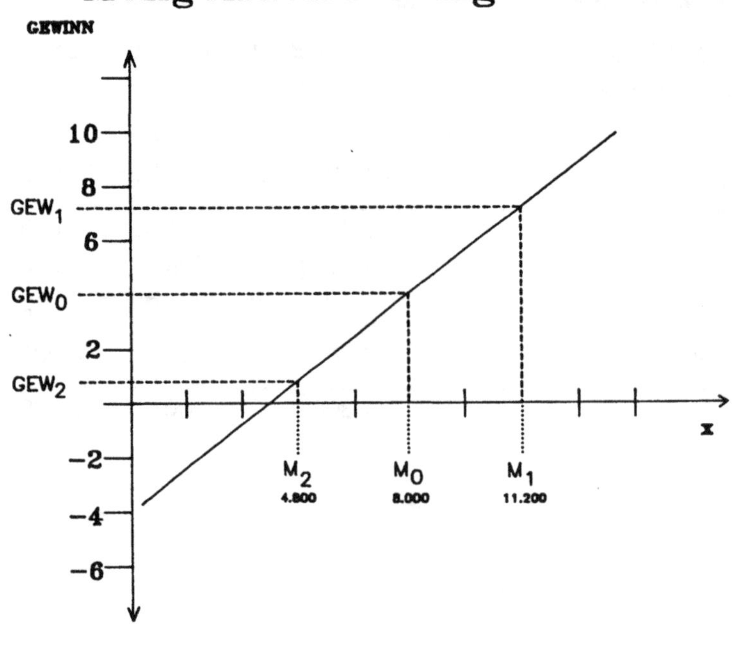

c) Änderungen der proportionalen Kosten

Änderungen der proportionalen Kosten und ihre Auswirkungen auf den BEP

Unsere Ausgangsbeziehung macht deutlich, dass bei Sinken der proportionalen Kosten (k_p) der Nenner größer wird und die BEP-Menge demnach kleiner. Steigen die proportionalen Stückkosten, so wird die BEP-Menge größer.

Beispiel

K_f = 4.000 k_{p0} = 0,50
p = 1,5 k_{p1} = k_{p0} + 40 % = 0,70
x = 8.000 k_{p2} = k_{p0} - 40 % = 0,30

Ausgangsituation: k_{p0} = 0,50 DM

$$x_{BEP0} = \frac{4.000}{1,50 - 0,50} = 4.000$$

$$E_{BEP0} = 4.000 * 1,5 = 6.000$$

Erhöhung der proportionalen Kosten: k_{p1} = 0,70 DM

$$x_{BEP1} = \frac{4.000}{1,50 - 0,70} = 5.000$$

$$E_{BEP1} = 5.000 * 1,5 = 7.500$$

Verringerung der proportionalen Kosten: k_{p2} = 0,30 DM

$$x_{BEP2} = \frac{4.000}{1,50 - 0,30} = 3.334$$

$$E_{BEP2} = 3.334 * 1,5 = 5.001$$

Änderungen der proportionalen Kosten und ihre Auswirkungen auf den Gewinn

In diesem Fall bleiben die Erlöse konstant, da die Menge und der Preis sich nicht verändern. Dieses wird bei der Durchsicht folgender Grafik deutlich.

Änderung der prop. Kosten	- 40 % k_{p2}=0,3	100 % k_{p0}=0,5	+ 40 % k_{p1}=0,7
Erlöse	12.000	12.000	12.000
- K_p	2.400	4.000	5.600
= DB	9.600	8.000	6.400
- K_f	4.000	4.000	4.000
= Gewinn	+ 5.600	+ 4.000	+ 2.400

k_p – Aenderung u. BEP

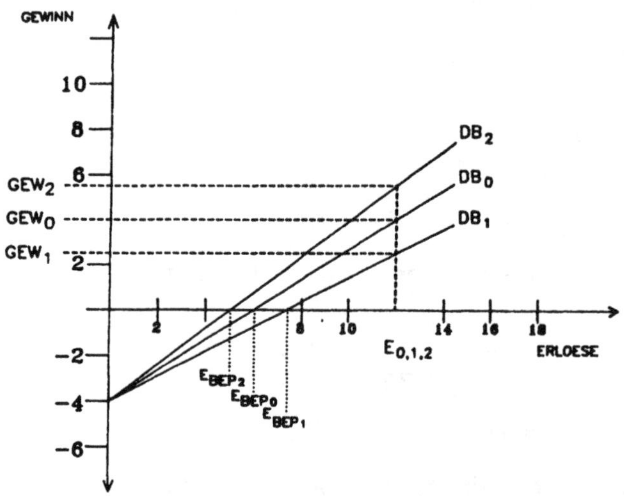

k_p– Aenderung u. Gewinn

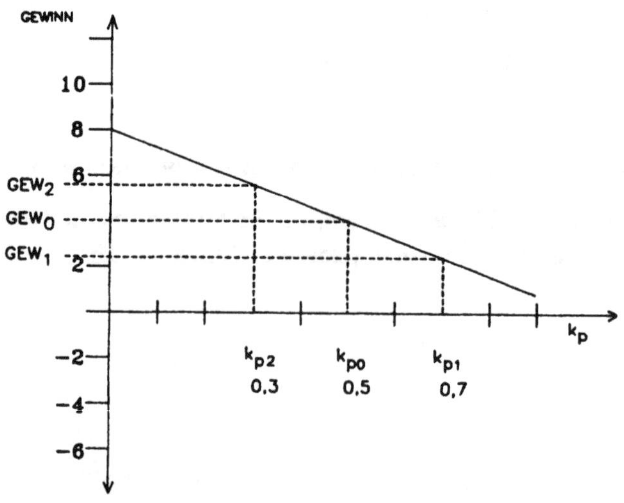

d) Änderungen der fixen Kosten

Änderungen der fixen Kosten und ihre Auswirkungen auf den BEP

Die Formel lässt wiederum erkennen, dass bei steigenden fixen Kosten der Dividend größer wird, und sich daher die BEP-Menge erhöht und umgekehrt.

$$x_{BEP} = \frac{K_f}{p - k_p}$$

Beispiel

$$p = 1{,}5 \qquad K_{f0} = 4.000$$
$$k_p = 0{,}50 \qquad K_{f1} = K_{f0} + 40\,\% = 5.600$$
$$x = 8.000 \qquad K_{f2} = K_{f0} - 40\,\% = 2.400$$

Ausgangssituation: K_{f0} = 4.000 DM

$$x_{BEP0} = \frac{4.000}{1{,}50 - 0{,}50} = 4.000$$

$$E_{BEP0} = 4.000 * 1{,}5 = 6.000$$

Erhöhung der fixen Kosten: K_{f1} = 5.600 DM

$$x_{BEP1} = \frac{5.600}{1{,}50 - 0{,}50} = 5.600$$

$$E_{BEP1} = 5.600 * 1{,}5 = 8.400$$

Verringerung der fixen Kosten: K_{f2} = 2.400 DM

$$x_{BEP2} = \frac{2.400}{1{,}50 - 0{,}50} = 2.400$$

$$E_{BEP2} = 2.400 * 1{,}5 = 3.600$$

Änderungen der fixen Kosten und ihre Auswirkungen auf den Gewinn

Die fixen Kosten wirken sich direkt auf den Gewinn aus, das heißt, der Gewinn steigt im gleichen Maß, wie die fixen Kosten sinken. Die Steigung der Geraden ist -1.

Die folgenden Abbildungen zeigen auch, dass die Auswirkungen von Preisänderungen auf den Gewinn verhältnismäßig stärker sind, als die Variationen der anderen Bezugsgrößen.

Änderung der fixen Kosten	- 40 % K_{f2}=2.400	100 % K_{f0}=4.000	+ 40 % K_{f1}=5.600
Erlöse	12.000	12.000	12.000
- K_p	4.000	4.000	4.000
= DB	8.000	8.000	8.000
- K_f	2.400	4.000	5.600
= Gewinn	+ 5.600	+ 4.000	+ 2.400

K_f – Aenderung u. BEP

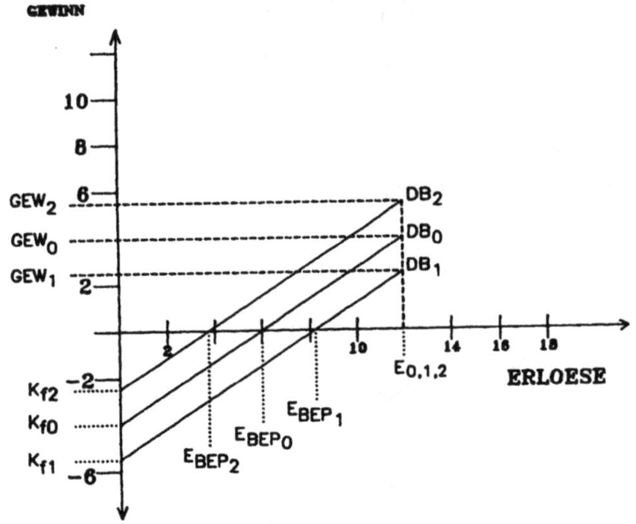

K_f – Aenderung u. Gewinn

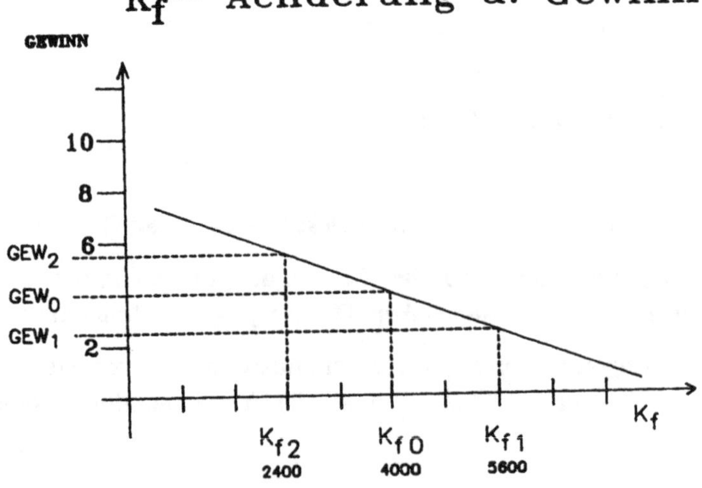

Preisaenderung u. Gewinn

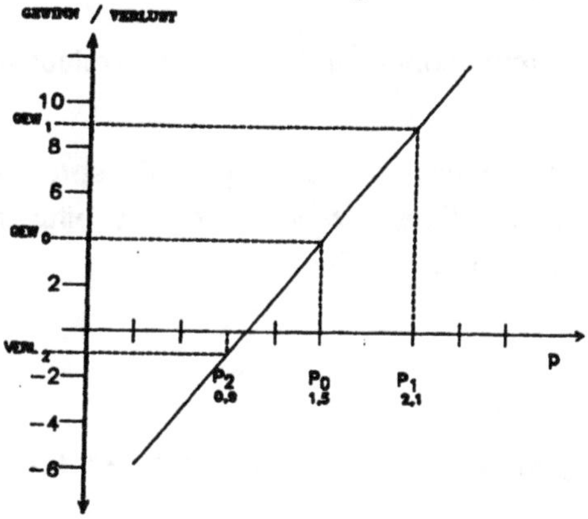

Mengenaenderung u. Gewinn

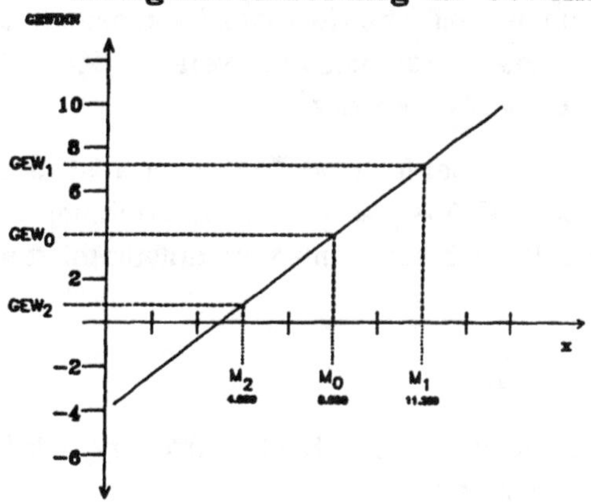

k_p– Aenderung u. Gewinn

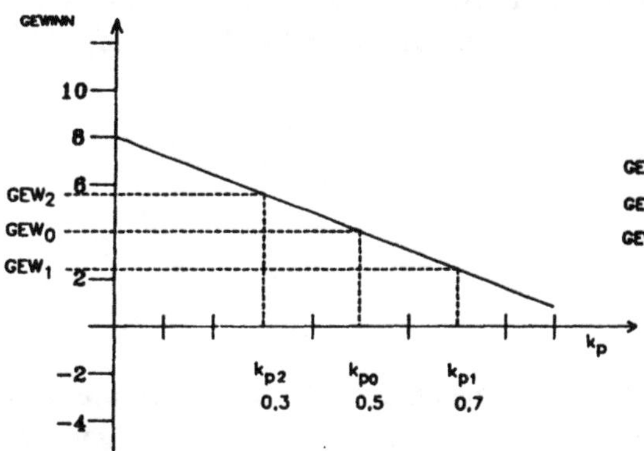

K_f– Aenderung u. Gewinn

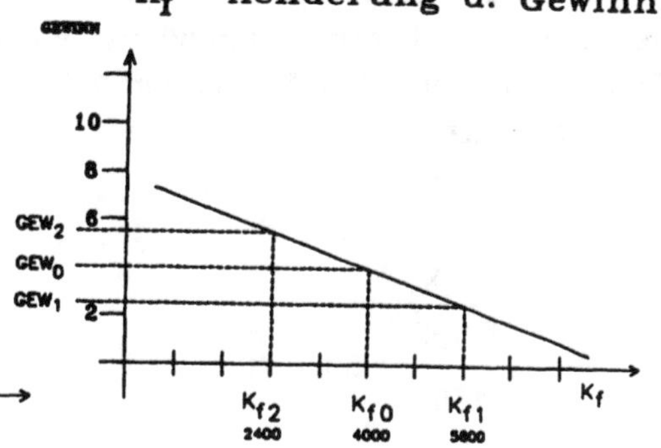

2.4.3. Die Break-Even-Analyse für einen Maschinenplatz

Wenn aufgrund verschiedener Produktionsfaktoren mit verschiedenen Kostenfunktionen eine Aussage bezüglich des BEP für ein Produkt gemacht werden soll, reicht eine durchschnittliche Kostenfunktion nicht aus.
In diesem Fall muss mit verschiedenen Kostenfunktionen und BEPs als Teilaussage argumentiert werden.

Ein Beispiel für eine Teilaussage ist dann die Maschinenplatzanalyse. Entsprechend der BEP-Analyse für ein Unternehmen können zur Gesamtbetrachtung die einzelnen Deckungsbeitragslinien nur aufsummiert werden (siehe VIII.5).

Beispiel

Durch analytische Kostenauflösung wird folgende Kostenfunktion für einen Maschinenplatz ermittelt:

$$K = 6.000 \text{ DM} + 30 \text{ DM} * \text{Maschinenstunden}$$

Um eine BEP-Analyse durchführen zu können, bedarf es einer Erlösgeraden. Stellvertretend wird in diesem Fall zunächst der Vollkostenverrechnungssatz verwendet. Auf Basis einer Planbeschäftigung von 150 Maschinenstunden ergibt sich folgender Verrechnungssatz:

$$\frac{K_f}{x} + k_p = k$$

$$\frac{6.000}{150} + 30 = 70$$

Auf Vollkostenbasis müssen pro Maschinenstunde mindestens 70 DM berechnet werden, um die Fixkosten und proportionalen Kosten bei einer Beschäftigung von 150 Std/Monat zu decken. Man kann hier auch von einer langfristigen "Teil-" preisuntergrenze sprechen.

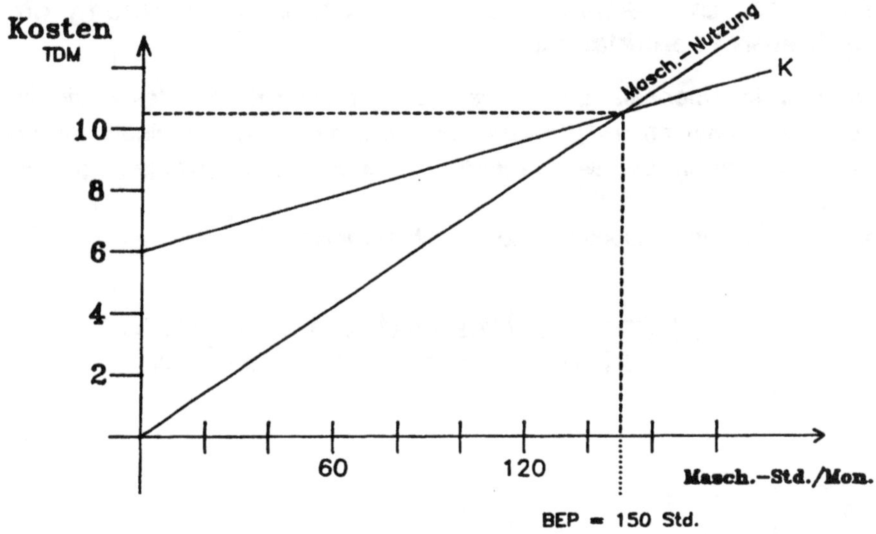

Wird auf den Vollkostenverrechnungssatz ein Gewinnzuschlag von 14,29 % verrechnet, so ergibt sich der neue BEP:

	Vollkostenverrechnungssatz	70,–
+	14,29 % Gewinnzuschlag	10,–
	Verkaufspreis pro Masch-Std	80,–
-	prop. Kosten pro Masch-Std	30,–
=	Deckungsbeitrag	50,–

BEP = 6.000 : 50 = 120 Maschinenstunden

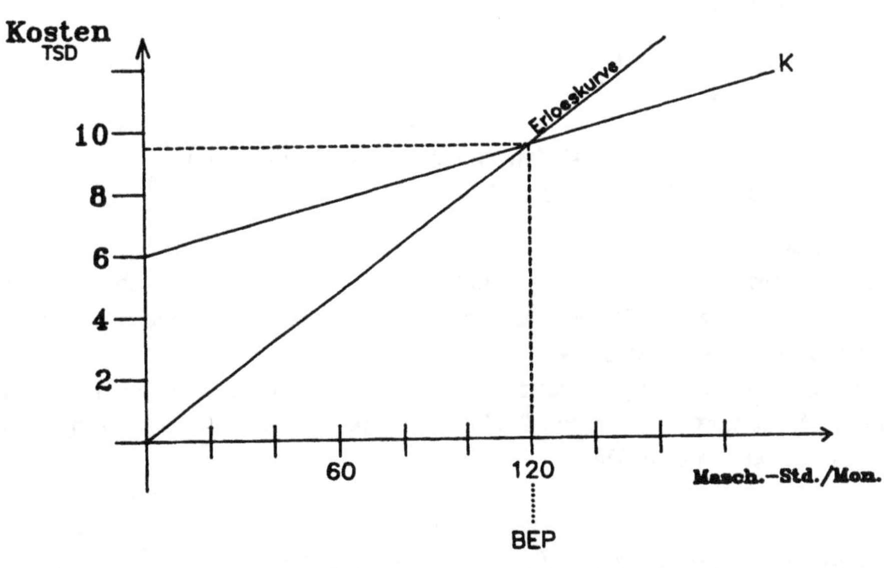

2.4.4. Die Break-Even-Analyse für eine Gesamtunternehmung mit mehreren Produktarten

Ausgehend von der Überlegung, dass die gesamten fixen Kosten des Betriebes und die Erlöse jeder Produktart (PA) bekannt sind, ermittelt man Kombinationen von zu fertigenden Produktarten, die Gewähr leisten, dass der Deckungsbeitrag größer oder gleich Null ist.
Die folgende Grafik zeigt beispielhaft die Vorgehensweise.

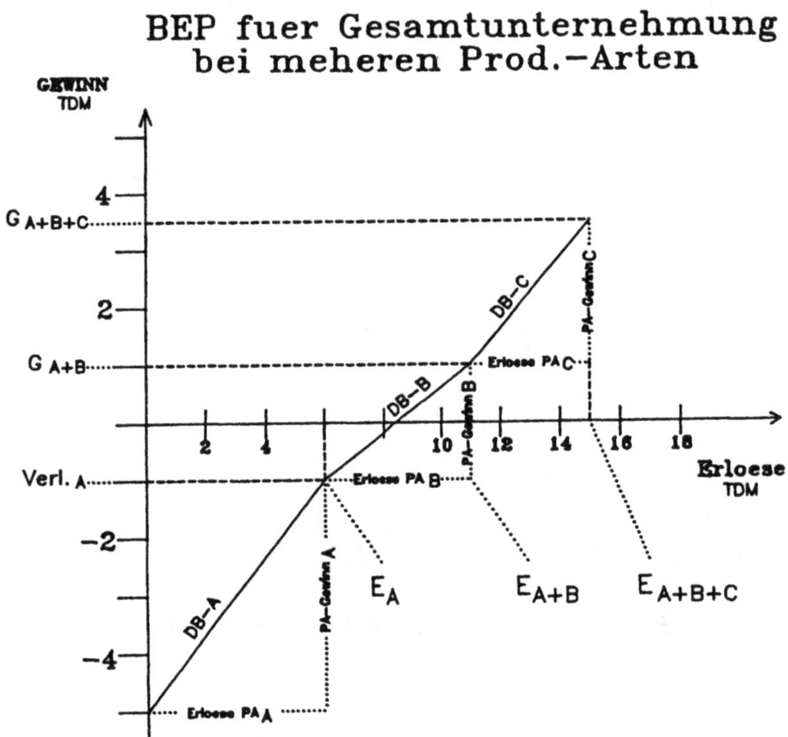

Die individuellen Deckungsbeitragslinien der einzelnen Produktarten werden aneinandergereiht - beginnend im Punkt (0, -5.000).

Interpretation der Grafik

- Produktart A bringt 6.000 DM Erlöse und 4.000 DM Deckungsbeitrag. Sofern nur Produktart A produziert wird, werden nicht alle fixen Kosten gedeckt. Es entsteht ein Gesamtverlust von 1.000 DM.
- Wird zusätzlich Produktart B produziert, so betragen die Gesamterlöse 11.000 DM. Da durch Produktart B zusätzlich 2.000 DM Deckungsbeiträge entstehen, beträgt der Gesamtgewinn 1.000 DM.

- Produktart C bringt zusätzliche Erlöse von 4.000 DM und einen Deckungsbeitrag von 2.500 DM.

Die fixen Kosten wären gedeckt, sofern mindestens Produktart A und B gefertigt werden. Auch wäre eine Kombination von Produktart A und C möglich. Eine Kombination der Produktarten B und C würde keinen ausreichenden Deckungsbeitrag erbringen.

Weiter gehende Aussagen ermöglicht dieses Modell nicht. Schweizer, Hettich und Küpper weisen auf die "Bestimmung alternativer Absatzmengenkombinationen, die dem BEP entsprechen" hin. Man ermittelt die Funktion aller Linearkombinationen, die die Break-Even-Bedingung erfüllen:

$$G = \sum_{i=1}^{n} DB_{Sti} * x_i - K_f = 0$$

Beispiel

Ein Unternehmen stellt die Produkte A ($k_{pA} = 16$ / $p_A = 20$) und B ($k_{pB} = 10$ / $p_B = 18$) her. Die gesamten fixen Kosten betragen 16.000 DM.

$$G = (20 - 16)\, x_A + (18 - 10)\, x_B - 16.000 = 0$$

$$4\, x_A + 8\, x_B = 16.000$$

$$x_A = -2\, x_B + 4.000$$

$$x_B = -1/2\, x_A + 2.000$$

Im Koordinatensystem sind alle möglichen Kombinationen der beiden Produktarten ablesbar, bei der die Gesamtkosten gerade noch gedeckt werden.

Funktion alternativer Absatzmengenkombinationen, die dem BEP entsprechen

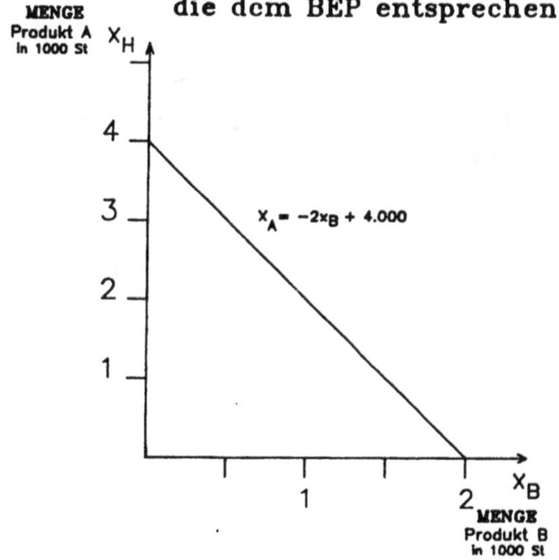

3. Teilkostenrechnung - Deckungsbeitragsrechnung

3.1. Einführung in die Teilkostenrechnung

Die Auffassung, dass die Fixkosten einen Kostenträger nicht belasten dürfen, da sie selten mit ihm in direkten Zusammenhang gebracht werden können, setzte sich mit der Entwicklung und Anwendung der Teilkostenrechnung durch.
Grundlage ist also hier nicht nur die Trennung von zeitabhängigen und produktionsabhängigen Kostenbestandteilen unter dem Aspekt einer veränderten Beschäftigungsgröße, sondern auch die alleinige Weiterverrechnung der produktionsabhängigen Kosten auf die Kostenträger bzw. auf die Produktarten; die restlichen Kosten werden dabei lediglich im Rahmen einer betrieblichen Ergebnisrechnung in erweiterten Abrechnungskreisen berücksichtigt.

Während in der Vollkostenrechnung bisher alle Kosten auf die Kostenträger verrechnet wurden - ohne Kostenauflösung (z.B. $K : x = k \rightarrow$ konstante Größe) oder mit Kostenauflösung (z.B. $K_f : x + k_p$) - , werden in der Teilkostenrechnung dem Kostenträger nur proportionale Kosten zugerechnet (z.B. k_p). Hier steht der Anspruch der Kostenverursachung im Vordergrund.

Die Vollkostenrechnung legte bisher ihr Schwergewicht auf die Seite der Kosten. Die Teilkostenrechnung dagegen aber bezieht die **Erlöse** im Rahmen von Deckungsbeiträgen mit ein.

Verbreitung fand die Teilkostenrechnung in der BRD seit der Rezession 1966/67. Im Rahmen der Konkurrenz- und Absatzsituationen wurden Preisuntergrenzen und preispolitische Entscheidungen immer wichtiger. In einer freien Marktwirtschaft ist die Preisbildung Sache des Marktes; die Kalkulation liefert nur Zahlen für aus dem Preis abzuleitende Maßnahmen. Welche Kosten werden durch eine bestimmte **wirtschaftliche Aktion** ausgelöst?

Verfahrenstechnisch unterscheidet sich die Teilkostenrechnung von der Vollkostenrechnung nicht. Es werden die gleichen Abrechnungsmethoden in den Bereichen Kostenarten-, -stellen- und -trägerrechnung verwendet.

Die Wichtigkeit von Deckungsbeiträgen für unternehmerische Entscheidungen sei nochmals an einem Beispiel dargestellt.

Beispiel

Ausgangswerte der Vollkostenrechnung

	Erlöse	Kosten	(K_p)	Gewinn
Produktart 1	500.000	300.000	(200.000)	200.000
Produktart 2	300.000	250.000	(100.000)	50.000
Produktart 3	400.000	500.000	(200.000)	-100.000
				150.000

Käme man auf Grund der Vollkostenrechnung zu der Entscheidung, die Produktart 3 nicht mehr zu produzieren, müssten Produktart 1 und 2 den Fixkostenanteil der Produktart 3 (300.000 DM) mittragen, da die Fixkosten zu insgesamt 550.000 DM weiter anfallen. Das Ergebnis würde lauten:

	Erlöse	Kosten*		Gewinn
Produktart 1	500.000	500.000		0
Produktart 2	300.000	350.000		-50.000
				-50.000

(* Die Fixkosten wurden anteilig auf Basis der proportionalen Kosten verteilt.)

Die Gewinnsituation verschlechtert sich. Auf Grund der Deckungsbeitragsrechnung würde das Ergebnis lauten:

	Erlöse		proport. Kosten	Deckungsbeiträge
Produktart 1	500.000		200.000	300.000
Produktart 2	300.000		100.000	200.000
Produktart 3	400.000		200.000	200.000
				700.000
			- Fixkosten	550.000
			Gewinn	150.000

Da die Produktart 3 mit 200.000 DM zur Deckung der Fixkosten beiträgt, ist es kostenrechnerisch ungünstig, auf das Produkt zu verzichten. (Erst bei einem negativen Deckungsbeitrag wäre die o.a. Entscheidung richtig, da mit jedem produzierten Stück der Verlust größer würde.) Die Fixkosten werden hier nur im Rahmen einer Betriebsergebnisrechnung en bloc und nicht kostenträgerbezogen behandelt.

Häufig wird der Deckungsbeitrag als Bruttoerfolg und der sich ergebende Gewinn als Nettoerfolg bezeichnet.

3.2. Die Ermittlung der Teilkosten

Die Verrechnung der Gemeinkosten erfolgt weiter über die Kostenstellen auf die Kostenträger; die Einzelkosten als proportionale Kosten werden direkt den Kostenträgern zugeschlagen.

Im Rahmen der Kostenstellenrechnung wird weiter der Betriebsabrechnungsbogen (BAB) benutzt. Allerdings erhält hier jede Kostenstelle drei Spalten, um die Kosten neben dem Gesamtbetrag in proportionale und fixe nach dem Verfahren der Kostenauflösung unterteilen zu können.
(Beispielhaft sei die Ermittlung von Teilkosten auf Basis proportionaler Kosten dargestellt.)
Bei der innerbetrieblichen Leistungsabrechnung werden dann nur die proportionalen Kosten auf die Hauptkostenstellen verteilt.
Die Kalkulationssätze werden für die proportionalen Gemeinkosten der Hauptkostenstellen ermittelt. Nur dieser Teil der Kosten soll auf die Kostenträger verrechnet werden.

Beispiel

Ko.-Stellen	Ko.-Arten	Hilfskostenstellen		Hauptkostenstellen	
		Gebäude	...	Fertigung	...
Ko.-arten	K K_p K_f	K K_p K_f		K K_p K_f	
Gemeinkostenmaterial ...					
Su. d. primär verteilt. Gemeinkosten Umlage	K K_p K_f	K K_p K_f $-K_p$ $-K_p$ →	→	K K_p K_f $+K_p$ $+K_p$	
Su. d. primär u. sekundär verteilten GK		K_f - K_f		K K_p K_f	
Zuschlagsbasis (Fert.-lohn)				K_p	
Kalk.sätze					

Der BAB für Teilkostenrechnungen auf Basis der Einzelkostenzurechnung wird entsprechend aufgebaut, ohne allerdings Zuschlagssätze zu ermitteln oder Verteilungen nach Schlüsseln vorzunehmen. Eine Beschreibung der Teilkostenrechnungen auf Basis der proportionalen und Einzelkosten erfolgt im nächsten Abschnitt.

3.3. Die Deckungsbeitragsrechnung als Periodenrechnung

In der Periodenrechnung werden Deckungsbeiträge für Produktarten ermittelt, mit eventuell weiterer Differenzierung.

Deckungsbeiträge wurden bisher definiert als Differenz aus Produktart-Erlösen abzüglich der produktartbezogenen proportionalen Kosten, die der Abdeckung von Fixkosten dient.

Diese Definition ist im weiteren zu eng gefasst:
Deckungsbeiträge sind die Differenzen aus Produktart-Erlösen abzüglich der Produktart-Kosten, die kostenrechnerisch im Rahmen der Wirtschaftlichkeit zurechenbar sind. Sie dienen der Abdeckung der wirtschaftlich nicht zurechenbaren Restkosten, gegebenenfalls differenziert in Stufen.

Auf eine **Produktart** bezogen lassen sich die Kosten also in

- **proportionale Einzelkosten (Rohstoffverbrauch)**
- **fixe Einzelkosten (Werbeausgaben für die Produktart)**
- **proportionale Gemeinkosten (Stromverbrauch)**
- **fixe Gemeinkosten (Miete)**

unterteilen.

Diese Gemeinkosten (vor allem die fixen Gemeinkosten) lassen sich aber noch **stufenweise** innerhalb des Betriebes abdecken. Unter dem Gesichtspunkt der **Produktnähe** lässt sich folgende Hierarchie erstellen:

- **produktgruppengebundene Einzelkosten**
- **kostenstellengebundene Einzelkosten**
- **kostenstellenbereichsgebundene Einzelkosten**
- **betriebsgebundene Einzelkosten**

Kostenstellen-, Kostenstellenbereichs- und betriebsgebundene Einzelkosten lassen sich entsprechend dem BAB entnehmen (siehe BAB-Darstellung).

Beispiel

Ein Betrieb weist folgende Kosteneinteilung auf:

	Produktgruppe A,B				Gesamt
	Prod.-Art A	Prod.-Art B	Summe	Prod.-Art C	
Erlöse	50	30	80	60	140
Produktart-EK					
- proportional	15	10	25	30	55
- fix	5	2	7	8	15
Prod.Grupp.-EK					
- proportional	(2)	(3)	5	-	5
- fix	-	-	2	-	2
betriebl. EK					
- proportional	(12)	(7)	(19)	(11)	30
- fix	-	-	-	-	10
Betriebsgewinn					23

Anmerkung
Die Abrechnung erfolgt weiter im Umsatzkostenverfahren. Hier handelt es sich um das Umsatzkostenverfahren auf Teilkostenbasis.

Die Teilkostensysteme lassen sich dann aber aufgrund der gesamten Kostenzuordnungen wie folgt unterteilen:

a) **Systeme, bei denen eine Abrechnung nach proportionalen Kosten im Vordergrund steht:**

Lediglich proportionale Kosten werden den Erlösen der Produktarten gegenübergestellt. Die Deckungsbeiträge bei Mehrproduktfertigung werden aufsummiert. Dann werden die Fixkosten im Rahmen der Betriebsergebnisrechnung zur Ermittlung des Gewinns entweder "en bloc" (einstufig) oder mehrstufig abgezogen.

Verfahren 1:

Erlöse
- proportionale Einzel- und Gemeinkosten

Deckungsbeitrag

Diese Form wird in der Literatur allgemein zur ersten Erläuterung der Deckungsbeitragsrechnung genutzt. Man spricht von der direct-costing-method, marginal-costing-method oder von der Grenzkostenrechnung.

Nachteile dieses Verfahrens sind:

- Es wird zu stark auf die Beschäftigungsabhängigkeit und teilweise zu wenig auf eine echte Zurechenbarkeit geachtet.
- Grundsätzlich lassen sich die Fixkosten speziellen Bezugsobjekten zurechnen. Sie müssen also nicht einstufig behandelt werden.

Verfahren 2:

Erlöse
- proportionale Einzel- und Gemeinkosten
- fixe Einzelkosten

Deckungsbeitrag

Hier wird das Grenzkostenverfahren um fixe, direkt zurechenbare Produktartenkosten erweitert.

Es wird als Fixkostendeckungsrechnung oder mehrstufiges Direct-Costing oder Deckungserfolgsrechnung bezeichnet.

Die weiteren Fixkosten werden dann im Rahmen der vorgestellten Hierarchie stufenweise mit ihren differenzierten Deckungsbeiträgen als Beitrag zum Betriebsergebnis aufgeschlüsselt.

Die Erfolgsstruktur des Produktionsprogramms wird deutlicher. Entscheidungen im Bereich Absatz, Produktion und Investition werden qualifizierter.

Anhand des obigen Kosten-Einteilungsbeispiels ergibt sich die Abrechnung:

	Prod.-Art A	Prod.-Art B	Prod.-Art C
Erlöse	50	30	60
- proportionale Produktartkosten			
Einzelkosten	15	10	30
Gemeinkosten	14	10	11
Deckungsbeitrag 1	21	10	19
- fixe Produktart-einzelkosten	5	2	8
Deckungsbeitrag 2	16	8	11
- fixe Produktgruppen-einzelkosten	2		
Deckungsbeitrag 3	22		11
- fixe betriebliche Einzelkosten	10		
Deckungsbeitrag 4 = Betriebsgewinn	23		

b) Systeme, bei denen eine Einzelkostenabrechnung im Vordergrund steht:

Bei diesen Verfahrensweisen sollen nur **direkt zurechenbare** Kosten berücksichtigt werden, da auch bei proportionalen Gemeinkosten eine verursachungsgemäße Zuordnung auf Produktarten nicht möglich ist. Eine solche Zuordnung kann nur über entsprechende Schlüssel erfolgen. Ein verursachungsgerechtes Bild wird dadurch verzerrt.

Verfahren 3:

Erlöse
- **proportionale Einzelkosten**

Deckungsbeitrag

Dieses Verfahren ist sehr grob. Es wird genutzt, wenn eine Kostenauflösung zu aufwendig ist, oder wenn der Aussagewert der Gemeinkosten nicht sehr groß ist.

Verfahren 4:

Erlöse
\- **proportionale und fixe Einzelkosten**

Deckungsbeitrag

Hier werden auch die Fixkosten berücksichtigt, die sich der Produktart zurechnen lassen.

Nun ist aber eine Einzel- und Gemeinkostenrechnung nicht absolut nur auf Produktarten anwendbar. Sie kann bezugsgrößenmäßig als **relative Einzelkostenrechnung** über Produktgruppen bis hin zur Gesamtbetriebsabrechnung vorgenommen werden. Die Produktartgemeinkosten werden dann als Einzelkosten auf der untersten möglichen hierarchischen Stufe verrechnet. Anhand des obigen Einteilungsbeispiels wird die relative Einzelkostenrechnung als Betriebsergebnisrechnung wie folgt aufgebaut:

<table>
<tr><th></th><th>Prod.-Art A</th><th>Prod.-Art B</th><th>Prod.-Art C</th></tr>
<tr><td>Erlöse
- Produktart-Einzelkosten
proportional
fix</td><td>50

15
5</td><td>30

10
2</td><td>60

30
8</td></tr>
<tr><td>Deckungsbeitrag 1</td><td>30</td><td>18</td><td>22</td></tr>
<tr><td>- Produktgruppen-Einzelkosten
proportional
fix</td><td colspan="2">
5
2</td><td></td></tr>
<tr><td>Deckungsbeitrag 2</td><td colspan="2">41</td><td>22</td></tr>
<tr><td>- betriebliche Einzelkosten
proportional
fix</td><td colspan="3">
30
10</td></tr>
<tr><td>Deckungsbeitrag 3
= Betriebsgewinn</td><td colspan="3">23</td></tr>
</table>

Aufgaben

1. a) Was versteht man unter "Teilkostenrechnung auf Basis proportionaler Kosten" und "Teilkostenrechnung auf Basis relativer Einzelkosten"?
   b) Nach welcher Hierarchie lassen sich Einzelkosten zuordnen?

2. Erstellen Sie die Betriebsergebnisrechnung unter dem Aspekt proportionaler Kosten und unter dem Aspekt der Einzelkosten:

	Produktart I	**Produktgruppe II u. III**			Gesamt
		Produktart II	Produktart III	Summe	
Erlöse	6.000	9.000	5.000	14.000	20.000
Betriebliche Einzelkosten					
- proportional	(200)	(100)	(400)	(500)	700
- fix	-	-	-	-	2.000
Produktgruppen-Einzelkosten					
- proportional	-	(1.500)	(2.500)	4.000	4.000
- fix	-			3.000	3.000
Produktart-Einzelkosten					
- proportional	3.000	2.000	1.000	3.000	6.000
- fix	500	400	300	700	1.200

3.4. Die Teilkostenrechnung als Stückrechnung

Während in der Vollkostenrechnung die Kalkulation die Aufgabe hatte, die Selbstkosten eines Kostenträgers als langfristige Preisuntergrenze zu ermitteln, soll in der Teilkostenrechnung festgestellt werden, welche Alternative für die Realisierung einer betrieblichen Aktion bei einem bestimmten Marktpreis gegeben ist (Beurteilung nach dem Bruttoerfolg des Deckungsbeitrages).

Die Vollkostenrechnung eignet sich eher im Bereich der Einzelfertigung oder Kleinserienfertigung, wo Kostenzuschläge kalkuliert werden müssen. Die Teilkostenrechnung wird generell im Bereich der Großserien- und Massenfertigung eingesetzt, wo weniger beeinflussbare Marktpreise vorliegen.
Bei der Bewertung zu bilanziellen Herstellungskosten ist rechtlich in jedem Fall von der Vollkostenrechnung auszugehen, obschon Fixkosten verursachungsgemäß nicht im Zusammenhang mit der Herstellung eines Produktes stehen (bestenfalls als Produktarteinzelkosten einer Produktart).

Die **Methoden** der Kalkulation **ändern** sich - wie schon erwähnt - **nicht**. Nur proportionale Kosten bzw. Einzelkosten werden auf die Kostenträger verrechnet.

Lediglich im Rahmen der Zuschlagskalkulation werden zwei Verfahren, aufgrund ihrer Vorgehensweise, unterschieden:
Bei der **progressiven** Kalkulation beginnt man mit den proportionalen Materialkosten und addiert die proportionalen Fertigungs- und Vertriebskosten dazu, um die proportionalen Selbstkosten zu erhalten.
Die Verwaltungskosten sind in der Regel Fixkosten; abgezogen vom Preis ergibt sich der Deckungsbeitrag je Einheit.

Bei den retrograden Verfahren geht man vom Marktpreis in umgekehrter Reihenfolge vor.

Aufgabe

In einem Betrieb können 10.000 Produkte gefertigt werden. Entscheiden Sie aus dem Ergebnis der Vorperiode, welche Produktion zum maximalen Gewinn führt.

	Produkt A	Produkt B
Preis	50,–	30,–
k_p	20,–	5,–
k_f	10,–	6,–
Ausbringung	4.000 Stk	6.000 Stk

3.5. Prozessorientierte Kostenrechnung

Unter dem Konkurrenzdruck am Markt, häufigen Produktanpassungen und -änderungen sowie Kostensteigerungen bei den Produktionsfaktoren für immer kurzlebigere Güter führt die technische Entwicklung zu immer komplexeren Flexiblen Fertigungssystemen. Die Notwendigkeit hoher und schneller Anpassungsmöglichkeiten und kleinerer Losgrößen verlangt deshalb nach einer **kostenwirtschaftlichen Steuerung** der Fertigungsprozesse. Diese Steuerung wird mit der **Prozessorientierten Kostenrechnung** verfolgt.

Der Begriff "Flexibles Fertigungssystem" (FFS) beinhaltet alle Elemente und Untersysteme von automatischen Fertigungseinrichtungen und CNC-Maschinen, die gleichzeitig an verschiedenen Werkstücken ohne eine Umrüstung verschiedene Verrichtungen ausüben können. Das bedingt wiederum ein Steuerungs- und Transportsystem sowie Werkzeug- und Materiallager. Außerdem müssen Zwischenlagerungen möglich sein. (Manuelle Verrichtungen sind nur bei der Wartung, Steuerung und Versorgung des Systems notwendig.)

Dieses Steuerungssystem muss alle Daten des Prozesses - auch von Teilprozessen - erfassen, auswerten und für Informationszwecke bereit halten können.

Im Vordergrund steht also einmal der Fertigungsablauf mit der Reihenfolge, in der die Arbeitsaufträge zu bearbeiten sind, sowie die dazugehörige Maschinenbelegung. Hieraus ergibt sich die Zielkonkurrenz einer auftragsbezogenen Minimierung der Durchlaufszeit bzw. einer maschinenbezogenen Maximierung der Kapazitätsauslastung. Die Prozessorientierte Kostenrechnung hat nun die Aufgabe über Näherungsverfahren, Fertigungsabläufe über die Minimierung entscheidungsrelevanter Kosten zu ermitteln. Zum anderen sollen Aufgaben, Art, Anzahl und Standort von zu beschaffenden Anlagen festgelegt werden einschließlich des Personalbedarfs und der Kostenstruktur.

Die Prozessorientierte Kostenrechnung ist eine spezialisierte Form der Teilkostenrechnung. Sie hat selbst drei Aufgaben:
- Abwandlung bzw. Veränderung der Teilkostenrechnung in den Bereichen Kostenarten-, Kostenstellen- und Kostenträgerrechnung;
- Simulation von Ablaufmöglichkeiten und Produktveränderungen;
- Betriebsdatenerfassung über Faktorverbrauch und sonstiger Änderungen des FFS sofort am Ort der Kostenentstehung.

3.5.1. Prozessorientierte Kostenartenrechnung

Als Kostenträgereinzelkosten gelten hier nur die Rohstoffkosten. Fertigungslöhne werden als Kostenstelleneinzelkosten wie auch EDV-Kosten und Werkzeugvor- und -aufbereitungen dem gesamten FFS zugerechnet. Die restlichen Kosten werden im Rahmen der schon bekannten Maschinenstundensatzrechnung (siehe dort) über Platzkostenstellen den Kostenträgern zugerechnet.
Zur Ermittlung von Mengenabweichungen werden Verrechnungspreise ermittelt.

3.5.2. Prozessorientierte Kostenstellenrechnung

Das gesamte FFS ist eine Kostenstelle als räumlicher Verantwortungsbereich. Um Kosten aber verursachungsgerecht über Bezugsgrößen zurechenbar zu machen, werden o.a. Platzkostenkostenstellen als Untersysteme genutzt, z.B. NC-Maschinen, Transportsystem.

Mittels der Kostenauflösung werden Proportionalkosten der Zeit für die Inanspruchnahme des Elementes oder Untersystems zugerechnet (z.B. DM je Maschinenstunde). Teile der Fixkosten können dann jeweils auf einen Tag bezogen proportionalisiert werden, wenn entsprechende Entscheidungen, die zu Fixkosten führen, täglich getroffen werden können (schwierig z.B. bei Personalkosten und zeitlich bedingten Abschreibungen).

3.5.3. Prozessorientierte Kostenträgerrechnung

Im Bereich der Kostenträgerrechnung hat die Prozessorientierte Kostenrechnung verschiedene Zielsetzungen:

- Durch die jederzeitige Erfassung der Prozessdaten sind zu allen Zeitpunkten die Kosten der unfertigen Erzeugnisse (technische Wirtschaftlichkeit) aufgrund dieser mitlaufenden Kalkulation feststellbar. Das Berichts- und Informationswesen wird damit unterstützt.
- Sie ermöglicht Entscheidungshilfen sowohl bei der Auswahl von konkurrierenden Teilerzeugnissen bzw. Werkstoffen und deren Fertigung im Fertigungsprozess, als auch bei kostenwirtschaftlichen Abläufen.

- Sie hilft bei der Auswahl von Maßnahmen zur Beseitigung von Störungen, da Störungen zu Instandsetzungs- und Ausfallkosten führen können.
- Sie unterstützt die technische Investitionsplanung in Form der Kostenvergleichsrechnung.

3.5.4. Beurteilung der Prozessorientierten Kostenrechnung

Die Prozessorientierte Kostenrechnung unterstützt als wesentlicher Bestandteil des Planungs- und Steuerungssystems das Flexible Fertigungssystem und somit den Ablauf der Fertigungsprozesse. Sie erlaubt gegenüber den klassischen Verfahren durch die mitlaufende Kalkulation eine zeitnahe und kostenorientierte Steuerung. Damit orientiert sie sich an der Struktur moderner PPS-Systeme.

Problematisch ist die o.a. Behandlung der Fixkosten.

3.6. Entscheidungen auf der Basis entscheidungsrelevanter Kosten

Als **entscheidungsrelevante Kosten** werden allgemein die bezeichnet, die aufgrund einer wirtschaftlichen Aktion anfallen. Hierbei ist zu berücksichtigen, dass sie kurzfristig innerhalb der gegebenen Kapazitäten häufig mit den proportionalen Kosten übereinstimmen. In anderen Fällen können auch Fixkosten mit zu den relevanten Kosten gehören.

3.6.1. Bestimmung der Preisuntergrenze

Die Bestimmung einer Preisuntergrenze ist immer dann notwendig, wenn die Geschäftsleitung gezwungen ist, Preise zu senken. Weitere Gründe liegen im Bereich der Preise von Zusatzaufträgen oder Nebenprodukten.

Von einer **langfristigen Preisuntergrenze** spricht man, wenn der Preis zu kostendeckenden Erlösen führt. Die Produktion kann unter diesem Aspekt unbeschadet fortgeführt werden, Reinvestitionen sind möglich und der Arbeitnehmerstamm bleibt erhalten.

Beispiel
In unserem o.a. Betrieb ergab sich ein Gewinn von 23 Geldeinheiten. Um den Absatz von Produktart A (100 Stck.) stabil zu halten, muss der Preis gesenkt werden. Bei sonst gleichen Bedingungen lässt sich der Preis um 0,23 Geldeinheiten (23/100) senken, bevor der Betrieb in die Verlustzone gerät.

Mit der **kurzfristigen Preisuntergrenze** werden gerade die proportionalen Kosten gedeckt. Die Produktion kann kurzfristig aufrecht erhalten werden, da die fixen Kosten grundsätzlich auch bei Einstellung weiter anfallen. Auch fixe Produktart-Einzelkosten, wie z.B. Werbekosten nach Werbeplan, lassen sich nicht kurzfristig ändern! Vertragsänderungen oder Wiederinbetriebnahmen nach Stilllegungen würden ebenfalls Kosten verursachen.

In bestimmten Wettbewerbssituationen kann es ebenfalls notwendig sein, Zusatzaufträge zu möglichst niedrigen Preisen anzunehmen.

Hierbei ist zu unterscheiden, ob die vorhandenen Kapazitäten für den Zusatzauftrag ausreichen, oder ob Investitionen zur Kapazitätserweiterung vorgenommen werden müssen.

- Im ersten Fall wird jede DM eines Deckungsbeitrages bei einem Preis über den proportionalen Kosten zu einer Erhöhung des Gewinns führen. Die Fixkosten sind ja durch die "normale" Produktion mit ihren Deckungsbeiträgen abgedeckt.
- Im zweiten Fall muss der Deckungsbeitrag aus dem Preis, abzüglich der proportionalen Kosten und der anteiligen Fixkosten der Kapazitätserweiterung, positiv sein (mindestens 0 DM), damit sich der Zusatzauftrag lohnt.
  Zu beachten ist dabei aber, dass nicht nur zusätzliche Fixkosten für die Dauer des Auftrages anfallen können, sondern dass Maschinen anschließend nicht weiter nutzbar sind, oder dass Arbeitnehmer aus rechtlichen und sozialen Gründen nicht ohne weiteres anschließend entlassen werden können!

Nebenerzeugnisse, die bei der Konkurrenz als Haupterzeugnisse hergestellt werden, lassen sich ebenfalls, da innerhalb der vorhandenen Kapazität die Haupterzeugnisse die Fixkosten tragen, zu Grenzkostenpreisen anbieten. Damit kann der Preis deutlich unter dem der Konkurrenz liegen.

Aufgaben

1. Beantworten Sie folgende Fragen:
   a) Was versteht man unter "langfristiger", was unter "kurzfristiger" Preisgrenze?
   b) Wann reicht bei einer Kalkulation von Zusatzaufträgen ein Preis über den Grenzkosten für eine Auftragsannahme aus, wann nicht?
2. Ein Betrieb produziert und verkauft 40.000 Stück eines Produktes A. Die Kapazitäten sind nur zu 80% ausgelastet. Ein Kunde möchte uns weitere 10.000 Produkte zu einem Preis von 570 DM abnehmen.
   Bei einer 100% igen Kapazitätsauslastung ergibt sich folgende Kalkulation: $p = 600$ DM, $k_p = 500$ DM, $k_f = 50$ DM.
   a) Ermitteln Sie den Stückgewinn bei 40.000 Produkten!
   b) Stellen Sie fest, ob der Zusatzauftrag durchgeführt werden soll.
   c) Zu welcher Entscheidung hätte die Vollkostenrechnung geführt?
3. Aufgabe wie 2.; der Betrieb ist jedoch mit 40.000 Produkten zu 100% ausgelastet. Für den Zusatzauftrag fallen Fixkosten von 2.000.000 DM für Maschinenmiete, Löhne usw. an.
   a) Wie hoch ist der Stückgewinn?
   b) Wie hoch sind die Kosten des Zusatzauftrages?
   c) Zu welcher Entscheidung hätte die Vollkostenrechnung geführt?
4. Aufgabe wie 2.; der Kunde zahlt für den Zusatzauftrag 510 DM.
5. Aufgabe wie 3.; der Kunde zahlt für den Zusatzauftrag 710 DM.

3.6.2. Bestimmung des optimalen Produktionsprogrammes

Grundsätzlich wird die Produktart mit dem höchsten Deckungsbeitrag pro Einheit (absoluter Deckungsbeitrag) auch zum höchsten gesamten Deckungsbeitrag führen. Wenn also keine Kapazitäten begrenzt sind, wird die Entscheidung in welcher Reihenfolge zu produzieren ist, immer von der Höhe des absoluten Deckungsbeitrages abhängen.

Beispiel

Produkt	absetzbare Menge	DB je Stk.	Gesamt-DB	Rangfolge
1	10.000	5,–	50.000,–	3
2	15.000	20,–	300.000,–	1
3	20.000	10,–	200.000,–	2
			550.000,–	

Wenn aber die Kapazitäten in irgendeiner Form begrenzt sind, reichen die Zahlen für eine gewinnmaximale Entscheidung nicht mehr aus.

Fortsetzung des Beispiels

Von dem Rohstoff der Produkte stehen nur 46.000 kg zur Verfügung. Die Produkte benötigen je Stück:

Produkt	Stück
1	1 kg
2	10 kg
3	4 kg

An diesen Rohstoffengpass muss die Produktion angepasst werden. Hieraus ergibt sich ein Produktionskoeffizient von 1 kg / Verbrauch je Stück.

Produkt	Prod.koeffizient
1	1
2	0,1
3	0,25

Bezieht man den absoluten Deckungsbeitrag auf den Koeffizienten, so ergibt sich ein relativer Deckungsbeitrag je Produkt.

Die höchsten relativen Deckungsbeiträge werden uns aufgrund des Engpasses den maximalen Gewinn bringen.

Produkt	absol. DB	Prod.Koeff.	rel. DB	Rangfolge
1	5,–	1	5,–	1
2	20,–	0,1	2,–	3
3	10,–	0,25	2,50	2

In dieser Reihenfolge lassen sich folgende Produktmengen herstellen:

Produkt	Menge	verbrauchter Rohstoff	absoluter DB	Gesamt-DB
1	10.000	10.000	5,–	50.000
2	./.			
3	9.000	Rest: 36.000	10,–	90.000
		höchstmöglicher DB	=	140.000

Neben Engpässen im Bereich der Werkstoffe sind weitere im Bereich der Betriebsmittel (Fertigungsstunden) oder der Arbeitsleistungen denkbar. Auch können gleichzeitig mehrere Engpässe auftreten oder sich abwechseln. Dann lässt sich das optimale Programm nicht mehr manuell ermitteln, man muss die Verfahren des Operations Research anwenden.

Ein optimales Produktionsprogramm muss nicht unbedingt unter dem Aspekt der Gewinnmaximierung gesehen werden. Andere Unternehmensziele, wie z.B. Beschäftigungssicherung, Marktstabilität können in der Realität wichtiger sein.

Ein zusätzliches Problem ist eine Abhängigkeit der Produkte untereinander, wenn bestimmte Produkte nur zusammen mit anderen gekauft werden, oder wenn bestimmte Mindestmengen von Produkten - aus welchen Gründen auch immer - gefertigt werden müssen.

Aufgaben

1. Es werden vier Erzeugnisse A, B, C, D unter folgenden Bedingungen gefertigt:

Produkt	Preis	k_p	Absatzmenge	Fertigungszeit in Stunden
A	500	340	100.000	0,5
B	240	180	80.000	0,1
C	360	250	120.000	1,2
D	420	210	60.000	2,0

a) Ermitteln Sie die gesamten Deckungsbeiträge!

b) Die Fertigungszeit ist auf 200.000 Stunden begrenzt. Wie hoch sind die maximalen Gesamtdeckungsbeiträge?

c) Folgende Mindestmengen sind von den Produkten zu fertigen: A 30.000, B 50.000, C 40.000, D 30.000.

2. Es werden vier verschiedene Arzneimittel mit folgenden Zuordnungen hergestellt (20 Tabletten je Packung):

Produkt	absetzb.Menge in Packungen	p	k_p	k	Rohstoffverbr. Gramm/Tablette
AXT	10.000	24,--	13,--	14,50	2
BETA	12.000	18,--	12,50	13,20	4
CMT	9.000	32,--	16,70	29,20	3
DOL	15.000	26,--	19,--	27,30	1

a) Wie überzeugen Sie die Unternehmung, die Kostenrechnung vom System der Vollkostenrechnung auf das System der Teilkostenrechnung umzustellen ?

b) Stellen Sie die Artikelerfolgsrechnung auf Voll- und Teilkostenbasis dar! Rangfolge der Produkte?

c) Es sind nur 1.500 kg Rohstoffe vorhanden! Wählen Sie die Lösung mit dem höchsten Deckungsbeiträgen aus, und stellen Sie die Abrechnung vor!

3.6.3. Eigenfertigung oder Fremdbezug

In einem Industrieunternehmen ergibt sich häufig die Frage, ob bestimmte Teile eines Produktes, ganze Produkte, aber auch planerische Dinge, wie z.B. technische Zeichnungen, im Betrieb selbst erstellt oder zugekauft werden sollen.

Die Entscheidungen lassen sich auf der Basis relevanter Kosten rechnerisch lösen, wobei die Wirtschaftlichkeit der einzelnen Alternativen verglichen wird.

Soweit genügend freie Kapazitäten zur Verfügung stehen, werden die Fremdbezugskosten - bewertet zum Einstandspreis (Preis minus Preisschmälerung plus Anschaffungsnebenkosten) - den proportionalen Kosten der Eigenfertigung gegenübergestellt.

Beispiel

	Fremdbezugskosten (Einstandspreis)	100,– DM
-	proportionale Kosten der Eigenfertigung: Materialkosten	30,– DM
-	proportionale Kosten der Eigenfertigung: Fertigungskosten	40,– DM
=	Differenz: Vorteil einer Eigenfertigung	30,– DM

Bei einer Eigenfertigung werden neben dem möglichen Kostenvorteil auch die Kapazitäten besser genutzt.

Ist jedoch eine Investition erforderlich, so müssen auch die zusätzlichen Fixkosten (wie Abschreibungen, Kapitalbindungskosten etc.) im Rahmen der Eigenfertigung berücksichtigt werden.

Es sei nochmals daran erinnert, dass diese Fixkosten auch nach Beendigung einer Eigenfertigung weiter anfallen können, wobei nicht alle den anderen Kostenträgern zugerechnet werden können (siehe Zusatzaufträge). Diese müssen also das Entscheidungsergebnis ebenfalls beeinflussen.

Eine BEP-Analyse der zusätzlichen Fixkosten hilft bei der Beurteilung der kritischen Herstellmenge. Der Deckungsbeitrag je Einheit aus der Differenz zwischen Einstandspreis und proportionalen Kosten als Kostenersparnis dient der Abdeckung der entsprechenden Fixkosten.

Beispiel

Ausgangsdaten wie oben; die zusätzlichen Fixkosten belaufen sich auf 5.000 DM je Periode; es werden 1.000 Teilprodukte aufgrund der Planung in einer Periode benötigt.

Vergleich:

	Kosten bei Fremdbezug:	100 DM
-	proportionale Kosten der Eigenfertigung:	70 DM
=	Differenz: Kostenersparnis je Produkteinheit	30 DM
	BEP = 5.000:30 = 167	

Bei 167 Teilprodukten sind die zusätzlichen Fixkosten durch die Kostenersparnis gedeckt.

Eine weitere Entscheidungssituation ist gegeben, wenn im Rahmen eines Engpasses bei Eigenfertigung eines Teiles auf die Fertigung eines Produktes verzichtet werden muss. Jetzt fließen auch die Opportunitätskosten für den Nutzungsentgang in die Entscheidung mit ein.

Beispiel

Einstandspreis bei Fremdbezug	100 DM
Kosten der Eigenfertigung - proportionale Kosten	70 DM
bei geplanter Stückzahl von	1000 Stück
Entgangener Deckungsbeitrag des ersetzten Produktes	60 DM
Fertigungszeiten: ersetztes Produkt	2,0 Std
Fertigungszeiten: Produktteil	0,5 Std
Die Opportunitätskosten belaufen sich je Stück auf:	15 DM

- absoluter DB = 60 DM → relativer DB = 30 DM;
- demnach betragen die Opportunitätskosten je Teilprodukt = 15,- DM.

	proportionale Kosten	70 DM
+	Opportunitätskosten	15 DM
=	gesamte Kosten der Eigenfertigung	85 DM
	Kosten bei Fremdbezug:	100 DM
-	gesamte Kosten der Eigenfertigung	85 DM
=	Differenz: Vorteil der Eigenfertigung	15 DM

Aufgabe

In einem Betrieb wird überlegt, ob zur Verbesserung bzw. Vervollständigung des Sortiments drei weitere bisher zugekaufte Produkte in Eigenfertigung erstellt werden sollen:

Für **Produkt A** ist keine Kapazitätsausweitung erforderlich. Der Marktpreis bei Fremdbezug beträgt 350 DM, erwartet werden 10% Rabatt und 1% Skonto, an Frachtgebühren fallen 10,50 DM an. Bei Eigenfertigung betragen die Materialeinzelkosten 50 DM, die Fertigungslöhne 70 DM, die Zuschläge der proportionalen Materialgemeinkosten 30% und die Fertigungsgemeinkosten 150%.

Für **Produkt B** müsste eine neue Maschine gemietet werden. An Mietkosten fallen zusätzlich 10.000 DM an. Der Einstandspreis bei Fremdbezug beträgt 580 DM, die Grenzkosten belaufen sich auf 530 DM. 200 Produkte könnten in einer Periode hergestellt und abgesetzt werden.

Produkt C dagegen könnte nur unter Verzicht auf das Produkt X gefertigt werden, da nur eine bestimmte Quote an Rohstoffen (1000 kg) am Markt zu beziehen ist. Bisher wurde für C ein Einstandspreis von 260 DM gezahlt. Die proportionalen Kosten würden sich auf 220 DM belaufen. Der Deckungsbeitrag von Produkt X (je Stück) beträgt 20 DM. Produkt C benötigt 5 kg, Produkt X 2 kg Rohstoff.

3.6.4. Entscheidung über eine vorzeitige Ersatzinvestition

Im Folgenden soll über den Ersatz einer älteren (noch nicht abgeschriebenen) Maschine entschieden werden. Durch hohen Materialverbrauch und hohe Reparaturanfälligkeit ist sie für den Betrieb unwirtschaftlich geworden.

Im Vergleich werden die Kosten gegenübergestellt, die aufgrund des Ersatzes der alten Maschine anfallen bzw. die aufgrund der Neubeschaffung zusätzlich entstehen.

Beispiel

	alte Maschine	neue Maschine
Materialverbrauch für 1.000 Stück	3.000 DM	2.400 DM
zusätzliche Fixkosten	300 DM	800 DM
Erlöse für 1.000 Stück	5.000 DM	5.000 DM
Deckungsbeiträge	2.000 DM	2.600 DM
Differenz als Vorteil		600 DM
- zusätzliche Fixkosten		500 DM

$$BEP = \frac{K_{f\,neu} - K_{f\,alt}}{k_{p\,alt} - k_{p\,neu}} = \frac{800 - 300}{3{,}00 - 2{,}40} = \frac{500}{0{,}60} = 833{,}33 = 834$$

Die zusätzlichen Fixkosten werden aufgrund der Kostenersparnis von 0,60 DM je Produkt bei 834 Stück gedeckt sein. Die Sicherheitsstrecke beträgt nur 16,6 %.

Aufgabe

Entscheiden Sie, ob sich der Ersatz einer älteren Maschine lohnt. Überzeugen Sie auch die Geschäftsführung durch Ihre Argumentation!

Daten der Maschinen bei einer Produktion von 100 Stück in der Periode:

	alte Maschine	neue Maschine
Materialverbrauch	67.000 DM	67.000 DM
Schmierstoffe	700 DM	400 DM
Energie	8.000 DM	6.000 DM
Reparaturen u.a.	1.000 DM	300 DM
Fixkosten	2.000 DM	7.000 DM
Erlöse	90.000 DM	90.000 DM

3.6.5. Die liquiditätsorientierte Preisuntergrenze

Als Ergänzung der Finanzplanung lässt sich die Strukturierung des Fixkostenblocks auf der Basis der Ausgabewirksamkeit vornehmen. Besonders bei angespannter Liquiditätslage kommt den Zahlungsvorgängen mehr Bedeutung zu als den Kosten.
Werden die Deckungsbeiträge nach Zahlungen aufgeschlüsselt, kann der Betrieb jederzeit die Preisuntergrenze für die ausgabewirksamen Kosten der Produktarten, Produktgruppen usw. erkennen.

3.7. Vollkosten- und Teilkostenrechnung in der Gegenüberstellung

3.7.1. Gemeinsamkeiten

Gemeinsamkeiten zwischen der Vollkostenrechnung (VKR) und der Teilkostenrechnung (TKR) lassen sich ohne besondere Schwierigkeiten in zwei Bereichen aufzeigen.

Beide Kostenrechnungssysteme haben die gleiche Aufbaustruktur. Sie gliedern sich in Kostenarten-, Kostenstellen- und Kostenträgerrechnung.

Die Kostenträgerrechnung lässt sich noch einmal in zwei Teilbereiche unterteilen:
Die Kostenträgerstückrechnung für Kalkulationszwecke und die Kostenträgerzeitrechnung für die Betriebsergebnisrechnung.

Die zweite Gemeinsamkeit liegt im Zeitbezug der Kosten. Istkosten, Normalkosten und Plankosten lassen sich theoretisch in beiden Systemen berechnen. Einschränkungen sind hier durch die Praxis gegeben, da in der TKR die Normalkostenrechnung praktisch ohne Bedeutung ist. Hier wird in der Regel mit Istkosten (Direct-Costing, Einzelkostendeckungsrechnung) und mit Plankosten (Grenzplankostenrechnung) gearbeitet.

3.7.2. Unterschiede

Einer der gravierendsten Unterschiede liegt in der grundlegenden Orientierung der Kostenrechnungssysteme. Während die VKR fertigungsorientiert ist, ist die TKR marktorientiert. Was bedeutet dies aber im Einzelnen? In der VKR werden die Kosten möglichst auftragsbezogen und am Fertigungsablauf orientiert gesammelt und über Kostenstellen den Kostenträgern voll zugerechnet. Auf diese Weise werden die gesamten Selbstkosten der Fertigung auf die einzelnen Kostenträger umgelegt. Ausgangspunkt hierfür war die Überlegung, dass am Markt zumindest ein Preis erzielt werden sollte, der die vollen Selbstkosten deckt. Auf der Basis der so ermittelten Selbstkosten werden dann weiter gehende Preisverhandlungen geführt bzw. Überlegungen über einen am Markt durchsetzbaren Preis angestellt.
Im Gegensatz hierzu wird in der TKR der Preis als ein vom Markt vorgegebenes Datum betrachtet. Wichtig ist in erster Linie, dass die beschäftigungsabhängigen Kosten - also die Kosten, die durch die eigentliche Produktion und nicht durch die Betriebsbereitschaft verursacht werden - durch den Preis gedeckt werden. Man spricht in diesem Zusammenhang auch von vermeidbaren Kosten. Eine der Aufgaben der TKR ist es, diese Kosten so genau wie möglich zu ermitteln. Über diese erste Forderung hinaus ist über den Preis ein Deckungsbeitrag zu erzielen, der die periodenabhängigen Kosten deckt. Im Vergleich zu den vermeidbaren Kosten spricht man hier von unvermeidbaren Kosten. Aufgabe der TKR ist es, die Höhe der Deckungsbeiträge der einzelnen Produkte des Produktionsprogrammes als Grundlage für unternehmerische Entscheidungen zu ermitteln.

Kurzfristige Auslastungsveränderungen führen je nach Kostenrechnungssystem zu total unterschiedlichen Ergebnissen.
Während ein mit der Vollkostenrechnung arbeitendes Unternehmen bei rückläufiger Beschäftigung schnell in die Gefahr gerät, sich aus dem Markt zu kalkulieren, ist diese Gefahr bei Anwendung der TKR kaum gegeben. Durch die Proportionalisierung der fixen Kosten in der VKR steigen bei rückläufiger Beschäftigung die Selbstkosten pro Stück, und die Preise des Unternehmens entwickeln sich genau entgegengesetzt zu den Marktpreisen, während in der TKR durch den Verzicht auf die Fixkostenproportionalisierung die Selbstkosten unabhängig von Auslastungsveränderungen sind. Hier ergibt sich ein geringerer Deckungsbeitrag.

Die TKR ermöglicht also das Festlegen einer kurzfristigen Preisuntergrenze, da es durchaus sinnvoll sein kann, über einen gewissen Zeitraum ein Produkt zu fertigen, bei dem durch den am Markt erzielbaren Preis gerade noch die proportionalen Kosten gedeckt werden.

Ein wie soeben für TKR beschriebener Fall weist auf den nächsten Bereich hin, in dem sich TKR und VKR unterscheiden: die Fristigkeit der Kosteninformationen.
Informationen der TKR eignen sich besonders für kurzfristige Entscheidungen, da es für ein Unternehmen sinnvoll sein kann, trotz fehlender voller Kostendeckung, über einen begrenzten Zeitraum mit seinen Produkten am Markt zu bleiben. Diese Entscheidung fußt auf der Überlegung, dass die fixen Kosten unvermeidbar und kurzfristig nicht zu beeinflussen sind. Andersherum betrachtet kann aber kein Unternehmen langfristig gesehen auf volle Kostendeckung verzichten, ohne erheblich an wirtschaftlicher Substanz zu verlieren.
Für langfristige Entscheidungen eignet sich die VKR, da auf lange Sicht auch die fixen Kosten zu beeinflussen sind (z.B. Kapazitätsabbau).

Durch mehrere Komponenten bedingt lassen sich Vorteile der betrachteten Kostenrechnungssysteme für einzelne Fertigungsarten aufzeigen. Die VKR eignet sich grundsätzlich für Einzel- und Kleinserienfertigung. Diese Erkenntnis leitet sich zum einen aus dem größeren Spielraum bei der Preisfindung und zum anderen aus der Tatsache ab, dass bei diesen Fertigungsarten ein Großteil der Wertverzehre als Einzelkosten für das jeweilige Produkt erfasst werden können. Die Verzerrung der Kosteninformationen durch die Schlüsselung, eines der Hauptargumente gegen die VKR, ist dadurch nicht mehr so groß.
Der geringere Preisspielraum bei Großserien- und Massenfertigung lassen die TKR für diese Fertigungsarten besonders geeignet erscheinen. Durch die für die Fertigung erforderlichen Anlagen entsteht ein hoher Anteil an fixen Kosten, der durch Proportionalisierung und Schlüsselung erhebliche Verzerrungen verursachen kann und somit zu gefährlichen Fehlinformationen führt. Dieser Gefahr kann man durch Anwendung der TKR ausweichen.

In der Kosteneinteilung und -zurechnung liegt ein weiterer Unterschied zwischen VKR und TKR.
In der VKR werden die Einzelkosten direkt und die Gemeinkosten über verschiedene Schlüssel den Kostenträgern zugerechnet. Es erfolgt also eine volle Umwälzung aller Kosten auf die Kostenträger.
Die TKR unterscheidet in variable (proportionale) Kosten, sie sind beschäftigungsabhängig und werden den Kostenträgern direkt oder indirekt zugerechnet, und in fixe Kosten, diese sind beschäftigungsunabhängig und werden den Kostenträgern nicht zugerechnet. Bei linearen Gesamtkostenverläufen sind die variablen Kosten identisch mit

den Grenzkosten. Im Gegensatz zur VKR erfolgt in der TKR nur eine teilweise Zurechnung der Kosten auf die Kostenträger.
Durch die nur teilweise Zurechnung der Kosten auf die Kostenträger wird in der TKR die in der VKR vorgenommene volle Proportionalisierung aller Kosten vermieden. Die Verrechnung der fixen Kosten erfolgt hier in der Betriebsergebnisrechnung unter zeitlichem Aspekt.

Während in der VKR die Kosten streng nach dem Verursachungsprinzip verrechnet werden, gilt dieses in der TKR nur für die variablen Kosten. Für die fixen Kosten gilt in der TKR das so genannte Tragfähigkeitsprinzip. Dieses Prinzip sagt aus, dass man die nur der Unternehmung als Ganzes zurechenbaren Kosten den verschiedenen Produkten nach der Höhe des von ihnen erzielten Deckungsbeitrags zunächst anteilig vorgibt bzw. vorgeben kann.

Ein weiterer erheblicher Unterschied der beiden Systeme liegt in der Bewertung der Bestände und im Einfluss der Bestandsbewertung auf das Betriebsergebnis.
In der TKR werden die Bestände zu variablen Herstellkosten bewertet. Dies hat zur Folge, dass die Bestandsveränderungen erfolgsneutral bleiben, da die fixen Kosten immer der Periode zugerechnet werden, in der sie entstanden sind. Ein derartiger Ansatz ist steuerrechtlich nicht zulässig, er darf nur in der Handelsbilanz vorgenommen werden. Die Bewertung zu vollen Herstellkosten in der VKR bewirkt eine Verschiebung der fixen Kosten zwischen den Abrechnungsperioden. Bestandszunahmen bewirken, dass das ermittelte Ergebnis weniger schlecht aussieht, während Bestandsminderungen für eine weniger hohe Verbesserung des Ergebnisses sorgen.

Beide Kostenrechnungssysteme liefern Ergebnisse je Produktart und Produktgruppe. Die VKR weist hierbei Nettoergebnisse (Gewinn/ Verlust) aus, während die TKR Bruttoergebnisse (Deckungsbeiträge) aufweist. Beiden Systemen kann man das Nettoergebnis des Unternehmens entnehmen.

Die in der VKR ermittelten vollen Selbstkosten je Stück bilden für das Unternehmen die langfristige Preisuntergrenze, hingegen geben die in der TKR errechneten variablen Selbstkosten je Stück die kurzfristige Preisuntergrenze an. Die Gründe hierfür wurden bereits zuvor erläutert.

Abschließend bleibt noch zu erwähnen, dass die Kalkulation öffentlicher Aufträge nach den LSP (Leitsätze für die Preisbildung öffentlicher Aufträge) nur nach dem Vollkostenprinzip zulässig ist.

4. Prozesskostenrechnung

4.1. Einführung in die Prozesskostenrechnung

In den letzten Jahren stellt man eine relative Steigerung der Gemeinkosten in den Betrieben - vor allem in den fertigungsunterstützenden Bereichen - fest. Hierbei handelt es sich hauptsächlich um Gehälter und Personalnebenkosten. Ursachen hierfür sind Automatisierung, Produktvielfalt, höhere Qualitäten, unternehmerische Flexibilitäten usw., die ein Vielfaches an verwaltenden Tätigkeiten mit sich bringen. Die betrieblichen Aufgaben von der Entwicklung über die Beschaffung bis hin zum Rechnungswesen müssen entsprechend geplant, gesteuert, überwacht und koordiniert werden.

Das führt dann bei den bisher dargestellten Abrechnungssystemen auf Voll- und Teilkostenbasis zu schwerwiegenden Nachteilen.
Bei der klassischen Vollkostenrechnung werden die Gemeinkosten einschließlich der Fixkosten über Schlüssel indirekt auf die Produkte verrechnet. Meistens stehen mehrere Gemeinkostenschlüssel alternativ zur Verfügung, so dass die Auswahl und Anwendung einer dieser Schlüssel immer mit Willkür behaftet ist. Bei der Anwendung kommt es zu Ungenauigkeiten, da die Verrechnung nicht verursachungsgemäß erfolgt, und nur eine rechnerische Abhängigkeit von Kosten und Bezugsgröße besteht. Diese Problematik wurde bei den Nachteilen der Vollkostenrechnung näher dargestellt.
Bei der klassischen Deckungsbeitragsrechnung mit Abrechnung nach proportionalen Kosten wird dagegen zu wenig auf eine echte Zurechenbarkeit der Kosten auf Kostenträger bzw. Produktarten geachtet, denn hier steht zu stark die Beschäftigungsabhängigkeit im Vordergrund. Bei der Abrechnung nach relativen Einzelkosten wird zwar die Kostenverursachung in den Vordergrund gerückt, aber es wird auf die Darstellung des Kostenzusammenhanges zwischen Produkt und Beschäftigung verzichtet. Es werden damit ebenfalls keine Aussagen zum Produktbezug der Gemeinkosten vorgenommen.

Diese Problematik führt dazu, ein Kostenrechungssystem anzubieten, das einer sinnvolleren Gemeinkostenabrechnung Rechnung trägt.
1990 stellte Cooper ein Activity-Based-Costing-System (ABC) vor, welches davon ausgeht, dass viele Gemeinkosten nicht von den Material- oder Herstellkosten abhängen, sondern eher von betrieblichen Aktivitäten, die letztlich dazu dienen, Produktion und Absatz der Kostenträger zu fördern. Diese Gemeinkosten lassen sich besser in Kostenpools aufgrund der ausgeführten Tätigkeiten (Prozesse) zusammenfassen und über Koeffizienten auf Produkteinheiten übertragen.
In Deutschland erschienen Aufsätze mit diesen Schwerpunkten branchenbezogen ebenfalls in den achziger Jahren.

Ziel dieser Prozesskostenrechnung ist es somit,
- die Gemeinkosten vor allem in den produktionsunterstützenden Bereichen besser zu erkennen,

- sie genauer nach ihrer Verursachung auf Kostenträger zu verrechnen,
- eine rationellere Nutzung der Produktionsfaktoren zu ermöglichen,
- sowie Kapazitätsauslastungen aufzuzeigen.

Merkmale einer Prozesskostenrechnung sind die in Kostenstellen ausgeführten Tätigkeiten, die sachlich über die Kostenstellen hinweg zu Prozessen zusammengefasst werden können, und deren Kosten dann ermittelt werden.
(Auf diese Art können im Rahmen der Vollkostenrechnung auch fixe Gemeinkosten Produkten - allerdings mit Hilfe moderner Bezugsgrößentechnik - zugerechnet werden.)

Verfahrenstechnisch unterscheidet sich die Prozesskostenrechnung von der traditionellen Voll- und Teilkostenrechnung nicht. Es werden die gleichen Abrechnungsmethoden in den Bereichen Kostenarten-, -stellen- und -trägerrechnung - mit entsprechender Erweiterung - verwendet.

Beispiel

Kostenart	**Kostenstellen**			**Prozess**
	Material	**Verwaltung**	**Vertrieb**	
Hilfslöhne	6.000 DM	8.000 DM	5.000 DM	
Abschreibungen	8.000 DM	9.000 DM	4.000 DM	
...	...	...	...	z.B. Auftragsbearbeitung je Kundenauftrag: 20 DM
	8 DM →	9 DM →	3 DM →	

Die Prozesskostenrechnung wird im Folgenden auf Basis der Vollkostenrechnung dargestellt, eine Integration in die Teilkostenrechnung erfolgt am Ende.

4.2. Technik der Prozesskostenrechnung

Ein Einsatz der Prozesskostenrechnung sollte dann bedacht werden, wenn
- im Betrieb hohe Gemeinkosten in bestimmten Bereichen vorkommen,
- herkömmliche Kalkulationsverfahren zu ungenauen Ergebnissen führen,
- unterschiedliche Kosten bei unterschiedlicher Auslastung von Produktionsfaktoren

durch die Produktion unterschiedlicher Erzeugnisse entstehen (siehe auch Maschinenstundensatzrechnung),

- usw.

Folgende Verfahrenschritte sind durchzuführen:

1. Ausgangspunkte der Prozesskostenrechnung sind die **Kostenstellen** der fertigungsunterstützenden Bereiche. Hier werden mittels **Tätigkeitsanalysen** die aufgeführten **Aktivitäten** oder **Teilprozesse** festgestellt.
2. Auch hier muss die Höhe der Kostenverursachung wie bei den Kostenstellen **messbar** sein, um fehlerhafte Kostenzuweisungen zu vermeiden. Es erfolgt deshalb die Festlegung von **Maßgrößen** oder **Bezugsgrößen**, deren Größe innerhalb eines Zeitraumes die Aktivitätskosten bestimmen.
3. Als Nächstes erfolgt die Zuordnung von entsprechenden **Prozesskostensätzen** auf Basis der Aktivitäten und Maßgrößen. Diese können auch schon für Planungen und Kontrollen genutzt werden.
4. In der Kalkulation werden die Prozesskostensätze über **Pools** nach ihrer Inanspruchnahme auf die jeweiligen Kostenträger verteilt. Dies geschieht zur Überprüfung **technischer Wirtschaftlichkeiten** sowie zur genaueren **Preisfindung bzw. Preisbeurteilung** der Produkte bezüglich ihrer Gemeinkosten.

4.2.1. Analyse der Tätigkeiten

In einer Kostenstelle werden durch Tätigkeiten Produktionsfaktoren verbraucht, deren Werte den Kostenträgern aber mittels der Kostenstellenrechnung nur indirekt als Kostenträgergemeinkosten zugerechnet werden können. Soweit diese Tätigkeiten als gleichmäßig wiederholende und gleichartige (repetitive) Tätigkeiten messbar sind, werden sie hier erfasst.

Tätigkeiten werden auch als **Aktivitäten**, **Teilprozesse** oder **Transaktionen** bezeichnet.

Die Analyse wird mit den in der Organisation üblichen Methoden durchgeführt. Es handelt sich um eine Arbeitsanalyse - hauptsächlich nach dem Verrichtungs- und Objektprinzip gegliedert.

- Als Erhebungstechniken können eingesetzt werden:
  Beobachtung, eventuell als Multimomentstudie, Interview, Selbstaufschreibung, Unterlagenanalyse.
- Dokumentiert werden können die Tätigkeiten mit Hilfe des Rasterblattes aus der Aufgabenanalysetechnik. Zur übersichtlichen Darstellung werden sie dann in ein Strukturbild übertragen. (Mit einer leistungsfähigen Software erübrigt sich das Rasterblatt. Tätigkeiten können direkt erfasst und bearbeitet werden.)
  In dem Strukturbild sind neben den Teilprozessen unterster Ebene Zusammenfassungen zu Hauptprozessen bis hin zu Prozessbereichen höherer Ordnungen erkennbar.

Beispiel

Prozessbereich	**Hauptprozess**	**Teilprozess**
Aufträge bearbeiten	telefonische Aufträge	entgegennehmen
		internen Auftrag erstellen
	schriftliche Aufträge	annehmen
		stempeln - nummerieren
	Aufträge weiterleiten	
Aufträge prüfen ...		

Diese Tätigkeiten werden dann in so genannten Tätigkeitsübersichten den entsprechenden Kostenstellen zugeordnet, wobei die Hauptprozesse oder Prozessbereiche abgeschlossene Aufgabenkomplexe sind, die nicht unbedingt mit Kostenstellen bzw. Kostenstellenbereichen übereinstimmen müssen.

Beispiel

<table>
<tr><td colspan="5">Kostenstelle: Auftragsbearbeitung</td></tr>
<tr><td colspan="5">Aktivitäten</td></tr>
<tr><td>Nr.</td><td colspan="3">Bezeichnung</td><td>Bemerkungen</td></tr>
<tr><td rowspan="5">1.</td><td rowspan="5">Aufträge bearbeiten</td><td rowspan="2">telefonische Aufträge</td><td>entgegennehmen</td><td></td></tr>
<tr><td>interne Aufträge erstellen</td><td></td></tr>
<tr><td rowspan="2">schriftliche Aufträge</td><td>annehmen</td><td></td></tr>
<tr><td>stempeln - nummerieren</td><td></td></tr>
<tr><td colspan="2">Aufträge weiterleiten</td><td></td></tr>
<tr><td>2.</td><td colspan="3">Aufträge prüfen ...</td><td></td></tr>
</table>

Aufgabe

Erstellen Sie nach dem Beispiel des o.a. Blockdiagramms ein Strukturblatt und eine Tätigkeitsübersicht für folgenden Sachverhalt:
Im Beschaffungsbereich eines Betriebes fallen die Aktivitäten "a", "b", "c", "d", "e" und "f" an. "a" und "b" sind Teilprozesse des Hauptprozesses "A", "c", "d" und "e" des Hauptprozesses "C".

4.2.2. Festlegung von Maßgrößen

Analog zur Plankostenrechnung müssen auch hier **Maßgrößen** oder **Bezugsgrößen** festgelegt werden, die auch **Kostentreiber** (cost driver) genannt werden.

Eine aktivitätsorientierte Bezugsgröße ist die Maßeinheit, mit der die Kostenverursachungen der Leistungsmengen gemessen werden. Zu dieser Bezugsgröße stehen die Kosten in einer entsprechenden Abhängigkeit. Bezugsgrößen sollten sowohl Maßstab für die Kontrolle in der Kostenstellenrechnung sein, als auch für die Kalkulation.

Um den Erfassungs- und Verrechnungsaufwand zu verringern, werden Teilprozesse häufig jedoch zu Hauptprozessen zusammengefasst. Diesen Hauptprozessen wird dann eine Bezugsgröße zugeordnet.

Wichtig ist hierbei die Untersuchung, ob sich die Kosten abhängig von den Aktivitäten veränderlich verhalten - diese nennt man **leistungsmengeninduzierte Kosten (lmi)**; oder ob sie sich davon unabhängig verhalten - diese nennt man **leistungsmengenneutrale Kosten (lmn)**.
So sind die Kosten für die Leitung der Kostenstelle bei mehreren Mitarbeitern lmn-Kosten, während darauf aufbauend sprungfixe lmi-Kosten für die weiteren Personen anfallen. Hier wird auch deutlich, dass die lmi-Kosten keine variablen oder proportionalen Kosten sein müssen, da letztere sich automatisch bei Änderung der Bezugsgrößen mitverändern.
Bezugsgröße für die Prozesse "Aufträge bearbeiten" sind beispielsweise lmi-Bezugsgrößen "Anzahl der Aufträge" oder "Zeiteinheiten".

Kostentreiber können als Mengengrößen (z.B. Anzahl der Aufträge) oder als Zeitgrößen (z.B. Zeit der Auftragsbearbeitungen) genutzt werden. Mengengrößen lassen sich zwar in der Regel leichter erfassen, sie verhalten sich aber nicht immer proportional zu dem tatsächlichen Aktivitätsverbrauch.

Beispiel

<table>
<tr><td colspan="5">Kostenstelle: Auftragsbearbeitung</td></tr>
<tr><td colspan="5">Aktivitäten</td></tr>
<tr><td>Nr.</td><td colspan="3">Bezeichnung</td><td>Kostentreiber</td></tr>
<tr><td rowspan="5">1.</td><td rowspan="5">Aufträge bearbeiten</td><td rowspan="2">telefonische Aufträge</td><td>entgegennehmen</td><td rowspan="2">Anzahl</td></tr>
<tr><td>interne Aufträge erstellen</td></tr>
<tr><td rowspan="2">schriftliche Aufträge</td><td>annehmen</td><td>Zeit</td></tr>
<tr><td>stempeln - nummerieren</td><td>Anzahl</td></tr>
<tr><td colspan="2">Aufträge weiterleiten</td><td>Anzahl</td></tr>
<tr><td>2.</td><td colspan="3">Aufträge prüfen ...</td><td></td></tr>
</table>

Haberstock teilt diese Bezugsgrößen (für die Verursachung "Beschäftigung") in seiner Grenzplankostenrechnung sehr übersichtlich ein. Diese Einteilung kann hier übernommen werden:

a) Bezugsgrößen (BG) mit doppelter Funktion (**Kontrolle und Kalkulation**) bei homogener Kostenverursachung (**eine BG pro Kostenstelle**),
   - ausgedrückt in Stück, Meter etc. bei "Einproduktkostenstellen",
   - ausgedrückt in Äquivalenzziffern,
   - ausgedrückt in Rückführung auf wesentliche, proportionale Kostenentstehungen;

   bei heterogener Kostenverursachung (**mehrere BG pro Kostenstelle**)
   - bei Änderung der Anzahl von Arbeitskräften pro Maschine in Abhängigkeit zur erstellten Leistung,
   - bei funktionsgleichen aber unterschiedlich kostenintensiven Maschinen,
   - wenn verschiedenartige Produkte bei gleicher BG zu unterschiedlichen Kosten führen;

b) Bezugsgrößen (BG) mit einfacher Funktion (entweder für Kontrollzwecke **oder** Kalkulationszwecke),
   - im Kontrollbereich häufig bei Routinearbeiten mit Wiederholungscharakter, z.B. Auftragsbearbeitung: Anzahl erledigter Aufträge, Poststelle: Anzahl Postausgänge,
   - im Kalkulationsbereich als "Hilfs-BG" anstelle einer genauen Kostenverursachung, z.B. Verwaltung und Vertrieb: Herstellkosten der produzierten bzw. abgesetzten Leistungen.

Aufgabe

Die o.a. Aufgabe wird wie folgt weitergeführt:
Als Maßgrößen werden Zeiteinheiten (ZE) ermittelt. Folgende Zeiteinheiten fallen in dem Abrechnungszeitraum an:
Hauptprozess "A" 11.000 ZE; Teilprozess "c" 5.000 ZE; Teilprozess "d" 1.000 ZE; Teilprozess "e" - ZE (lmn); Teilprozess "f" 4.500 ZE.

4.2.3. Ermittlung von Prozesskostensätzen

Den einzelnen Prozessen sind im nächsten Schritt aufgrund einer **Kostenanalyse** die entsprechenden Kostenarten zuzuordnen.

Bei hoher Personalintensität werden aus kostenwirtschaftlichen Gründen häufig in den indirekten Leistungsbereichen nur die Personalkosten analysiert. Die weiteren Kosten werden wie lmn-Kosten behandelt.

Zur reinen Information über Kostenstrukturen reichen die Periodenkosten der Prozesse aus.
Im Rahmen einer Kontrolle der **technischen Wirtschaftlichkeit**, oder aber um die Genauigkeit der **Kalkulation** auf verursachungsgerechter Basis zu erhöhen, müssen die Prozesskosten je Einheit der Maßgröße ermittelt und dann dem Kostenträger zugerechnet werden:

Prozesskostensatz = Prozesskosten:Prozessmenge

Hierbei wird eine Proportionalität zwischen Kostentreiber und Kostenhöhe unterstellt.
lmn-Kosten eines Hauptprozesses oder Prozessbereiches dagegen werden dann im Verhältnis der entsprechenden lmi-Kosten aufgeteilt. Hier wird erkennbar, dass die lmn-Kosten bei höherer Stückzahl anteilig im Prozesskostensatz fallen bzw. bei niedrigerer Stückzahl anteilig steigen (Degressionseffekt).

Beispiel

Prozess	Maßgrößen	Prozessmengen	Kosten	Prozesskostensatz	Umlagesatz (lmn)	Gesamtprozesskostensatz
1(lmi)	Stück	10.000	20.000	2,–	0,20	2,20
2(lmi)	Stück	5.000	15.000	3,–	0,30	3,30
3(lmn)	-	-	3.500	-	-	-

Umlage = lmn-Kosten:lmi-Kosten = 3.500:35.000 = 0,1
Umlagesatz1 = Prozesskostensatz1*Umlage = 2,–*0,1 = 0,20
Umlagesatz2 = Prozesskostensatz2*Umlage = 3,–*0,1 = 0,30

Aufgabe

Die o.a. Aufgabe wird wie folgt weitergeführt:
Als Kosten werden ermittelt:
Hauptprozess "A" 352.000,– DM; Teilprozess "c" 230.000,– DM; Teilprozess "d" 22.000,– DM; Teilprozess "e" 63.000,– DM; Teilprozess "f" 49.500 DM.

4.2.4. Kalkulation mit Prozesskosten

Zur Verrechnung der Prozesskosten auf die **Kostenträger** muss nun eine Beziehung zwischen den Kostentreibern und den Kostenträgern hergestellt werden. Hier sollen sich die Kosten widerspiegeln, die durch das Fertigungsprogramm, durch die Struktur dieses Programms und durch die Art der Produkte entstanden sind.

Es wird in der Regel jedoch schwierig sein, alle Kostentreiber mit ihren Prozesskostensätzen direkt als **Einzelkosten** auf den Kostenträger zu verrechnen, da die Zuordnung nicht immer erkennbar ist. In diesen Fällen kann man die Prozesskosten in **Pools** sammeln. Diese werden dann auf die Kostenträger verteilt, die Leistungen in Anspruch genommen haben.

Eine Prozesskostenrechnung erfolgt also in zwei Stufen:

1. Stufe: Kostentreiber und Prozesskostensätze werden ermittelt und eventuell schon zur Kontrolle und Planung genutzt.

2. Stufe: Kostentreiber mit Prozesskostensätzen werden - soweit möglich und sinnvoll - direkt (als eigener Kostenpool) dem Kostenträger bzw. einer Gruppe von Kostenträgern zugerechnet;

oder

Kostentreiber werden in Pools gesammelt, und diese Pools werden nach Schlüsseln bzw. aufgrund Schätzung auf Basis der Inanpruchnahme durch die Kostenträger verteilt.

Aufgabe

Die o.a. Aufgabe wird wie folgt weitergeführt:
Ein Kostenträger beansprucht folgende Leistungen aus den Kostenpools:
Hauptprozess "A" 500 ZE; Teilprozess "c" 120 ZE; Teilprozess "d" 50 ZE; Teilprozess "f" 200 ZE.
Die Materialeinzelkosten der Periode betragen 7.290.000,– DM; die Materialeinzelkosten des Produktes 300.000,– DM:
Ermitteln Sie die Materialkosten des Produktes
a) auf Basis der Prozesskostenrechnung;
b) auf Basis der herkömmlichen Vollkostenrechnung.
Interpretieren Sie das Ergebnis!

4.2.5. Prozesskostenrechnung mit stufenweiser Fixkostendeckung

Im letzten Abschnitt wurde dargestellt, dass Kostentreiber - soweit sie den Kostenträgern nicht direkt zugerechnet werden können oder sollen - in Pools gesammelt werden, und diese Pools dann im Sinne der Vollkostenrechnung nach Schlüsseln o.ä. auf die Kostenträger verteilt werden.

Diese Art der Verteilung führt wiederum zu den Nachteilen, die im Rahmen der Vollkostenrechungen schon aufgezeigt wurden. Dennoch entstehen bei der beschriebenen Prozesskostenrechnung gegenüber den klassischen **Vollkostenrechnungen** mit ihren Gemeinkostenverteilungen durch die Analyse der Prozesse Vorteile:

- Kostenträger-Gemeinkosten können besser geplant und kontrolliert werden;
- die Verrechnung der Prozesskosten auf Kostenträger - zum Teil sogar direkt (s.o.) - ist sicherlich verursachungsgerechter als die Gemeinkostenzuordnung nach Zuschlagsätzen auf Basis der Einzel- bzw. Herstellkosten.

Besonders problematisch aber ist eine solche Verteilung dann, wenn überhaupt kein Wirkungszusammenhang zwischen Inanspruchnahme der Kostenpools und Produktionsumfang der Kostenträger erkennbar wird, da diese Kosten zeitabhängig sind.

Entsprechend der **Teilkostenrechnung** sollte bei diesen fixen Kosten auf eine Kostenträgerverrechnung verzichtet werden.

Im Rahmen einer **Proportionalkostenrechnung** werden proportionale Produktart-Gemeinkosten im Gegensatz zur klassischen Proportionalkostenrechnung über die Kostenpools verteilt; eine stufenweise modifizierte Fixkostendeckung kann die den Produktarten nicht nach Inanspruchnahme zurechenbaren Kostenpools sammeln und im Rahmen einer Betriebsabrechnung hierarchisch den Deckungsbeiträgen gegenüberstellen.

<table>
<tr><th></th><th>Produktart</th><th>Produktart</th><th>Produktart</th></tr>
<tr><td>Erlöse
- proportionale Produktarteinzelkosten</td><td></td><td></td><td></td></tr>
<tr><td>Deckungsbeitrag 1
- Produktart-Prozesskosten</td><td></td><td></td><td></td></tr>
<tr><td>Deckungsbeitrag 2
- Produktgruppen-Prozesskosten</td><td colspan="2"></td><td></td></tr>
<tr><td>Deckungsbeitrag 3
- fixe betriebl. Einzelkosten</td><td colspan="3"></td></tr>
<tr><td>Deckungsbeitrag 4
= Betriebsgewinn</td><td colspan="3"></td></tr>
</table>

VII. Kostenrechnungssysteme - Zeitbezug

Zu Beginn dieser Ausarbeitungen (Kapitel II.3.) wurde auf den Zeitbezug der Kostenrechnungssysteme schon hingewiesen.
Grundsätzliche Dinge sowie Unterscheidungen wurden dabei zum ersten Verständnis herausgestellt. In diesem Abschnitt soll nochmals intensiver auf den Zeitbezug eingegangen werden.

1. Die Istkostenrechnung

Man spricht von der Istkostenrechnung, wenn die Kosten im Wege der Nachrechnung ermittelt worden sind (Istfaktoreinsatz* Istfaktorpreis * Istbeschäftigung). Die bisherige Darstellung der Kostenarten-, Kostenstellen- und Kostenträgerrechnung entsprach dieser Tatsache. Ermittelte Kosten - eventuell mit Verrechnungspreisen und Normalbeschäftigung bewertet - wurden hier weiterverarbeitet. Das geschah unter dem Aspektder Vollkostenrechnung **ohne** Kostenauflösung, nach dem Erkennen der Nachteile dieses Verfahrens **mit** Kostenauflösung, und schließlich wurde die Teilkostenrechnung herangezogen.

Reine Istkostenrechnungen sind allerdings heute in der Praxis relativ selten. Zum einen stehen die Istzahlen erst nach derAbrechnung sehr spät zur Verfügung, zum anderen sind die bekannten zufälligen Schwankungen in diesen Kosten enthalten. Betriebsabrechnungen und Kalkulationen werden zu spät und zu ungenau durchgeführt.
Deshalb werden zumindest die Gemeinkosten künftig über Normalkalkulationssätze auf die Kostenträger verrechnet.

Eine weitere Möglichkeit besteht darin, zum besseren Kostenvergleich mit Verrechnungspreisen und verrechneter bzw. Normalbeschäftigung zu arbeiten.

2. Die Normalkostenrechnung

In der Normalkostenrechnung werden anstelle der tatsächlichen Kosten Durchschnittswerte aus vergangenen Perioden verwendet (durchschnittlicher Faktoreinsatz * durchschnittlicher Faktorpreis * durchschnittliche Beschäftigung). Dieses ist grundsätzlich im Bereich der Gemeinkosten üblich; man findet Durchschnittswerte aber auch im Bereich der Einzelkosten.

Die Kosteneinflussgrößen werden bei diesem Verfahren nichtnäher analysiert. Man geht von der Prämisse aus, dass diese durchschnittlichen und bereinigten Istkosten auch in Zukunft anfallen werden.

Saisonale und zufällige Kostenschwankungen werden bei der Verrechnung auf die Kostenträger zwar ausgeglichen, Unwirtschaftlichkeiten lassen sich jedoch nicht erkennen.
In der Zwischenzeit ging man von den reinen Durchschnittssätzen ab. Es werden gegenwärtig vorliegende und zukünftig zu erwartende Kostenverhältnisse mit berücksichtigt, aus Normalwerten werden Standard- oder Richtwerte. Entsprechend werden wie bei den zu vergleichenden Istkosten auch hier Verrechnungspreise und verrechnete bzw. Normalbeschäftigungen angesetzt.

Die Abweichungen zwischen Normal- und Istkosten werden bei höheren Normalkosten als Überdeckung, bei niedrigeren Normalkosten als Unterdeckung erfasst. Das heißt, es werden alsVorgabe betrachtete hohe Normalkosten anstelle der später bekannten niedrigeren Istkosten auf die Kostenträger abgewälzt bzw. es werden zu wenig Normalkosten verrechnet.

In der Normalkostenrechnung kann nach starrem oder nach flexiblem Verfahren abgerechnet werden.

2.1. Die starre Normalkostenrechnung

Starr bedeutet, dass sich die Normalkosten auf ein bestimmtes Produktionsprogramm und eine feste gewählte Beschäftigung beziehen. Änderungen dieser beiden Größen können nicht berücksichtigt werden (keine Kostenauflösung). Brauchbare Ergebnisse fallen nur ohne entsprechende tatsächliche Änderungen an.

Beispiel

(Der Einfachheit halber werden nur zwei vergangene Perioden benutzt.):

	Periode n-2	**Periode n-1**
Fertigungsstunden	20.000	24.000
Ist-Fertigungseinsatz	200.000 DM	240.000 DM

durchschnittliche Fertigungsstunden	22.000
erwarteter Beschäftigungsanstieg 10%	24.200
durchschnittliche Fertigungsgemeinkosten	220.000 DM
erwarteter Kostenanstieg	15.000 DM
Normalkosten	235.000 DM
Normal-Verrechnungssatz pro Stunde	9,71 DM

Monat	Normalbesch.	Normal-GK	Ist-GK	Gesamtabw.
1	2.200	21.362	21.612	- 250
2	1.700	16.507	16.607	- 100
3	2.000	19.420	19.570	- 150
4	1.600	15.536	15.186	+ 350
5	2.500	24.275	24.375	- 100
6	2.100	20.391	20.191	+ 200
7	1.700	16.507	16.207	+ 300
8	2.000	19.420	19.270	+ 150
9	2.400	23.304	23.254	+ 50
10	1.800	17.478	17.578	- 100
11	2.100	20.391	20.641	- 250
12	2.100	20.391	20.541	- 150
	24.200	234.982*	235.032	- 50

* Abweichung aufgrund von Rundungen

Die Unter- und Überdeckungen über eine längere Periode betrachtet (z.B. 1 Jahr), sollten sich annähernd ausgleichen.In diesem Fall sind die Normalkosten richtig ermittelt.

2.2. Die flexible Normalkostenrechnung

Eine Normalkostenrechnung ist flexibel, wenn die Normalkostensätze für verschiedene Beschäftigungen festgelegt werden. Die Gesamtkosten sind in fixe und proportionale Kosten getrennt.

Ziel ist es, die Über- und Unterdeckung mittels einer Abweichungsanalyse auf ihre Ursachen hin zu untersuchen, die Auskunft des Zahlenmaterials wird genauer und deutlicher. Die Gesamtabweichung ist in beschäftigungsabhängige - verursacht durch die Abweichung zwischen der Normal- und Istbeschäftigung - und in eine Restabweichung aufgeteilt.

Beispiel

(wie oben;) die Fixkosten betragen 70.000 DM,
die proportionalen Kosten 150.000 DM,
die Normalbeschäftigung der Abrechnungsperiode betrug 24.200 Stunden,
der Normalkostensatz für beschäftigungsabhängige Kosten betrug somit 6,20 DM

ver.N.-K.: verrechnete Normalkosten
N.m.K.A.: Normalkosten mit Kostenauflösung (Basis Istkosten)
B.a.Abw.: beschäftigungsabhängige Abweichung
Ist-K.: Istkosten
G-Abw.: Gesamtabweichung

Mon.	Beschäftigung N	Beschäftigung I	ver.N.-K.	N.m.K.A.	B.a.Abw.	Ist-K.	G-Abw.	Rest-Abw.
1	2.200	2.220	21.362	19.597,33	1.764,67	21.612	-250	-2.014,67
2	1.700	1.680	16.507	16.249,33	257,67	16.607	-100	- 357,67
3	2.000	2.040	19.420	18.481,33	938,67	19.570	-150	-1.088,67
4	1.600	1.610	15.536	15.815,33	- 279,33	15.186	+350	629,33
5	2.500	2.510	24.275	21.395,33	2.879,67	24.375	-100	-2.979,67
6	2.100	2.080	20.391	18.729,33	1.661,67	20.191	+200	-1.461,67
7	1.700	1.690	16.507	16.311,33	195,67	16.207	+300	104,33
8	2.000	2.030	19.420	18.419,33	1.000,67	19.270	+150	- 850,67
9	2.400	2.410	23.304	20.775,33	2.528,67	23.254	+ 50	-2.478,67
10	1.800	1.780	17.478	16.869,33	608,67	17.578	-100	- 708,67
11	2.100	2.110	20.391	18.915,33	1.475,67	20.641	-250	-1.725,67
12	2.100	2.120	20.391	18.977,33	1.413,67	20.541	-150	-1.563,67
	24.200	24.280	234.982*	220.535,96	14.446,04	235.032	- 50	-14.496,04

* Abweichung aufgrund von Rundungen

Folgende Abweichungen wurden hier ermittelt:

1. Gesamtabweichung: verrechnete Normalkosten (Normalbeschäftigung) - Istkosten
2. beschäftigungsabhängige Abweichung: verrechnete Normalkosten (Normalbeschäftigung) - Normalkosten mit Kostenauflösung bezogen auf die Istbe schäftigung
3. Restabweichung: Gesamtabweichung - beschäftigungsabhängige Abweichung.

Erst jetzt wird erkenntlich, dass die Istkosten um 14.496,04 DM höher liegen, als die auf die Istbeschäftigung bezogenen Normalkosten. Die Gesamtabweichung von -50 DM (Unterdeckung) ist darauf zurückzuführen, dass die Istkosten-Unterdeckung durch eine Überdeckung zwischen den Normalkosten zur Normalbeschäftigung und den Normalkosten zur Istbeschäftigung ausgeglichen wird.

Diese flexible Normalkostenrechnung wird häufig als Vorstufe der Plankostenrechnung bezeichnet.

Aufgaben

1. Erläutern Sie, aus welchen Größen sich die Normalkosten ermitteln!
2. Unterscheiden Sie zwischen starrer und flexibler Normalkostenrechnung!
3. Erläutern Sie die Zielsetzungen dieser Normalkostenrechnungen!
4. Die durchschnittlichen Fixkosten betragen 98.000 DM, die durchschnittlichen proportionalen Kosten 220.000 DM, es wird mit einem Beschäftigungsanstieg von 10% gerechnet, die durchschnittliche Beschäftigung wird aufgrund der fünf letzten Perioden ermittelt.

Monat	Beschäftigung N	I	Istkosten
1	2.000	2.100	12.000
2	1.800	1.900	13.000
3	1.600	1.500	11.000
4	2.100	2.000	14.000
5	2.000	2.200	15.000
6		2.100	14.500
7		1.700	13.500
8		1.700	13.000
9		1.500	12.000
10		2.100	12.500
11		1.800	13.500
12		1.800	13.500

a) Ermitteln Sie die Gesamtabweichung, erläutern Sie das Ergebnis!
b) Ermitteln Sie die beschäftigungsabhängige Abweichung und Restabweichung, und interpretieren Sie das Ergebnis!

3. Die Plankostenrechnung

3.1. Grundsätzliches zur Plankostenrechnung

Die bisher genannten Kostenrechnungssysteme orientierten sich grundsätzlich an vergangenen Daten. Somit ist weder ein aussagefähiger Einblick in die Wirtschaftlichkeit von Betriebsabläufen gegeben, noch lassen sich Fehlentscheidungen bei der unternehmerischen Planungstätigkeit vermeiden. Diese Mängel können nur durch eine Plankostenrechnung beseitigt werden.

Hinweis
Die Plankostenrechnung ist sehr übersichtlich bei Haberstock dargestellt. Es wird hier versucht, ein Resumee aus seinem Buch "Kostenrechnung II" zu ziehen.

3.1.1. Begriffe der Plankostenrechnung

Plankosten sind das Produkt aus geplantem Faktoreinsatz, dem geplanten Faktorpreis und der geplanten Beschäftigung.
Eine Festlegung dieser Kosten erfolgt im Voraus, wobei man sich weitestgehend von den Vergangenheitswerten lösen muss.
Sie werden ermittelt aufgrund wirtschaftlicher Überlegungen, technischer Berechnungen und Verbrauchsmessungen auf der Basis eines optimalen Betriebsablaufes.

"Plankosten" sind der Oberbegriff für Standard- und Budgetkosten.

Standardkosten sind vor allem die auf einen Kostenträger bezogenen Plankosten. Ein Standard ist eine Maßgröße (Gewicht, Stunde) zur Erfassung von Verbräuchen. Diese Standards müssen genauestens festgelegt werden. Sie ändern sich nur, wenn sich das Produkt oder die Herstellungsmethode ändert. Nur die bewerteten Standards (Standardkosten = Herstellkosten pro Leistungseinheit) ändern sich durch Preisänderungen (z.B. Materialpreise).

Budgetkosten sind die geplanten Kosten einer Kostenstelle für einen bestimmten Zeitraum, wenn sich bei diesen Kosten eine Leistungsmessung nur sehr schwer durchführen lässt. Man muss hier häufig Schätzungen vornehmen. Das betrifft z.B. Kostenstellen im Verwaltungs- und Vertriebsbereich. Lassen sich verursachungsgerechte leistungsbezogene Standards ermitteln, spricht man auch hier von Standardkosten.

Sollkosten sind das Produkt aus geplantem Faktoreinsatz, geplantem Faktorpreis und der jeweiligen Istbeschäftigung. Nur über die Sollkosten ist ein Vergleich mit den Istkosten möglich.

3.1.2. Die Aufgaben der Plankostenrechnung

Aufgrund der analytisch gewonnenen Zahlen, die sich grundsätzlich nicht an Vergangenheitsdaten orientieren sollen, ist, wie schon erwähnt, eine **bessere Kontrolle der Wirtschaftlichkeit** gegeben. Weiter ist dieses Zahlenmaterial besser für **dispositive Zwecke** geeignet. Auch gehen **keine vergangenen Unwirtschaftlichkeiten** in die Plankalkulation der betrieblichen Leistungen ein. (Daneben wird für die Bewertung der Vorräte und selbsterstellten Anlagen bilanzmäßig in jedem Fall noch eine Istkalkulation benötigt.) Wie an diesen drei Aufgaben erkenntlich, dient die Plankostenrechnung zum einen der **Kosten- und Leistungskontrolle** und zum anderen der **Kosten- und Leistungsplanung**.

3.2. Die Systeme der Plankostenrechnung

Durch die parallelen Entwicklungen der verschiedenen Formen von Normal- und Plankostenrechnungen zur Erfüllung der o.a. Aufgaben wird man in der Praxis kaum ein reines System vorfinden.

Die Plankostenrechnungen (PKR) lassen sich wie folgt unterteilen:

<table>
<tr><td colspan="4">PKR</td></tr>
<tr><td>starre PKR</td><td colspan="3">flexible PKR</td></tr>
<tr><td></td><td colspan="2">teilflexible PKR aufgrund von Beschäftigungsschwankungen</td><td>vollflexible PKR</td></tr>
<tr><td></td><td>PKR auf Vollkostenbasis und auf Basis von Prozesskosten</td><td>PKR auf Teilkostenbasis</td><td></td></tr>
</table>

3.2.1. Die starre Plankostenrechnung

Bei der starren Plankostenrechnung ermittelt man die nach Kostenarten differenzierten Plankosten einer Kostenstelle für einen Beschäftigungsgrad - für die Planbeschäftigung. Eine Umrechnung der Plankosten auf die Istbeschäftigung für den Vergleich mit den Istkosten unterbleibt.

Kalkuliert wird mit einem Vollkostensatz (ohne Kostenauflösung) der Kostenstelle. Durch Multiplikation des Kalkulationssatzes mit den Istbeschäftigungen erhält man die auf die Kostenträger verrechnete Kostensumme, die "verrechneten Plankosten".

Beispiel

Die Planbeschäftigung sei 10.000 , die zugehörigen Plankosten $K_{(p)}$ seien 100.000 DM; der Kalkulationssatz beträgt somit 10,– DM. Am Ende der Abrechnungsperiode beträgt die Istbeschäftigung $x_{(i)}$ 6.000 DM, die Istkosten $K_{(i)}$ 80.000 DM.

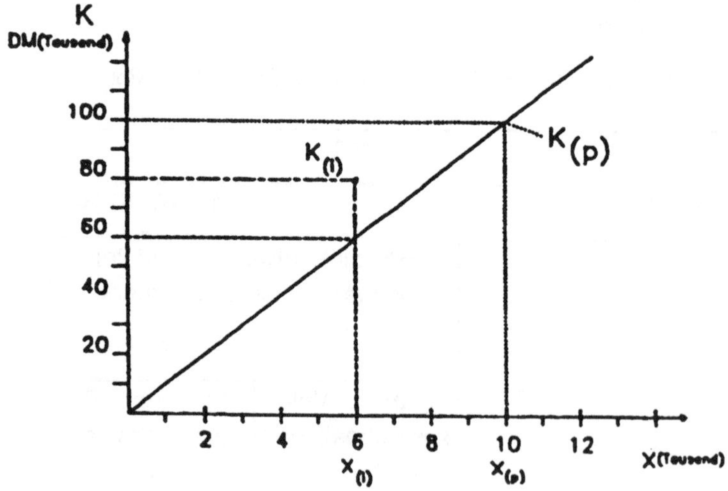

Zwischen verrechneten Plankosten (60.000 DM) und Istkosten ergibt sich eine Differenz von 20.000 DM. Aufgrund der Unterstellung einer Proportionalität von Fixkosten ist diese Differenz entstanden. Fixkosten bleiben aber unabhängig von der Beschäftigung gleich. Die Differenz lässt keine brauchbare Analyse zu.

Der **Vorteil** gegenüber Ist- und Normalkostenrechnung liegt hier nur im Planungsansatz. Es wurden keine vergangenen Daten benutzt.

Nachteile sind

1. die fehlende Beschäftigungsanpassung,
2. der Verstoß gegen das Kostenverursachungsprinzip.

Dieses Verfahren lässt sich bei fehlenden Standards, also in der Budgetrechnung verwenden.

3.2.2. Die teilflexible Plankostenrechnung

Hier werden nicht nur die Plankosten für einen Beschäftigungsgrad, sondern auch die Soll-kosten für alle Beschäftigungsgrade berücksichtigt. Damit ist ein Vergleich der Istkosten mit den Sollkosten bei gleicher Istbeschäftigung möglich.

Die Berücksichtigung der Beschäftigungsgerade geschieht mit Hilfe der Kostenauflösung.

a) Die teilflexible Plankostenrechnung auf Vollkosten- und Prozesskostenbasis

In der Kostenstellenrechnung werden die Plankosten in fixe und proportionale Bestandteile aufgelöst. Wir erhalten somit Sollkosten ($K_{(s)}$). In der **Kalkulation** wird zumeist weiter mit **verrechneten** Plankosten gearbeitet. Die Berücksichtigung der Kostenauflösung, wie bei der Istkalkulation ($K_f/x + k_p$), würde für planerische Zwecke nur Unsicherheit aufgrund der sich ändernden Stückkosten, keine geeigneten Kostenangaben, bedeuten. Eine Prozesskostenrechnung schafft bei der Verteilung der Gemeinkosten über die Bearbeitungsprozesse hier aber eine verursachungsgerechtere Basis.

Beispiel

(wie oben), jedoch K_f = 40.000 DM, K_p = 60.000 DM.

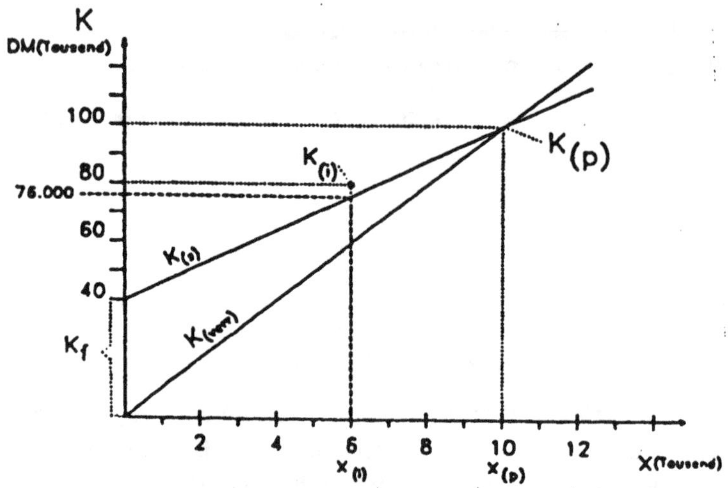

Die proportionalen Stückkosten betragen hier 6,– DM.
Die Differenz zwischen Sollkosten (40.000 DM + 6.000 * 6 = 76.000 DM) und Istkosten 80.000 DM von 4.000 DM ist die Verbrauchsabweichung.
Mittels einer Analyse ist festzustellen, worauf diese Verbrauchsabweichung zurückzuführen ist. (Es sei hier noch einmal erwähnt, dass zum Vergleich mit den Sollkosten die Istkosten zum Planpreis eingesetzt wurden!)

Vergleicht man Plankosten mit Sollkosten, erhält man die Beschäftigungsabweichung (Kostenabweichung aufgrund der Beschäftigungsabweichung). Hier wird nun die Beschäftigungsabweichung weiter modifiziert. Es wird im Folgenden die Differenz aus **verrechneten Plankosten** und den **Sollkosten** als Beschäftigungsabweichung ermittelt (60.000 DM). In Höhe dieser Differenz sind bei den verrechneten Plankosten aufgrund einer Beschäftigungsänderung **zu viel bzw. zu wenig Fixkosten** proportional auf die Kostenträger verteilt worden.

Bei diesem Plankostenverfahren ist eine verursachungsgerechte Kostenkontrolle möglich. **Nachteile** sind aber:

1. die Zuordnung der Fixkosten auf den Kostenträger ist bei der normalen Vollkostenrechnung nicht verursachungsgemäß, damit ist die Kalkulationsaufgabe nicht erfüllt; dieser Nachteil wird durch die Prozesskostenrechnung relativiert;
2. als Lenkungsinstrument lässt sich das System nur zum Teil nutzen, nicht bei: Preisuntergrenzen, Eigen- oder Fremdbezug etc.

b) Die teilflexible Plankostenrechnung auf Teilkostenbasis

Bei diesem Verfahren wird in der **Kostenstellen- oder Kostenträgerrechnung** die Trennung in proportionale und fixe Kosten vorgenommen.
In der Kostenstellenrechnung ergibt sich der gleiche Sollkostenverlauf wie eben.
In der Kostenträgerrechnung nimmt man Kalkulationssätze, die nur die proportionalen Plankosten enthalten. Die Fixkosten werden en bloc beim Betriebsergebnis berücksichtigt. Jetzt stimmen Sollkosten und verrechnete Plankosten überein.

Beispiel

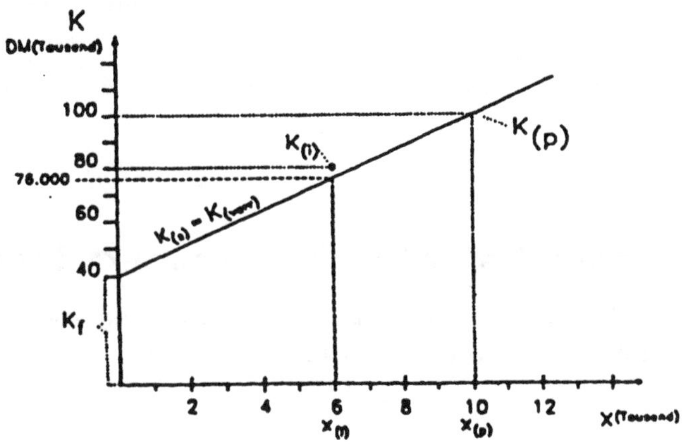

Die Verbrauchsabweichung beträgt weiterhin 4.000 DM. Eine Beschäftigungsabweichung gibt es nicht mehr.

Da in diesem System die proportionalen oder auch "Grenz-"Kosten auf die Kostenträger verrechnet werden, spricht man häufig auch von der "Grenzkostenrechnung".

Dieses Verfahren behebt die Mängel der vorher genannten Methode. Aber auch hier sollten ein paar **Nachteile** genannt werden:

1. Für die Handels- und Steuerbilanz ist eine Bewertung erstellter Vermögenswerte auf Vollkostenrechnung erforderlich.
2. Für eine Preisermittlung für öffentliche Aufträge reicht das Verfahren so ebenfalls nicht aus.
3. In der Praxis wird fälschlicherweise häufig der Preis aus den Grenzkosten abgeleitet, damit ist jedoch die langfristige Preisuntergrenze nicht erreicht!

3.2.3. Die vollflexible Plankostenrechnung

Die teilflexible Plankostenrechnung ging davon aus, dass sich nur die Beschäftigung ändern kann. Alle anderen Kostenbestimmungsfaktoren bleiben konstant. Die Sollkosten ergaben sich als Funktion der Beschäftigung.
Weiter zu berücksichtigende Bestimmungsfaktoren sind z.B. Produktionsbedingungen, Produktionsprogramm, Materialausbeute, Losgröße, Intensität der Beanspruchung der Produktionsfaktoren usw.

Eine wirklich vollflexible Plankostenrechnung ist nach dem heutigen Stand der Forschung noch nicht möglich. Funktionale Beziehungen sind noch nicht bekannt oder nicht rechenbar.

Eine teilflexible Rechnung reicht als wirkungsvolle Kontrolle deshalb nur selten wirklich aus.

3.3. Vorbereitung von Kostenplanung und Kostenkontrolle

An dieser Stelle sollen die Voraussetzungen angesprochen werden, die bei der Kostenplanung und Kostenkontrolle zu berücksichtigen sind.

3.3.1. Die Planungs- und Kontrollperiode

Bei der Planung geht man grundsätzlich von einer Jahresperiode aus. Änderungen werden nur vorgenommen, wenn sich Wesentliches ändert, z.B. Änderung des Fertigungsverfahrens. In diesem Fall muss im Bereich der Kostenstelle für die Kostenkontrolle die Planung angepasst werden. In der Kalkulation werden die Planungsperioden allgemein länger konstant gelassen. Es bedeutet einen hohen Arbeitsaufwand, sie bei vielen Produkten zu ändern. Man nimmt hier eine unterschiedliche Kostenplanung für Kostenstellen und Kostenträger in Kauf.

In der Kontrolle nutzt man eine monatliche Periodenlänge. Teilweise geht man auch auf dreizehn Vier-Wochen-Zeiträume über, um gleichlange Perioden zu bekommen, die allerdings auch durch Feiertage etc., unterschiedlich werden. Mit Hilfe der EDV lässt sich hier jedoch zum einen an eine Verkürzung der Abrechnungsdauer nach Periodenende, zum anderen an eine noch kürzere Abrechnungsperiode (Woche) denken.

Im Bereich der Budgetrechnung ergibt ein kürzerer Zeitraum als ein Monat keinen Sinn. Hier wird teilweise auch von einer Jahresperiode ausgegangen (Plan-Ist-Vergleich; nicht Soll-Ist-Vergleich).

3.3.2. Die betrieblichen Teilpläne

Innerhalb der betrieblichen Planung kommen der Kostenplanung zwei Aufgaben zu:

a) Es werden die mengenmäßigen Verbräuche der betrieblichen Teilpläne wertmäßig fest gehalten.
b) Sie liefert Daten für die Planung in den Teilbereichen Buchhaltung, Produktion, Absatz, Finanzierung und Verwaltung.

3.3.3. Die Kostenarten

Wie bekannt, werden auch in der Plankostenrechnung die Kosten den nach dem Gesichtspunkt der verbrauchten Produktionsfaktoren erfasst. Es ist besonders darauf zu achten, dass es keine Überschneidungen aufgrund der Erfassung und Zurechnung gibt. Planung und Kontrolle sollen nicht verfälscht werden. Allerdings muss die Gliederungsstufe der Kostenartenrechnung wirtschaftlich noch vertretbar sein.

Ein zusätzlicher Aspekt ist die Einteilung in beeinflussbare Kostenarten (wie Material, Lohn etc.) und nicht beeinflussbare (wie kalkulatorische Kosten, Versicherungen etc.).

Da auch sekundäre Kosten berücksichtigt werden, sollten diese aus den Hilfskostenstellen mit im Kostenartenplan enthalten sein.

3.3.4. Die Kostenstellen

Aufgaben und Einteilungsmöglichkeiten der Kostenstellen einschließlich der Einteilungsgrundsätze wurden schon innerhalb der Istkostenrechnung ausführlich dargestellt. Zur Vertiefung sei empfohlen, dort noch einmal nachzulesen.

3.3.5. Die Bezugsgrößen und die Beschäftigung

Eine Bezugsgröße ist die Maßeinheit, mit der die Kostenverursachungen Betriebsgröße, Faktorqualität, Fertigungsprogramm, Losgröße, Beschäftigung, Faktoreinsatz und Faktorpreis gemessen werden. Zu dieser Bezugsgröße stehen die Kosten in einer entsprechenden Abhängigkeit. Bezugsgrößen sollten sowohl Maßstab für die Kontrolle in der Kostenstellenrechnung sein, als auch für die Kalkulation.

Haberstock teilt die Bezugsgrößen für die Verursachung "Beschäftigung" sehr übersichtlich ein. Da dieser Kostenbestimmungsfaktor eine Vielzahl von Prozessbedingungen umfasst, muss er durch geeignete Bezugsgrößen dargestellt werden:

a) Bezugsgrößen (BG) mit doppelter Funktion (**Kontrolle und Kalkulation**) bei homogener Kostenverursachung (**eine BG pro Kostenstelle**),

- ausgedrückt in Stück, Meter etc. bei "Einproduktkostenstellen",
- ausgedrückt in Äquivalenzziffern,
- ausgedrückt in Rückführung auf wesentliche, proportionale Kostenentstehungen;

bei heterogener Kostenverursachung (**mehrere BG pro Kostenstelle**)

- bei Änderung der Anzahl von Arbeitskräften pro Maschine in Abhängigkeit zur erstellten Leistung,
- bei funktionsgleichen aber unterschiedlich kostenintensiven Maschinen,
- wenn verschiedenartige Produkte bei gleicher BG zu unterschiedlichen Kosten führen;

b) Bezugsgrößen (BG) mit einfacher Funktion (entweder für Kontrollzwecke **oder** Kalkulationszwecke),

- im Kontrollbereich häufig bei Routinearbeiten mit Wiederholungscharakter, z.B. Auftragsbearbeitung: Anzahl erledigter Aufträge,
  Poststelle: Anzahl Postausgänge,
- im Kalkulationsbereich als "Hilfs-BG" anstelle einer genauen Kostenverursachung,
  z.B. Material: Einzelmaterialkosten
  Verwaltung und Vertrieb: Herstellkosten der produzierten bzw. abgesetzten Leistungen

Nachdem diese Bezugsgrößen festgelegt sind, muss nun die Planbeschäftigung für die Bezugsgrößen ermittelt werden.

Hier werden in der Literatur zwei Verfahren benannt:

a) die Kapazitätsplanung - aus der Maximalkapazität und der Nominal- oder Optimalkapazität abgeleitet,
b) die Engpassplanung - abgeleitet aus monatlicher (Durchschnitts-)Beschäftigung unter Berücksichtigung aller Engpässe.

3.3.6. Die Kostenträger

Grundsätzliches über den Begriff des Kostenträgers wurde schon erläutert. Ergänzt sei an dieser Stelle, dass bei einer Vielzahl unterschiedlicher Leistungen zweckmäßigerweise aus Gründen der Planung, Abrechnung und Disposition Kostenträger-Gruppen gebildet werden. Man könnte zusammenfassen nach rohstoff-, produktions- oder absatzverwandten Leistungen.

Innerbetriebliche Leistungen werden häufig als Sammelaufträge bei geringen Werten (bis ca. 100 DM) oder bei sich wiederholenden Leistungen als Daueraufträge erfasst.

3.3.7. Die menschlichen Voraussetzungen

Es versteht sich eigentlich von selbst, dass diese gesamte Plankostenrechnung nur durch ein Team von unterschiedlich qualifizierten Mitgliedern durchgeführt werden kann.

- In der Kostenplanung müssen Kaufleute und Techniker eng zusammenarbeiten.
- In der Kostenkontrolle ist eine Zusammenarbeit von Kostenstellen-Leitern und Kostenplanung erforderlich.
- Auf die Kenntnisse dieser Kostenstellen-Leiter wird man auch bei der Kostenpla nung nicht verzichten können. Vorgabewerte sollten jedoch nicht ausgehandelt, sondern wegen der Objektivität von den Kostenstellen-Leitern testiert werden.

Beim Aufbau einer Plankostenrechnung können auch externe Betriebsberater beauftragt werden, sie müssen in jedem Fall jedoch die Unterstützung der kaufmännischen und technischen Leitung finden.

Die Mitarbeiter müssen intensiv geschult werden. Außerdem darf der Wirtschaftlichkeitsgrad (Grad der Anstrengung zur Erreichung der Sollvorgaben) die Mitarbeiter nicht überbeanspruchen, er darf aber auch nicht zu tief angesetzt werden.

3.4. Die Planung der Kosten

Schrittweise werden im Bereich der Kostenplanung nun die Planpreise und dann die Planmengen an Produktionsfaktoren zur Ermittlung der Kostenträgereinzel- und -gemeinkosten ermittelt.
Als Ergebnis entstehen Sollkosten für Kostenkontrollen, Plankalkulationssätze für Stückkostenermittlungen und Plankosten als Grundlage für Planungsrechnungen.
Hilfestellung in der Kostenplanung bieten:

a) die theoretischen Grundlagen der Produktions- und Kostentheorie,
b) Lernkurven, die Übung und Erfahrungen der Arbeitskräfte bei gleichen Arbeitsvorgängen berücksichtigen,
c) Wertanalysen, mit denen man alle im Hinblick auf die Funktionen des Produktes nicht notwendigen Kosten entfernt,
d) die Methoden des Operations Research.

3.4.1. Die Planung der Faktorpreise

a) Zeit der Preisplanung

Für die Kontrolle werden als Planpreise feste Verrechnungspreise ermittelt, die der mittel- bis langfristigen Preisentwicklung entsprechen.
Für Plankalkulationen und andere dispositive Planungsaufgaben sind kurz- bis mittelfristige Planpreise anzusetzen, wobei je nach Entscheidung - im Extremfall - Tagespreise bis hin zu durchschnittlich erwarteten Jahrespreisen benötigt werden.

b) Komponenten des Planpreises

Je nach Art der verbrauchten Produktionsfaktoren wird man von unterschiedlichen Preisen ausgehen müssen.
Bei **Rohstoffen** wird man sich zwischen Einkaufspreis, Einstandspreis (mit Beschaffungsnebenkosten) und Verbrauchspreis (mit Materialgemeinkosten = Lagerabgabepreis) entscheiden müssen. Gewöhnlich wird hier der Einstandspreis gewählt, da alle außerbetrieblichen Preiskomponenten direkt erfasst sind und nicht über Zuschläge berücksichtigt werden müssen. Bei Verbrauchspreisen entfällt die Möglichkeit der Wirtschaftlichkeitskontrolle im Bereich der Beschaffung.

Im Bereich der **Personalkosten** muss man zwischen Tariflohn (pro Arbeitszeiteinheit), Tariflohn mit gesetzlichen Sozialabgaben und Soziallohnrate (wie z.B. Urlaubslöhne) und gesamten Personalkosten (mit freiwilligen Sozialkosten) wählen. Letztere ermöglichen keine Wirtschaftlichkeitskontrolle der Sozialstellen. Der Tariflohn mit Sozialabgaben schafft eine schwierige Abstimmung mit der Lohn- und Gehaltsbuchhaltung. Man wird gewöhnlich den Tariflohn nehmen.

c) Einbezug der Produktionsfaktoren

Bei einer Anzahl von Produktionsfaktoren lassen sich keine Produkte aus Faktormenge und Faktorpreis bilden (z.B. bei Fremdreparaturen). Hier wird sofort eine entsprechende Wertgröße geplant, ebenfalls bei Produktionsfaktoren mit geringer Bedeutung.

Achtung: Bei einer Gegenüberstellung dieser Sollkosten mit den Istkosten fehlt eine Planpreiskomponente. Die Abweichung umfasst auch die Preisabweichung.

d) Die praktische Preisermittlung

Bei mittelfristigen Planpreisen verwendet man als Anhaltspunkt zunächst Preisstatistiken, aus denen zukünftige, erwartete Durchschnittspreise abgeleitet werden.
Nach entsprechender Rundung (z.B. auf 0,05 DM bei kleineren Werten) werden die Ergebnisse in Preislisten zusammengestellt.

3.4.2. Die Planung der Einzelkosten

Wie bereits dargestellt werden die Faktorverbrauchsmengen kostenträgerbezogen als Standards festgelegt. Durch Multiplikation mit den Planpreisen ergeben sich die Plankostenbeiträge. (Ihre Kontrolle erfolgt aber auch kostenstellenweise!)

Sie werden in der Praxis durch eine Kombination der folgenden Mittel aufgrund von
- technischen Studien und Berechnungen,
- Probeläufen und Mustern,
- Schätzungen eigener Fachleute,
- Ableitungen statistischer Vergangenheitswerte,
- Ableitungen aus externen Richtzahlen ermittelt.

Materialeinzelkosten werden nach dem Grundschema errechnet:
a) Ermittlung der Netto-Planverbrauchsmengen, die effektiv im Kostenträger enthalten sind,

b) Festlegung des Abfalls und sonstiger Ausnahmen, soweit er praktisch nicht vermeidbar ist,
c) Ableitung der Brutto-Planverbrauchsmengen und Multiplikation mit den Planpreisen.

Lohneinzelkosten werden hier sehr häufig mit den Gemeinkosten zusammen indirekt dem Kostenträger zugerechnet, um alle Fertigungskosten aufgrund der Bezugsgröße Fertigungszeit optimal zuzurechnen.

Grundsätzlich erfolgt die Ermittlung
a) der Plan-Arbeitszeiten als Standards,
b) der Einzelkosten durch Multiplikation mit den Planpreisen.

Alle anderen Kostenbestandteile der Löhne wie z.B. Mehrarbeitszuschüsse, Prämien werden als Gemeinkosten geplant und verrechnet.

Erwähnt seien hier noch die auftragsgebundenen Sondereinzelkosten, da hier mehr Standards berücksichtigt werden können als bei Einzelkalkulationen.

3.4.3. Die Planung der Gemeinkosten

Die Beiträge der Kostenträgergemeinkosten sind der schwierigste Teil der Kostenplanung. Die Zusammenstellung und Zusammenfassung nach Art und Höhe für eine Kostenstelle/Bezugsgröße nennt man Gemeinkostenplan. Die Darstellung dieser Pläne kann grafisch erfolgen (wie im Abschnitt "Systeme der Plankostenrechnung"), oder tabellarisch (ähnlich der BAB-Darstellung, jede Kostenstelle wird jedoch mit den Spalten "Menge, Preis, Plankosten, Variator" geführt), oder aber formelmäßig.

In der Grenzkostenrechnung lautet der Gemeinkostenplan:

$$K_{(s)} = K_{(verr)} = K_{f(p)} + k_{p(p)} * x_{(i)}$$

In der Vollkostenrechnung wird dagegen häufig die Variator-Methode benutzt. Der Variator gibt an, wie viel Prozent der Plangemeinkosten Proportionalkosten sind.

$$v = \frac{K_{p(p)}}{K_{(p)}}$$

$\overline{v = 0}$: die Kostenart (Elastizität = 0) ist fix, v = 1: die Kostenart (Elastizität = 1) ist variabel

Die Formel lautet dann :

$$K_{(s)} = K_{(p)} * (1 - v) + K_{(p)} * v * \frac{x_{(i)}}{x_{(p)}}$$

Beispiel

Die Plankosten betragen 200.000 DM für 20.000 Stück. Der Variator ist 0,8. Es wurden 15.000 Stück hergestellt.

$$K_{(s)} = 200.000 (1 - 0,8) + 200.000 * 0,8 * \frac{15.000}{20.000}$$

$$K_{(s)} = 40.000 + 120.000$$

$$K_{(s)} = 160.000$$

Gemeinkosten-Planungen können nach der statistischen oder nach der synthetischen Methode durchgeführt werden.
Bei der **statistischen** Methode werden die Sollkosten aus Vergangenheitsdaten analytisch abgeleitet. Bei der **synthetischen** Methode werden die bei den Einzelkosten genannten restlichen Verfahren verwandt.

3.5. Die Kontrolle der Kosten

Die Kontrolle wird in der Plankostenrechnung mittels des Soll-Ist-Vergleichs durchgeführt. Der geschlossene Soll-Ist-Vergleich ist ein für jede Kostenstelle geschlossenes Abrechnungssystem. Die Differenzen zwischen Soll- und Istkosten werden nach Kostenarten differenziert und nach Abweichungsursachen analysiert. Innerhalb des Standard-Kennziffernvergleichs werden nur bedeutsame Kostenarten mit entsprechenden Standardkosten verglichen, oder es werden nur Mengen und Standards berücksichtigt.
Die letzte Art ist zwar weniger aufwendig, es erfolgt aber keine systematische Kontrolle aller Kostenarten und damit wird eine differenzierte Abweichungsanalyse sehr schwierig.

Ziel der Kostenkontrolle ist die Beseitigung von Unwirtschaftlichkeiten, deshalb werden die tatsächlichen Kosten mit den Kosten verglichen, die bei wirtschaftlichem Verhalten zu erwarten sind. Die Istkosten ergeben sich durch die effektiven Auswirkungen aller Kostenbestimmungsfaktoren, die Plankosten durch deren planmäßige Auswirkungen. Zunächst wird als Differenz die Gesamtabweichung ermittelt, die anschließend in Teilabweichungen zerlegt wird, die jeweils auf einen Kostenbestimmungsfaktor zurückzuführen sind. Erst hier kann festgestellt werden, ob es sich um Unwirtschaftlichkeiten oder Unvermeidbares handelt.
Vor der eigentlichen Kontrolle werden deshalb auch Preis- und Beschäftigungsabweichungen abgespalten. Sie beruhen nicht auf innerbetrieblichen Unwirtschaftlichkeiten bzw. es lässt sich bei der Preisabweichung nicht eindeutig festlegen, was beeinflussbar war und was nicht.

Die zu untersuchende Verbrauchsabweichung wird häufig auch als **"globale Verbrauchsabweichung"** bezeichnet, die von einer Menge von Kostenbestimmungsfaktoren beeinflusst worden sein kann, z.B. Intensitätsabweichung (nicht bei Prozessorientierter Kostenrechnung), Ausbeuteabweichung, Rüstabweichung, Verfahrensabweichung. Diese gilt es durch so genannte Spezialabweichungen zu untersuchen. Die "Restabweichung" wird dann auch als **"echte Verbrauchsabweichung"** benannt.

Eine Analyse der globalen Verbrauchsabweichung - wie häufig in der Praxis durchgeführt - reicht nicht aus.

Während letztere im BAB ermittelt werden kann (je Kostenstelle drei Spalten: Istkosten, Sollkosten, Verbrauchsabweichung), müssen Spezialabweichungen in Nebenrechnungen festgestellt werden.

Verfahren wird bei diesen Abweichungen folgendermaßen:
Aufgrund der Verknüpfungen und Überschneidungen der Abweichungen werden zuerst die weniger bedeutsamen abgespalten. Die Abweichung der Sollkosten (Sollkosten 1) und der Sollkosten 2 wird errechnet. In dem Wert der Sollkosten 2 ist ein weiterer Kostenbestimmungsfaktor mit seiner Istgröße zugrunde gelegt worden. Diese Spezialabweichung ist also auf diesen Faktor zurückzuführen.
So setzt sich dieses System nun beliebig fort (Sollkosten 2 - Sollkosten 3). Am Ende werden nun die letzten Sollkosten mit den Istkosten verglichen. Jetzt ergibt sich die echte Verbrauchsabweichung.

Preisabweichungen werden schon in der Kontengruppe 92 mit berücksichtigt. Es wird ein Preisdifferenzkostenkonto (Gruppe 92) zum Ausgleich der Preisabweichung benötigt. (Die Abgrenzungen zwischen Aufwendungen und Kosten werden weiter mit Hilfe der Kontengruppen 90 bis 92 vorgenommen.)

Beispiel

Aufwendungen für Rohstoffe: 12.000 DM
bewertet zu Planpreisen: 15.000 DM

Rohstoffaufwand 12.000 DM

an Betriebliches Eröffnungskonto 12.000 DM

Rohstoffkosten 15.000 DM

an Rohstoffaufwand 12.000 DM
an Preisdifferenzkostenkonto 3.000 DM

Anmerkung

Bei Lohn- und Gehaltsabrechnungen werden bei Tarifänderungen neben dem o.a. Verfahren weitere Möglichkeiten angewandt:

1. die Durchführung einer Planungsüberholung,
2. die Korrektur der Bruttosumme nach Tarifänderungen pauschal mittels des Lohnerhöhungsfaktors,
3. Änderung der Tarifabweichungen im Soll-Ist-Vergleich.

Eine Auswertung dieser Abweichungen ist nicht erforderlich, da der Betrieb auf die Tarifänderung keinen Einfluss hat.

3.5.1. Die Behandlung einzelner Kostenarten

a) Materialeinzelkosten

Die Istverbrauchsmengen werden anhand der Materialscheine erfasst. Um eine globale Verbrauchsabweichung weiter zu analysieren ist es zweckmäßig, bei Verbräuchen, die über die Sollmenge hinausgehen, den Mehrverbrauch jeweils begründen zu lassen.

Die Teilabweichungen lassen sich - durch den Kostenstellenleiter - einteilen in

1. nicht vertretbare auftragsbedingte Abweichungen aufgrund von Kundenwünschen,
2. nicht vertretbare mischungsbedingte Abweichungen der Materialien, z.B. aufgrund von Beschaffungsengpässen,
3. nicht vertretbare materialbedingte Abweichungen wegen fehlender Materialeigenschaften,
4. vertretbare unwirtschaftlichkeitsbedingte Abweichungen durch z.B. erhöhten Abfall.

b) Lohneinzelkosten

Grundsätzlich stimmt die bei Akkordlohn bezahlte Arbeitszeit mit der Vorgabezeit überein. Bei nicht leistungsgerechten Vorgabezeiten müssen Zusatzlöhne (als bezahlte Zeitabweichung interpretiert) für z.B. Auftragsänderungen, Betriebsstörungen, Anlernzeiten etc. gezahlt werden.
Im Bereich des Zeitlohnes kann es zu globalen Verbrauchsabweichungen kommen. Soll-Arbeitsstunden, ermittelt aus Ist-Bezugsgröße (abgelieferte Stückzahl) und Plan-Arbeitszeit, können von den Istarbeitsstunden abweichen. Neben einer Verschlechterung des Leistungsgrades können auch hier die oben beschriebenen Gründe für Zusatzlöhne zur Abweichung geführt haben.

c) Gemeinkosten

Bei der Kontrolle der Gemeinkosten in einer Kostenstelle werden die Verbrauchsabweichungen stets nach Kostenarten ermittelt, die Spezialabweichungen gelegentlich. Eine Untergliederung nach Kostenträgern kann für die Abweichungsverrechnung notwendig sein.

Man achte bei der Kostenerfassung darauf, folgende Fehler zu vermeiden:
- sachliche Kostenabgrenzungen zwischen Aufwendungen und Kosten,
- zeitliche Kostenabgrenzungen periodenfremder Kosten,
- örtliche Kostenabgrenzung bei fehlender verursachungsgerechter Verteilung auf die Kostenstellen.

Hinweis

Wie schon erwähnt, werden bestimmte Istkosten als Sollkosten übernommen, wie z.B. kalkulatorische Kosten oder sekundäre Kostenarten.

3.5.2. Die Erfassung der Ist-Bezugsgrößen

Die Bezugsgrößen lassen sich über eine Rückrechnung (retrograde Erfassung) oder durch Skontration feststellen. Beide Methoden können, müssen aber aufgrund der erfassten Unwirtschaftlichkeiten bei der direkten Methode nicht zu gleichen Ergebnissen (siehe auch Kapitel "Erfassung der Vorräte") führen. Für die Ermittlung der Sollkosten ist deshalb die retrograde Methode die bessere. Die direkt erfassten Bezugsgrößen dienen schon der Analyse von Unwirtschaftlichkeiten nach Aufspaltung der globalen Verbrauchsabweichungen. Die Ermittlung der Kosten erfolgt, wie oben dargestellt, im Rahmen der Grenzkostenrechnung oder mit Hilfe des Variators.

3.5.3. Erläuterungen zum BAB-Aufbau

Im Gegensatz zum Ist- oder Normal-BAB wird hier aufgrund der intensiven Auswertung für jede Kostenstelle ein eigenes BAB-Blatt erstellt.

Für jede Kostenstelle wird neben Name, Nummer, Kostenstellenleiter und Abrechnungszeitraum auch Ist- und Planbezugsgröße sowie der Beschäftigungsgrad angegeben.

Ebenfalls wird eine Fixkostenanalyse - bei der Grenzkostenrechnung als Ersatz für die Beschäftigungsabweichung - mit Nutzkosten (durch die Beschäftigung ausgenutzter Teil der Fixkosten - K_f = Beschäftigungsgrad) und Leerkosten (durch die Beschäftigung nicht ausgenutzter Teile der Fixkosten - K_f * (1 - Beschäftigungsgrad)) durchgeführt.

Die Verbrauchsabweichungen jeder Kostenart können nun als Differenz aus den gesamten Soll- und Istkosten oder als Differenz aus den variablen Kosten errechnet werden. Bei unveränderten Kapazitäten stimmen $K_{f(P)}$ mit $K_{f(S)}$ überein.

Weiter werden die Kostenarten in beeinflussbare und nicht beeinflussbare gegliedert. Letztere sind weit gehend die kalkulatorischen Kosten und die sekundären Kosten (keine Verbrauchsabweichungen s.o.).

Bei vielen Kostenarten ist zur schnelleren Information eine Einteilung in Kostenartengruppen nützlich.

Die kumulierten Verbrauchsabweichungen des Jahres sollen aufzeigen, ob sich die Abweichungen im Laufe der Zeit ausgleichen.

Sollten mehrere Bezugsgrößen und damit partielle Sollkosten auftreten, die Istkosten aber nicht zu differenzieren sein, müsste man entweder Ist- und Sollkosten in einem BAB-Blatt zusammenfassen oder die Kostenarten insgesamt unter einer Bezugsgröße darstellen.

3.5.4. Die Auswertung der Abweichungen

Die Abweichungsauswertung vollzieht sich in mehreren Schritten:

a) Eine Errechnung der Abweichung sollte bis spätestens eine Woche nach Abschluss der Abrechnungsperiode mit sinnvollen Spezialabweichungen der jeweiligen Kostenstelle vorliegen.
b) Die Abweichungen werden herausgeschrieben und vom Kostenprüfer und vom Kostenstellenleiter vorläufig analysiert. Nach dem Grundsatz "MbE" nur absolut oder relativ hohe Abweichungen.
c) Kostenprüfer und Kostenstellenleiter prüfen die Kosten mit dem Ziel, Maßnahmen zur Beseitigung der Kostenüberschreitungen vorzunehmen, oder Planungsfehler zu erkennen.
d) Die Abspracheergebnisse werden in Kostenberichten zusammengefasst.

3.6. Die Kalkulation in der Plankostenrechnung

Bei der Plankalkulation handelt es sich im Grunde um eine Fortsetzung der Kostenplanung.
Die Aufgaben der Kostenträgerrechnung (Bestandsbewertung, Unterlage für absatzpolitische und sonstige planerische Problemstellungen) sind bekannt, ebenfalls die Begriffe der Vor-, Nach- und Zwischenkalkulation.

Im Hinblick auf die Plankalkulation wird die Vorkalkulation hier stärker abgegrenzt:

- Die Vorkalkulation mit geplanten Daten bezieht sich auf Einzelaufträge, und damit auf die Auftragsfertigung.
- Die Plankalkulation wird im Bereich der marktorientierten, standardisierten Produktion eingesetzt.

Bei der Auftragsfertigung findet eine Abweichungsverteilung aufgrund der Nachkalkulation statt; bei der marktorientierten Fertigung aufgrund der Plankalkulation (Nachkalkulationen sind nur in Sonderfällen notwendig).

Die Kalkulationsverfahren sind die gleichen wie bei der Ist- und Normalkostenrechnung. Eine Plankalkulation auf Voll- oder Grenzkostenbasis kann durchgeführt werden, wenn entsprechende geplante Einzelkosten, Kalkulationssätze und sonstige Bezugsgrößen pro Einheit der Produktart vorliegen.

Die Kalkulationsschemata können auch hier durch

- verschiedene Materialarten,
- Einzelteilkalkulationen bei mehrteiligen Produkten,

- elektive Material-, Fertigungs- und Vertriebsgemeinkostensätze,
- Unterteilungen der Sondereinzelkosten verfeinert werden.

Falls eine **Vollkostenkalkulation** neben der **Grenzkostenkalkulation** notwendig ist, erreicht man diese durch:

a) Parallelkalkulation,
b) durch globalen Fixkostenzuschlag auf die Grenz-Selbstkosten oder durch stufenweisen Fixkostenzuschlag auf Herstell- und Selbstkosten,
c) durch globalen Fixkostenzuschlag errechnet auf den Deckungsbeitrag (Tragfähigkeitsprinzip) oder durch stufenweisen Fixkostenzuschlag auf Basis differenzierter Deckungsbeiträge.

3.7. Der Einbau der Plankostenrechnung in die Gesamtbuchhaltung

Die Grenzplankostenrechnung lässt sich organisatorisch wie die Istkostenrechnung in die Gesamtbuchhaltung integrieren. Es steht hier ebenfalls das Einkreis- und Zweikreissystem zur Verfügung.

Die Grenzplankostenrechnung lässt sich als ergänztes Einkreissystem tabellarisch einfügen, oder mittels des reinen Einkreissystems oder Spiegelbildsystems bzw. Übergangssystem auch kontenmäßig.

Zusätzlich besteht die Wahl zwischen dem Gesamt- und Umsatzkostenverfahren. Für interne Kontroll- und Planungszwecke wird das Umsatzkostenverfahren benötigt.

Neben einer Abgrenzung zwischen Aufwendungen und Kosten ist hier insbesondere eine Abgrenzung zwischen Istkosten und Plankosten (evtl. sogar zwischen Istkosten einerseits und Grenzplankosten und Fixkosten andererseits) mit Hilfe der Abweichungen vorzunehmen. Dieses sei mit den entsprechenden Buchungssätzen nochmals am Spiegelbildsystem (Zweikreissystem) erläutert:

1) Abgrenzung zwischen Aufwendung und Kosten

Gr. 65: AfA (Zweckaufwand) an Gr. 07: Maschine (Bestandskonto)

Gr. 92: AfA-Kosten (Anderskosten) an Gr. 91: AfA-Aufwand

2) Abgrenzung zwischen Planpreis und Istpreis

Gr. 92: Gemeinkostenmaterial (Plankosten)
an Gr. 91: Hilfsstoffaufwand (Istpreise)
an Gr. 92: Preisdifferenzkostenkonten (Preisabweichung)

3) Abgrenzung der Soll- und Istkosten

Gr. 93: Kostenstelle Material
+ Konto Abweichungen
+ Gr. 94/ Gr. 99: unfertige Erzeugnisse oder BEK für die
Fixkosten bei Grenzplankostenrechnung
an Gr.: 92 Gemeinkostenmaterial

BEK an Konto Abweichungen

Schematisch lässt sich ein möglicher Abschluss der Grenzplankosten wie folgt darstellen:

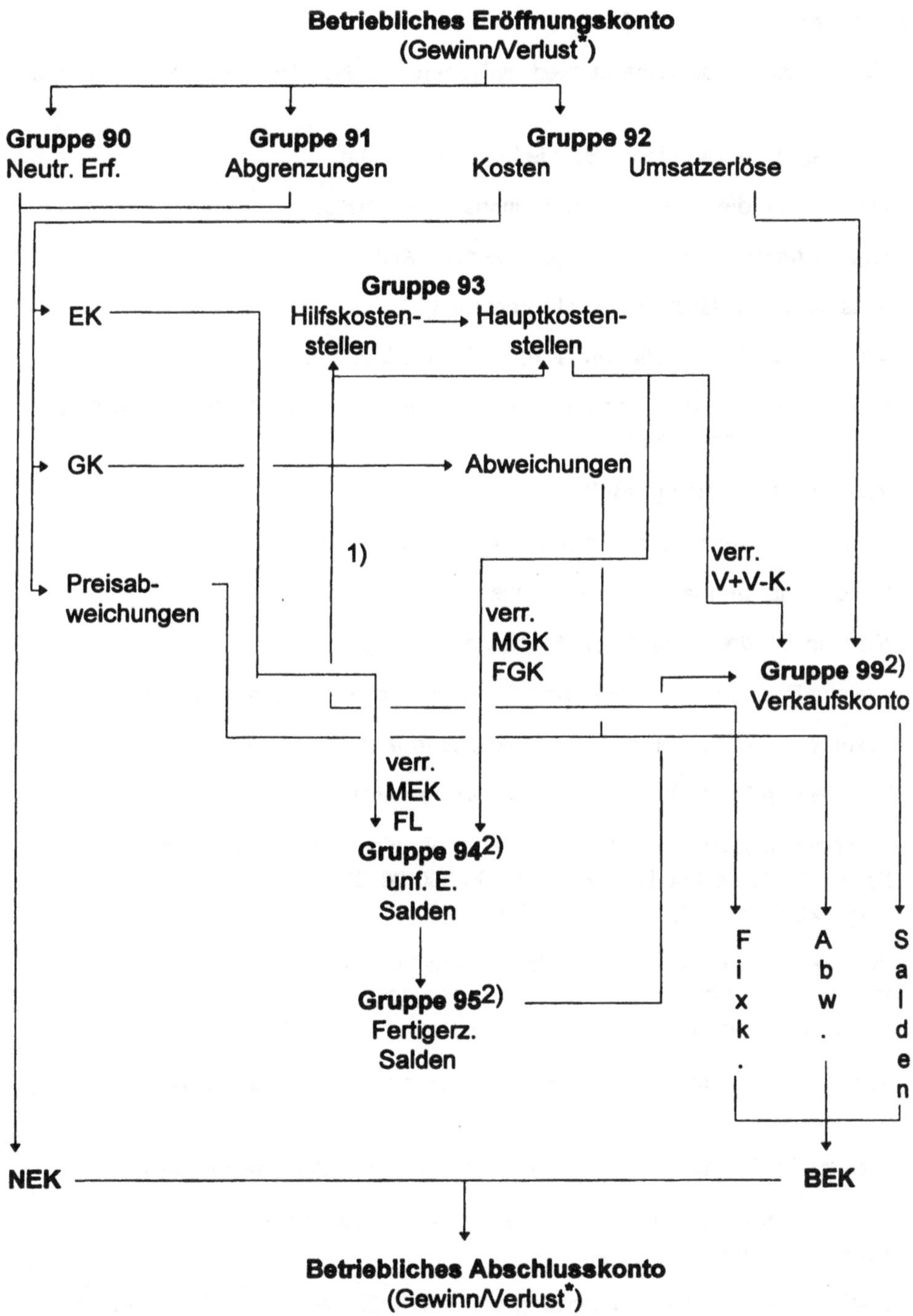

1) Fixkosten können auch über die Erzeugnisse abgerechnet werden;
2) je Produktart ein Konto.

Vertiefungsfragen und -aufgaben

1. Worin besteht der Unterschied zwischen der Ist-, Normal-, Plankostenrechnung?
2. Definieren Sie Standard-, Budget- und Sollkosten!
3. Nennen Sie die Aufgaben der Plankostenrechnung!
4. Unterscheiden Sie kurz die Systeme der PKR!
5. Was bedeutet "Grenzplankostenrechnung"?
6. Wie lang sind a) die Planungs- b) die Kontrollperioden?
7. Welche Bestandteile sind im Bereich der Kostenarten, Kostenstellen und Kostenträger zu beachten?
8. Was ist eine Bezugsgröße?

   Nennen Sie die aufgeführte Bezugsgröße jeweils mit einem Beispiel!
9. Welche Planpreise werden im Einzelnen angesetzt?
10. Nennen Sie drei Ergebnisse der Kostenplanung!
11. Welche Preise sollten bei Rohstoffen und Löhnen gewählt werden?
12. Wann wird der Faktoreinsatz als reine Wertgröße geplant?
13. Wie werden Material- und Lohneinzelkosten ermittelt?
14. Wie hoch sind die Sollkosten und verrechneten Kosten (Grenzkosten)?
    $K_{f(p)}$ = 1.000.000,00 DM; $K_{p(p)}$ = 300.000,00 DM
    $x_{(p)}$ = 200.000 Stck.; $x_{(i)}$ = 240.000 Stck.
15. Wie hoch sind die Sollkosten (Variator-Methode)?
    $K_{p(p)}$ = 4.000.000,00 DM; $K_{(p)}$ = 500.000,00 DM
    $x_{(p)}$ = 40.000 Stck.; $x_{(i)}$ = 25.000 Stck.
16. Was versteht man unter einem geschlossenen bzw. Standard-Kennziffern-Vergleich?
17. Was ist die Begründung für die Analyse von Spezialabweichungen?
18. Nennen Sie Kostenbestimmungsfaktoren! Wovon ist die Reihenfolge der Spezialabweichungen abhängig?
19. Buchen Sie die Preisabweichung der Rohstoffkosten nach der Zugangs- und Abgangsmethode:
    Anschaffungskosten 16.000 DM, Planpreise 14.000 DM!

20. Nennen Sie einige Teil-Verbrauchsabweichungen bei den Materialeinzelkosten!

21. Wie werden Verbrauchsabweichungen bei Lohneinzelkosten erfasst?

22. Welche Fehler können bei der Gemeinkostenerfassung auftreten?

23. Wie lassen sich die Ist-Bezugsgrößen erfassen? Beurteilen Sie die Verfahren!

24. Stellen Sie kurz den BAB-Aufbau in der Plankostenrechnung dar!

25. Nehmen Sie Stellung zum Thema Abweichungsauswertung!

26. Unterscheiden Sie zwischen Vor- und Plankalkulation!

27. Stellen Sie kurz die unterschiedlichen Kalkulationsverfahren dar!

28. Beschreiben Sie die Integration der Plankostenrechnung in die Gesamtbuchhaltung!

VIII. Die Bedeutung der EDV für die Kostenrechnung

1. Allgemeine Aussagen

Durch einen immer härter werdenden Konkurrenzkampf sehen sich immer mehr Unternehmen veranlasst, eine aussagefähige, entscheidungsorientierte Kostenrechnung aufzubauen.
Entscheidungsorientiert bedeutet hierbei, dass die aus der Kostenrechnung gewonnenen Zahlen als Grundlage für unternehmerische Entscheidungen dienen, die als Folgen sich verändernder Bedingungen auf dem Markt oft unter großem Zeitdruck getroffen werden müssen.
Um mit der oftmals gebotenen Schnelligkeit reagieren zu können, werden hohe Anforderungen an die Kostenrechnung als Instrument der Entscheidungsvorbereitung gestellt.

Alle wichtigen Kostendaten müssen durch einen schnellen und einfachen Zugriff über die Fachabteilungen jederzeit abrufbar sein.

Durch den starken Konkurrenzdruck, dem viele Unternehmen ausgesetzt sind, muss die Datenerfassung rationell durchzuführen sein.

Trotz der vorher aufgestellten Forderungen muss das System zuverlässige Daten liefern, die der Entscheidungsfindung dienen.

Zur Erfüllung aller dieser Aufgaben ist der Einsatz der EDV in der Kostenrechnung geradezu ein zwingendes "MUSS", was durch die Entwicklungen der letzten Jahre - insbesondere im Zusammenwirken EDV/Kostenrechnung - eindeutig belegt werden kann.

Das Vordringen der dialogorientierten Verarbeitung ermöglicht den Fachabteilungen einen unmittelbaren Zugriff auf alle zur Entscheidung eines Falles relevanten Kostendaten. Durch die Datenerfassung vor Ort kann immer auf aktuelle Daten zugegriffen werden, und es tritt zusätzlich noch ein Rationalisierungseffekt ein.

Die Möglichkeit des Einsatzes von Datenbankensystemen macht Informationen, die sonst nur periodenweise zur Verarbeitung an die Kostenrechnung weitergeleitet wurden, sofort verfügbar und macht so die ermittelten Daten noch aussagefähiger und genauer.

Der Preisverfall der Hardware und eine zunehmende Standardisierung der Software sowie die Vielzahl unterschiedlicher Anlagenkonfigurationen rücken die Kosten für die Installation eines solchen Systems in einen Bereich, der für viele Unternehmen im Bereich des Zumutbaren liegt.

Nicht zuletzt ermöglicht die Schnelligkeit, mit der auf EDV- Anlagen Daten verarbeitet werden können, Simulationsrechnungen mit denen man Auswirkungen von Preis- und Lohnerhöhungen abschätzen und die Planung verbessern kann.

Der Einsatz der EDV in der Kostenrechnung ermöglicht die Ermittlung tagesgenauer Informationen und gestaltet die Kostenrechnung von einer weit gehend periodenbezogenen Rechnung zu einem nachfrage- bzw. ereignisbezogenen Berichtswesen um.

Während in der Finanzbuchhaltung das Minimum des Verarbeitungsaufwands durch gesetzliche Vorschriften gegeben ist, die Kriterien für die Softwareauswahl weit gehend durch unterschiedliche Ablauforganisationen bestimmt werden, ist der Unternehmer in Bezug auf Art und Umfang seiner Kostenrechnung weit gehend frei.
Entscheidend für die Softwareauswahl ist es, dass schon ein betriebswirtschaftliches Konzept für die Kostenrechnung vorliegt.
In einem solchen Konzept sollte eine längerfristige Perspektive enthalten sein, die Lernprozesse ermöglicht, da keine Neuerung ohne einen gewissen Lernaufwand eingeführt werden kann.

Wenn in einem Unternehmen die Entscheidung für die Einführung der EDV-gestützten Kostenrechnung angefallen ist, erhebt sich die Frage:
Wie weit ist ein in der Auswahl befindliches Softwareprodukt in der Lage, die Anforderungen des bereits bestehenden Konzepts zu erfüllen, und ist es stufenweise ausbaubar?

Als weitere Fragen kommen unabhängig vom Bezug zur Kostenrechnung die folgenden hinzu:
- Wie passen geplante Soft- und Hardware zueinander?
- Ist eine permanente Pflege der Hardware und insbesondere der Software gewährleistet?
- Kommen dem Anwender Weiterentwicklungen in der Software über die heute verfügbaren Lösungen hinaus sofort zugute?

Diese Fragen sind mit Sicherheit nicht nur im Zusammenhang mit der Kostenrechnung zu stellen, dürfen bei der Behandlung eines solchen Themas aber auch nicht außer Acht gelassen werden.
Nachfolgend sollen die einzelnen Kriterien, die für die Auswahl der Software für die Kostenrechnung von Bedeutung sind, in einer logischen Abfolge betrachtet und behandelt werden.

2. Auswahlkriterien für die Software

2.1. Ausbaustufen

Die folgenden Merkmale dienen lediglich zur Grobgliederung und sind ein Anhalt dafür, ob die Leistung der betrachteten Software dem organisatorischen Ablauf des geplanten Kostenrechnungssystems entspricht:

1. Istkostenrechnung
   - mit aktuellen Istwerten (Istmenge, Istpreis)
   - mit Verrechnungspreisen (Istmenge, Durchschnittspreis)
2. Starre Plankostenrechnung
3. Flexible Plankostenrechnung
4. Grenzplankostenrechnung
   - als reine Grenzplankostenrechnung
   - mit paralleler Vollkostenrechnung
   - mit Primärkostenrechnung (Anzahl der möglichen Primärkostengruppen)

Bei der einfachsten Form der Kostenrechnung, der Istkostenrechnung, können bei der Istkostenermittlung aktuelle Istpreise oder alternative Verrechnungspreise, z.B. bei Abschreibungen, zugrunde gelegt werden. Die Istkostenrechnung gibt Aufschluss über Höhe und Verteilung der realisierten Kosten und eignet sich z.B. zur Nachkalkulation.

Durch die Gegenüberstellung von Ist- und Plankosten, wie dies in der Plankostenrechnung der Fall ist, lassen sich wesentlich mehr Informationen gewinnen. Hierbei ermöglicht die flexible Plankostenrechnung eine Anpassung an schwankende Istbeschäftigungen, was bei der starren Plankostenrechnung nicht der Fall ist. Es werden wirksame Kostenkontrollen ermöglicht.

In der Grenzplankostenrechnung erfolgt eine nach fixen und proportionalen Anteilen getrennte Kostenplanung. Während in der reinen Grenzplankostenrechnung nur die proportionalen Kostenbestandteile bis auf die Kostenträger verrechnet werden, werden in einer weiteren Ausbaustufe auch Vollkosteninformationen mit erfasst und zur Entscheidungsfindung herangezogen.
Eine weitere Ergänzung der Plankostenrechnung stellt die Primärkostenrechnung dar, in der die Selbstkosten der Kostenträger oder innerbetrieblicher Leistungen in primäre Kostenbestandteile differenziert werden.

2.2. Nummernkreise

Wichtig ist es, in diesem Komplex bei der Betrachtung der Software darauf zu achten, dass Anpassungsmöglichkeiten der Feldlängen vorhanden sind, und ob die Benummerung vom Anwender frei gestaltet werden kann. Strengere Vorgaben durch die Software können sich hier sehr nachteilig auf die Gestaltung eines aussagekräftigen Nummernsystems auswirken.

Entscheidende Bedeutung kommt auch den Fragen zu:

- Wie tief kann gegliedert werden?
- Wie groß ist die Anzahl der Hierarchieebenen bei Kostenarten, Erlösarten, Kostenstellen und Kostenträgern?
- Wie viel Kostenarten lassen sich maximal pro Kostenstelle, Kostenträger abrechnen?
- Wie groß ist die Anzahl der Teilperioden pro Geschäftsjahr?

Die Beantwortung dieser Fragen gibt Aufschluss darüber, ob das betrachtete System von der Kapazität her überhaupt in der Lage ist, die ihm zugedachten Aufgaben zu übernehmen.

Bei der Nixdorf-Software COMET wurden diese Anforderungen dadurch erfüllt, dass eine Anpassung nicht auf herkömmlichen Weg der Programmänderung, die sehr fehleranfällig ist, erfolgt, sondern dass die Programme durch Parameter aktiviert und funktionsfähig werden. Dies ist die Grundlage dafür, bei einer Vielzahl von Anwendern alle betrieblichen Erfordernisse zu erfüllen.

2.3. Datenübernahme/Dateneingabe

Wenn das betrachtete Programm Teil einer integrierten Softwarefamilie ist, oder ein gemeinsames Datenbanksystem zugrunde liegt, ist eine wichtige Voraussetzung für eine aussagefähige und wirtschaftliche Kostenrechnung gegeben. Für diesen Teilbereich stellen sich die folgenden Fragen:

- Ist ein Zugriff auf bzw. die direkte Übernahme von Daten aus den vorgelagerten Bereichen wie z.B. Finanzbuchhaltung, Materialwirtschaft, Lohn- und Gehaltsbuchhaltung usw. möglich?
- Existieren Hilfen zur maschinellen Umsetzung nicht eingabegerechter Daten?

- Wird die manuelle Dateneingabe im Stapelbetrieb, als reine Dialogerfassung oder als Dialogerfassung mit Vorprüfung durchgeführt?

Um innerhalb der Kostenrechnung Daten erfassen und Abgrenzungen sowie Berichtigungen vornehmen zu können, ist eine Dialogerfassung zweckmäßig.
Dadurch ist eine weit gehende visuelle Kontrolle der eingegebenen Daten möglich. Das Programm sollte im Fehlerfall eine entsprechende Meldung auf dem Bildschirm ausgeben und nach einer erneuten Eingabe verlangen. Eine komfortable Bedienerführung erleichtert die Einarbeitung der Bedienungskräfte und macht spezialisierte EDV-Operatoren überflüssig.
Die ausgeprägte Dialogverarbeitung öffnet das System für die direkte Anwendung durch Sachbearbeiter und Führungskräfte.

2.4. Kostenstellenrechnung

Für eine aussagefähige Kostenstellenrechnung sind eine klare Verantwortungszuordnung und Stellengliederung sowie eine strukturgleiche Kostenartengliederung für Plan- und Istkosten notwendig. Zur Planung und Abrechnung werden für jede Kostenstelle Kostenstellenzeilen gebildet, die in verdichteter Form die in den Stellen anfallenden Kostenarten enthalten.

Wichtige Auswahlfragen für die Softwareauswahl sind in diesem Bereich:
- Wie hoch ist die Anzahl der Kostenstellenzeilen pro Kostenstelle?
- Ist eine wahlfreie Zuordnung von Kostenarten zu Kostenstellenzeilen möglich?
- Sind Zwischensummen frei definierbar?
- Können statistische Kostenstellenzeilen eingerichtet werden?

2.5. Stellenkostenplanung

Zu Beginn einer Kostenplanung erfolgt die Festlegung der Planbezugsgrößenmengen pro Kostenstelle. Zu untersuchen ist, ob mehrere Bezugsgrößen pro Stelle notwendig sind bzw. mit Hilfe der Software realisiert werden können. Die Bezugsgrößenmengen können bei Serienfertigung über Stücklisten und Arbeitsplanauflösung festgelegt und bei Einzelfertigung über den vorhandenen Auftragsbestand bzw. die Erwartung für das Planjahr ermittelt werden. Die einzelnen Arbeitsschritte können durch eine Reihe von

Hilfsfunktionen unterstützt werden. So kann die Anzeige von Bezugsgrössen- und Kostenartentabellen die Festlegung von Bezugsgrößen und Kostenartenzeilen für die Kostenstellen erleichtern. Es können Vergleichswerte aus dem Vorjahr angezeigt und zur Kostenauflösung Regressionsrechnungen verwendet werden. Damit die Planung überprüfbar ist und als Grundlage für Abweichungsanalysen und die Planung nachfolgender Perioden verwendet werden kann, ist es zweckmäßig, wenn die Berechnungsgrundlagen, Annahmen und sonstigen Hinweise im Klartext im System gespeichert werden können und abrufbar sind.

Da die erstmalige Kostenplanung sehr zeitaufwendig ist und viel Erfahrung erfordert, ist in jedem Fall zu prüfen, ob der Anbieter über entsprechendes Know How und Personal verfügt, um hier unterstützend eingreifen zu können.

Obwohl die Kostenplanung eine weit gehend manuelle Tätigkeit ist, kann auch hier eine wertvolle Unterstützungsfunktion durch die EDV erfolgen. Es können Routinearbeiten durch das System erledigt werden, und das Fachpersonal kann sich auf die eigentlichen Anforderungen konzentrieren.
Um dem Problem der innerbetrieblichen Leistungsverrechnung wirksam begegnen zu können, sollte die geplante Erstellung bzw. Inanspruchnahme innerbetrieblicher Leistungen kostenstellenweise online eingegeben und mit beliebigen Bezugsgrößen verknüpft werden können.
Zuletzt sollten sowohl während als auch nach Abschluss der Kostenplanung verschiedene Auswertungen abrufbar sein.

2.6. Kostenstellenabrechnung

Nach abgeschlossener Leistungserfassung sollten durch das Softwaresystem automatisch folgende Schritte durchgeführt werden können:

- Bewertung der in der Abrechnungsperiode geleisteten Einheiten mit proportionalen, fixen und ggf. partiellen Kostensätzen,
- Ermittlung der indirekten Bezugsgrößenmengen und
- Sollkostenermittlung für alle Kostenstellen.

Vor dem eigentlichen Soll-Ist-Vergleich müssen die Innenauftragsverrechnung und die innerbetriebliche Leistungsverrechnung erfolgen.
Die Weiterverrechnung von Innenaufträgen sollte wahlfrei erfolgen können und weitgehend automatisch vom Programm durchgeführt werden können. Bei größeren Aufträgen sollten Zwischenabrechnungen und ein Plan-Ist-Vergleich vorgesehen sein.

Bei der innerbetrieblichen Leistungsverrechnung sollte nicht nur das einfache Stufenleiterverfahren, sondern auch eine iterative Rechnung vorgesehen sein. Je nach Kostenrechnungssystem können weitere Verrechnungsarten erforderlich sein; dies ist im Einzelfall zu prüfen.

Die Ermittlung der Zuschlagssätze sollte automatisch durch das System erfolgen. Abweichungen zwischen Soll und Ist sollten sowohl über Kostenträger als auch über das Betriebsergebnis verrechnet werden können.
Berichtsausgaben müssen vom Inhalt wie auch vom Aufbau her vom Anwender weitgehend individuell gestaltet werden können; ein ideales Hilfsmittel ist ein Listgenerator oder eine Abfragesprache, die eine Anzeige auf dem Bildschirm genauso ermöglicht, wie auch einen Ausdruck.

In einigen Softwaresystemen sind standardmäßig Quartalsberichte, Zeitvergleiche, Hochrechnungen auf das Jahresist (Forecast), Übersichten über kritische Abweichungen sowie Auswertungen nach Verdichtungsstrukturen und Kosteneigenschaften vorgesehen.

2.7. Erfolgsrechnung

Zur Erfolgsrechnung gehören die Ermittlung der Leistungen in der Abrechnungsperiode, eine Bestandsrechnung und eine Deckungsbeitragsrechnung, bei der Erlöse und Kosten nach verschiedenen Merkmalen zugeordnet und ausgewertet werden können. Voraussetzung hierfür ist eine Erlösrechnung, in der Erlöse, Zuschläge und Schmälerungen abgespalten werden.
Für eine wirksame Erfolgsanalyse ist in beiden Fällen eine Rechnung nach dem Umsatzkostenverfahren notwendig.
Während bei der Artikelergebnisrechnung keine Bestandsabgrenzung erfolgt, sondern nur Istabsatzmengen zugrunde gelegt werden, werden bei der geschlossenen Erfolgsrechnung die Halb- und Fertigfabrikate zu Teil- bzw. Vollkosten bewertet.

Während das erste Verfahren schnell und mit vertretbarem Aufwand nach einer Vielzahl von Merkmalen differenzierbare Deckungsbeiträge liefert, erhält man beim zweiten und relativ aufwändigen Verfahren die Möglichkeit, eine genaue Abstimmung zwischen Erfolgsrechnung und GuV der FIBU vornehmen zu können.
Kernstück der Erfolgsrechnung ist die Deckungsbeitragsrechnung. Für den Anwender ist wichtig zu prüfen, wie viele hierarchische Stufen (z.B. zur Fixkostenzurechnung) realisiert, und wie viele Parallelhierarchien (z.B. Abrechnung auf Basis variabler Kosten und Einzelkosten) aufgebaut werden können.

Als Mindestauswertungen sollte das betrachtete System Plan-Ist-Vergleiche, Abweichungen, kumulierte Istzahlen und ggf. eine Hochrechnung auf das voraussichtliche Jahres-Ist vorsehen.
Als weitere Auswertungen im Rahmen der Erfolgsanalyse können Break-Even-Analysen zur Bestimmung von Gewinnschwellen hilfreich sein.

2.8. Kalkulation

Da die Kalkulation ein sehr schwierig zu standardisierendes Gebiet ist, ist zunächst zur Beurteilung folgende Frage zu stellen:
- Ist das Softwareprodukt auf bestimmte Produktionsstrukturen ausgerichtet:
- Einzel-, Auftragsfertigung mit kurzen Durchlaufzeiten,
- Einzel-, Auftragsfertigung mit langen Durchlaufzeiten,
- Serienfertigung?

Ergibt sich aus der Beantwortung dieser Fragen eine generelle Eignung des Produktes für den vorgesehenen Verwendungszweck, sind die folgenden Fragen zu stellen, um eine Vergleichbarkeit mit anderen, ebenfalls grundsätzlich geeigneten Produkten, herzustellen:
- Wie viel Kalkulationszeilen sind maximal vorgesehen?
- Ist eine wahlfreie Zeilendefinition möglich?
- Können wahlfreie Rechenoperationen (Grundrechenarten) und Zeilenverknüpfungen durchgeführt werden?
- Ist eine parallele Vollkosten- und Teilkostenkalkulation möglich?

2.8.1. Auftragsbezogene Kalkulation

Bei Einzelerzeugnissen oder Aufträgen gliedert sich die Kalkulation in zwei Gebiete, die Vorkalkulation und die Nachkalkulation. Die Vorkalkulation dient hierbei der Preisfindung zur Erstellung von Angeboten und als Grundlage für Preisverhandlungen. Die Nachkalkulation hat den Zweck, nach Auftragsdurchführung eine Kosten- und Erfolgskontrolle zu ermöglichen.

Bei dieser Art der Kalkulation ist ein Softwaresystem erstrebenswert, dass die Erstellung der Vorkalkulation im Dialog ermöglicht und diese Arbeit u. U. noch dadurch erleichtert, dass ähnliche Aufträge gesucht werden können, in denen dann eventuell nur noch einige Positionen geändert werden müssen.
Vom System her sollten mehrere Kalkulationsschemata vorgegeben sein, um einen möglichst hohen Grad an Flexibilität zu erreichen. Für die Vorkalkulation sollten die Daten für Material und Baugruppen sowie Arbeitsgänge und die Zuschlagssätze der Kostenstellenrechnung im Zugriff sein.
Zusätzlich sollte das System Zwischen- und Prognosekalkulationen standardmäßig vorsehen.
Für die Nachkalkulation erscheint eine individuelle Steuerung von Art und Umfang der Auswertungen sinnvoll, auch sollte hierbei geprüft werden, inwieweit der Aufbau der Auswertungen individuell gestaltet werden kann.

2.8.2. Kalkulation bei Serienfertigung

Am Periodenanfang werden durch eine Plankalkulation für alle standardisierten Erzeugnisse die geplanten Herstell- und Selbstkosten ermittelt. Ändern sich während der Periode die Standards oder andere geplante Faktoren und machen eine Anpassung erforderlich, so erfolgt diese über eine so genannte Sollkalkulation. Anstelle einer regelmäßigen Nachkalkulation ist hier meist die direkte Übernahme der Abweichungen in die kurzfristige Erfolgsrechnung vorgesehen.
Für die Plankalkulation ist ein Zugriff auf Stücklisten und Arbeitspläne notwendig.

Eine Sollkalkulation sollte durch Beschäftigungsänderungen automatisch ausgelöst werden, dabei aber selektiv für einzelne Teile des Produktionsprogramms möglich sein, wobei aber Folgeänderungen automatisch hochgerechnet werden sollten.

2.9. Spezielle Unterstützungsfunktionen für Planung und Kontrolle

2.9.1. Simulationsrechnungen

Mit Hilfe von Simulationsrechnungen kann untersucht werden, wie sich Kosten, Erlöse, Deckungsbeiträge oder Gewinne ändern, wenn sich zum Beispiel Lohn- oder Rohstoffkosten verändern oder innerbetriebliche Veränderungen im Produktionsprozess vorgenommen werden.

Durch das Berechnen verschiedener Alternativen lassen sich verschiedene Größen hinsichtlich ihrer Auswirkungen auf das Betriebsergebnis untersuchen, und Informationen für unternehmerische Entscheidungen gewinnen.
Um Simulationsrechnungen durchführen zu können, muss im System die Möglichkeit vorhanden sein, Stamm- und Bewegungsdaten der laufenden Jahresplanung, die ja nicht verändert werden dürfen, in einen eigenen Kreis zu übernehmen.

2.9.2. Abfragesprachen für den Endbenutzer

Eine Abfragesprache eröffnet dem Anwender die Möglichkeit, unabhängig von den übrigen Auswertungen der Kostenrechnung, die durch die Programminstallation in gewissem Sinne starr sind, individuelle Analysen und Datenverknüpfungen vorzunehmen. Die Abfragen können für einmalige Problemstellungen verwendet oder gespeichert werden und so jederzeit abrufbare Zwischenberichte produzieren.

Beurteilungsmerkmale sind vor allem der Sprachenaufbau und der Sprachumfang. Auf einfache Sprachregeln und Benutzerfreundlichkeit (= einfache Handhabung) ist hier besonders Wert zu legen. Als Mindestanforderungen an den Sprachumfang sollte die Fähigkeit zur Suche, Selektion und zum Sortieren von Daten gestellt werden.

IX. Anhang

Lösungen

II Kostenrechnungssysteme: Aufgabe - Seite 17

Aufgabe 1

a:

Plankosten	:	3,21	* 0,97	* 9.000	=	28.023,30 DM	
Istkosten I	:	3	* 1	* 10.000	=	30.000,00 DM	

Plankosten - Istkosten I	:	- 1.976,70 DM
Gesamtabweichung	:	Unterdeckung

b:

Sollkosten	:	3,21	* 0,97	* 10.000	=	31.137,00 DM
Istkosten II	:	3	* 0,97	* 10.000	=	29.100,00 DM

Sollkosten - Istkosten II	:	2.037,00 DM
Verbrauchsabweichung	:	Überdeckung
Plankosten - Sollkosten	:	- 3.113,70 DM
Beschäftigungsabweichung	:	Unterdeckung
Istkosten II - Istkosten I	:	- 900,00 DM
Preisabweichung	:	Unterdeckung

Zusammenfassung:

Verbrauchsabweichung	2.037,00 DM
+ Beschäftigungsabweichung	- 3.113,70 DM
+ Preisabweichung	- 900,00 DM
Gesamtabweichung	- 1.976,70 DM

Aufgabe 2:

Bewertung Gesamtabweichung:
Unterdeckung von -1.976,70 DM sagt nichts aus, da alle Einflussgrößen variabel sind.
Bewertung Verbrauchsabweichung:
Überdeckung von 2.037,00 DM sagt aus, dass beim Faktoreinsatz gegenüber der Planung wirtschaftlicher gearbeitet wurde. Es wurde weniger verbraucht als geplant war. (z.B. durch weniger Aufwand, Änderung der Kapazitäten).
Bewertung Beschäftigungsabweichung:
Unterdeckung von -3.113,70 DM sagt aus, dass mehr abgesetzt und hergestellt worden ist als geplant. Es ist allerdings wirtschaftlich nicht relevant.
Bewertung Preisabweichung:
Unterdeckung von -900,00 DM sagt aus, dass der geplante Preis niedriger war als der tatsächliche Ist-Preis. (Teurer eingekauft als geplant). Es ist allerdings wirtschaftlich nicht relevant.

III Kostenartenrechn.u. Erfass.v.Leistungen: Aufgabe - Seite 31

Aufgabe:

Grundbuch (Bereich FiBu):

a)	Kasse	1.000,00 DM	an	Mieterträge	1.000,00 DM
b)	a.o. Aufwend.	2.000,00 DM	an	Kasse	2.000,00 DM
c)	Aufw. f. Rohst	15.000,00 DM	an	Rohstoffe	15.000,00 DM
d)	Kasse	28.000,00 DM	an	Umsatzerl.	28.000,00 DM
e)	AfA (Masch.)	8.000,00 DM	an	Maschinen	8.000,00 DM

Hauptbuch (Bereich FiBu):

S	Kasse		H
AB	50000,-	b)	2000,-
a)	1000,-	SB	77000,-
d)	28000,-		
	79000,-		79000,-

S	Maschinen		H
AB	10000,-	e)	8000,-
		SB	2000,-
	10000,-		10000,-

S	Rohstoffe		H
AB	20000,-	c)	15000,-
		SB	5000,-
	20000,-		20000,-

S	Mieterträge		H
GuV	1000,-	a)	1000,-
	1000,-		1000,-

S	a.o.Aufwendungen		H
b)	2000,-	GuV	2000,-
	2000,-		2000,-

S	Aufw.f.Rohstoffe		H
c)	15000,-	GuV	15000,-
	15000,-		15000,-

S	Umsatzerlöse		H
GuV	28000,-	d)	28000,-
	28000,-		28000,-

S	bilanz. AfA		H
e)	8000,-	GuV	8000,-
	8000,-		8000,-

S	G u V		H
a.o.Aufw.	2000,-	Umsatzerlöse	28000,-
Aufw.f.Rohst.	15000,-	Mieterträge	1000,-
bilanz.AfA	8000,-		
Eigenkapital	4000,-		
	29000,-		29000,-

III Kostenartenrechn.u. Erfass.v.Leistungen: Aufgabe - Seite 31

Grundbuch (Bereich BeBu):

1)	BÖK	28000.- DM	an	Umsatzerlöse	28000.- DM
2)	BÖK	1000.- DM	an	Mieterträge	1000.- DM
3)	a.o.Aufw.	2000.- DM	an	BÖK	2000.- DM
4)	Kosten f.R.	15000.- DM	an	BÖK	15000.- DM
5)	bilanz..AfA	8000.- DM	an	BÖK	8000.- DM
6)	BAK(Gewinn)	4000.- DM	an	BÖK	4000.- DM
f)	kalk.UL	6000.- DM	an	verr.kalk.UL	6000.- DM
g)	kalk.AfA	7000.- DM	an	bilanz.AfA	7000.- DM

Hauptbuch (Bereich BeBu):

S	Betriebliches Eröffnungskonto (BÖK)		H
1)Umsatzerlöse	28000,-	3)a.o.Aufwendungen	2000,-
2)Mieterträge	1000,-	4)Kosten f.Rohstoffe	15000,-
		5)bilanz.AfA	8000.-
		6)Gewinn	4000.-
	29000,-		29000,-

S	Umsatzerlöse(Gr.92)		H
20)	28000.-	1)	28000.-
	28000.-		28000.-

S	Mieterträge(Gr.90)		H
14)	1000.-	2)	1000.-
	1000.-		1000.-

S	a.o.Aufw.(Gr.90)		H
3)	2000.-	13)	2000.-
	2000.-		2000.-

S	Kosten f.Roh.(Gr.92)		H
4)	15000.-	18)	15000.-
	15000.-		15000.-

S	bilanz.AfA(Gr.91)		H
5)	8000.-	g)	7000.-
		12)	1000.-
	8000.-		8000.-

S	kalk.AfA(Gr.92)		H
g)	7000.-	17)	7000.-
	7000.-		7000.-

S	kalk.Champ.Unternl.(Gr.92)		H
f)	6000.-	19)	6000.-
	6000.-		6000.-

S	ver.k.Unternl.(Gr.91)		H
15)	6000.-	f)	6000.-
	6000.-		6000.-

III Kostenartenrechn.u. Erfass.v.Leistungen: Aufgabe - Seite 31

Grundbuch (Bereich Bebu):

Abschlussbuchungen:

12)	NEK	1000.- DM	an	bilanz.AfA	1000.- DM	
13)	NEK	2000.- DM	an	a.o.Aufwendung.	2000.- DM	
14)	Mieterträge	1000.- DM	an	NEK	1000.- DM	
15)	ver.k.UL.	6000.- DM	an	NEK	6000.- DM	
16)	NEK	4000.- DM	an	BAK	4000.- DM	
17)	BEK	7000.- DM	an	kalk.AfA	7000.- DM	
18)	BEK	15000.- DM	an	Kosten f.Rohs.	15000.- DM	
19)	BEK	6000.- DM	an	kalk.UL	6000.- DM	
20)	Umsatzerl.	28000.- DM	an	BEK	28000.- DM	
(	BEK	0.- DM	an	BAK	0.- DM)	

S Neutrales Ergebniskonto (NEK) H

S		H	
13)a.o.Aufwendungen	2000,-	14)Mieterträge	1000,-
12)bilanz.AfA	1000,-	15)v.k.Untern.lohn	6000,-
16)BAK	4000.-		
	7000,-		7000,-

S Betriebliches Ergebniskonto (BEK) H

S		H	
18)Kosten f.Rohst.	15000,-	20)Umsatzerlöse	28000,-
17)kalk.AfA	7000,-		
19)kalk.Untern.lohn	6000.-		
	28000,-		28000,-

S Betriebliches Abschlusskonto (BAK) H

S		H	
6)BÖK (Gewinn)	4000,-	16)NEK	4000,-
	4000,-		4000,-

III Kostenartenrechn.u. Erfass.v.Leistungen: Aufgabe - Seite 47

Aufgabe:

	Bruttolohn	Steuern	SozVers	Nettolohn	Einzelk	Gemeink	Ztant.GK
Raumpfleger	3.200,--	697,60	544,-	1.958,40		2.000,-	1.200,-
Fräser	4.800,--	1.046,40	816,-	2.937,60	3.000,-		1.800,-
Schweißer	3.200,--	697,60	544,-	1.958,40	2.000,-		1.200,-
	11.200,--	2.441,60	1.904,-	6.854,40	5.000,-	2.000,-	4.200,-

Buchungssätze

```
1.)   Fertigungslöhne          (Gr.92)      5.000,-
    + GK-Löhne                 (Gr.92)      2.000,-
    + periodenfremder Aufwand  (Gr.91)      4.200,-
      (zeitanteilige Löhne)
                       an  Betriebliches Eröffnungskonto 11.200,-

2.)   GK-Löhne                 (Gr.92)        350,-
        an verrechnete Anteile periodenfremder Aufwand     350,-
                           (zeitanteilige Löhne Gr.91)

3.)   Sozialkosten             (Gr.92)      1.190,-
    + periodenfremder Aufwand  (Gr.91)        714,-
      (zeitanteilige Sozialkosten)
                       an  Betriebliches Eröffnungskonto  1.904,-

4.)   Sozialkosten             (Gr.92)      59,50
       an verrechnete Anteile periodenfremder Aufwand     59,50
                           (zeitanteilige Sozialkosten Gr.91)
```

III Kostenartenrechn.u. Erfass.v.Leistungen: Aufgabe - Seite 53

Aufgabe:

a) Verfahren 1: Verteilung Restwert auf Restlaufzeit

AK / HK	12.000,- DM
AfA 1. Jahr Restbuchwert	4.000,- DM 8.000,- DM
AfA 2. Jahr Restbuchwert	4.000,- DM 4.000,- DM
AfA 3. Jahr Restbuchwert	2.000,- DM 2.000,- DM
AfA 4. Jahr Restbuchwert	2.000,- DM 0,- DM

b) Verfahren 2: Weiternutzung des alten Abschreibungsbetrages

AK / HK	12.000,- DM
AfA 1. Jahr Restbuchwert	4.000,- DM 8.000,- DM
AfA 2. Jahr Restbuchwert	4.000,- DM 4.000,- DM
AfA 3. Jahr Restbuchwert	4.000,- DM 0,- DM
AfA 4. Jahr Restbuchwert	4.000,- DM - 4.000,- DM

c) Verfahren 3: Nutzung des Abschreibungsbetrages, der bei richtiger Schätzung der BND genommen worden wäre

AK / HK	12.000,- DM
AfA 1. Jahr Restbuchwert	4.000,- DM 8.000,- DM
AfA 2. Jahr Restbuchwert	4.000,- DM 4.000,- DM
AfA 3. Jahr Restbuchwert	3.000,- DM 1.000,- DM
AfA 4. Jahr Restbuchwert	3.000,- DM - 2.000,- DM

III Kostenartenrechn.u. Erfass.v Leistungen: Aufgabe - Seite 57

Aufgabe:

Vorgaben			Wertansatz
Gebäude AK Restwertmethode im 10.Jahr		300.000,-	243.000,-
Maschinen AK Durchschnittswertmethode		60.000,-	30.000,-
Kfz AK Restwertmethode im 4. Jahr		30.000,-	3.750,-
Geschäftsausstattung AK Durchschnittsmethode Liquidationserlös		40.000,- 5.000,-	22.500,-
Aktien AK Durchschnittsmethode Liquidationserlös		30.000,- 30.000,-	./. (neutral)
Rohstoffe	AB EB	40.000,- 10.000,-	25.000,-
Forderungen	AB 12 EB	10.000,- 250.000,-	20.000,-
Bank	AB EB	6.000,- 9.000,-	7.500,-
Darlehen	AB EB	100.000,- 200.000,-	./. (Kapital wird über Vermögen ermittelt)
Verbindlichkeiten	AB EB	6.000,- 8.000,-	- 7.000,-
Betriebsnotwendiges Kapital			344.750,-

Kalkulatorische Zinsen: 10 % von 344.750,- = 34.475,-
========

IV Kostenstellenrechnung: Aufgabe - Seite 74

Aufgabe

	Allgemeine Gebäude	Kostenstelle Kraftanlagen	Material-stelle	Fert.Hauptstelle 1	Fert.Hauptstelle 2	Fert.Hilfs-stelle	Verwaltung/ Vertrieb
Primäre GK	3.600,-	44.200,-	13.750,-	143.000,-	125.000,-	35.250,-	145.900,-
Umlagen:							
Gebäude	==>	200,-	700,-	900,-	1.200,-	100,-	500,-
Kraftanlagen		==>	2.300,-	16.500,-	11.400,-	11.100,-	3.100,-
Fert.Hilfsst				27.870,-	18.580,-	<==>	
Summe Sekundäre GK			16.750,- Mat.GK	188.270,- Fert.GK I	156.180,- FertGK II		149.500,- VwGK / VtGK

IV Kostenstellenrechnung: Aufgabe - Seite 77

Aufgabe 1:

Verteilung:

Sozialstation an Hausverwaltung 10.000,-DM => 1% oder 0,01
Hausverwaltung an Sozialstation 100 qm => 20% oder 0,2

Rechnung (Einsetzungsverfahren):

200.000,- + 0,2 X2 = X1
100.000,- + 0,01 X1 = X2

200.000,- + 0,2 (100.000,- + 0,01 X1) = X1
200.000,- + 20.000,- + 0,002 X1 = X1
220.000,- = 0,998 X1 /: (0,998)
X1 = 220.440.88

100.000,- + 0,01 * 220.440,88 = X2
100.000,- + 2.204,41 = X2
X2 = 102.204,41

IV Kostenstellenrechnung: Aufgaben - Seite 77

Verteilung der Kosten:

Bemerkungen	Hausverwaltung	Sozialstation	Endkostenstelle
primäre GK	100.000,-	200.000,-	500.000,-
Umlagen: Hausverwaltung Sozialstation	 - 102.204,41 + 2.204,41	 + 20.440,88 - 220.440,88	 + 81.763,53 + 218.236,47
sekundäre GK	0,-	0,-	800.000,-

Aufgabe 2:

Verteilung:

```
Reparatur an Gebäude   20%  =>  0,2
Gebäude an Reparatur   10%  =>  0,1
```

Rechnung (Additionsverfahren):

```
 50.000,-  +  0,1 X2            =  X1
120.000,-  +  0,2 X1            =  X2
---------------------------------------------
  0,1 X2   -      X1            = -  50.000,-   / * 10
- 1   X2   +  0,2 X1            = - 120.000,-
---------------------------------------------
  1   X2   - 10   X1            = - 500.000,-
- 1   X2   +  0,2 X1            = - 120.000,-
---------------------------------------------
           -  9,8 X1            = - 620.000,-   /: (-9,8)
                  X1            =    63.265,31
=============================================

120.000,-  +  0,2 * 63.265,31   =  X2
120.000,-  +  12.653,06         =  X2
                  X2            =  132.653,06
=============================================
```

Bemerkungen	Reparatur	Gebäude	Endkst.St. A	Endkst.St. B	Endkst.St. C	Endkst.St. D
primäre GK	50.000,-	120.000,-	80.000,-	80.000,-	80.000,-	80.000,-
Umlagen: Reparatur Gebäude	 - 63.265,31 + 13.265,31	 + 12.653,06 - 132.653,06	 + 6.326,53 + 39.795,92	 + 18.979,59 + 26.530,61	 + 25.306,12 + 26.530,61	 + 26.530,61
sekundäre GK	0,-	0,-	126.122,45	125.510,20	131.836,73	106.530,61

IV Kostenstellenrechnung: Aufgabe - Seite 78

Aufgabe:

Stufenleiterverfahren:

Bemerkungen	Hilfsstelle1	Hilfsstelle2	Hilfsstelle3	Hauptstelle1	Hauptstelle2	Hauptstelle3
primäre GK	10.000,-	14.000,-	18.000,-	29.000,-	34.000,-	40.000,-
Umlage Hilfsstelle1	==>	2.333,33	2.733,33	766,67	2.500,-	1.666,67
Umlage Hilfsstelle2		16.333,33 ==>	5.795,70	2.634,41	4.478,49	3.424,73
Umlage Hilfsstelle3			26.529,03 ==>	11.369,58	7.200,74	7.958,71
sekundäre GK	0,-	0,-	0,-	43.770,66	48.179,23	53.050,11

Gegenseitige Verteilung nach dem Einsetzungsverfahren:

Bemerkungen	Hilfsstelle1	Hilfsstelle2	Hilfsstelle3	Hauptstelle1	Hauptstelle2	Hauptstelle3
primäre GK	10.000,-	14.000,-	18.000,-	29.000,-	34.000,-	40.000,-
Umlage Hilfsstelle1	- 16.406,41	3.828,16	4.484,42	1.257,82	4.101,60	2.734,40
Umlage Hilfsstelle2	4.323,74	- 19.216,61	5.284,57	2.402,08	4.083,53	3.122,70
Umlage Hilfsstelle3	2.082,67	1.388,45	- 27.768,99	10.413,37	6.595,14	7.289,36
sekundäre GK	0,-	0,-	0,-	43.073,27	48.780,27	53.146,46

IV Kostenstellenrechnung: Aufgabe - Seite 78

Gleichung (Einsetzungsverfahren)

```
10.000 +                      + 0,225 X2 + 0,075 X3 = X1
14.000 + 0,233333333 X1 +                0,05  X3 = X2
18.000 + 0,273333333 X1 + 0,275 X2                = X3
```

Hilfsgleichung
Gleichung1 in Gleichung2 eingesetzt:

```
14.000 + 0,233333333 (10.000 + 0,225 X2 + 0,075 X3) + 0,05 X3 =
X2
14.000 + 2.333,33333 + 0,0525 X2 + 0,017499999 X3 + 0,05 X3   =
X2
0,9475 X2 = 16.333,33333 + 0,067499999 X3
X2 = 17.238,34652 + 0,071240104 X3
```

Gleichung1 und Hilfsgleichung in Gleichung3 eingesetzt:

```
18.000 + 0,2733333 (10.000 + 0,275 (17.238,34652 + 0,071240104
X3)
+ 0,075 X3) + 0,275 (17.238,34652 + 0,071240104 X3)   = X3
18.000 + 0,2733333 (10.000 + 3.878,627967 + 0,016029023 X3)
+ 0,075 X3) + 4.740,545293 + 0,019591028             = X3
18.000 + 3.793,49164 + 0,024881266 X3 + 4.740,545293
+ 0,019591028                                        = X3
0,955527706 X3  =  26.534,03693
X3  =  27.768,98751
```

Die Gesamtleistung der Hilfsstelle 3 beträgt 27.768,99 DM.

```
X2  =  17.238,34652 + 0,071240104 *27.768,98751
X2  =  19.216,61208
```

Die Gesamtleistung der Hilfssstelle 2 beträgt 19.216,61 DM.

```
X1  =  0,225 * 19.216,61208 + 0,075 * 27.768,98751
X1  =  16.406,41178
```

IV Kostenstellenrechnung: Aufgaben - Seite 80

Aufgabe 1:

Materialgemeinkostensatz =

$$\frac{\text{Materialgemeinkosten} * 100}{\text{Materialeinzelkosten}} = \frac{16.750,- * 100}{50.000,-} = 33,5\ \%$$

Fertigungsgemeinkostensatz 1 =

$$\frac{\text{Fertigungsgemeinkosten} * 100}{\text{Fertigungslöhne}} = \frac{188.270,- * 100}{46.000,-} = 409,28\ \%$$

Fertigungsgemeinkostensatz 2 =

$$\frac{\text{Fertigungsgemeinkosten} * 100}{\text{Fertigungslöhne}} = \frac{156.180,- * 100}{31.000,-} = 503,81\ \%$$

Herstellkosten (der Produktion) =

Materialeinzelkosten + Materialgemeinkosten + Fertigungsgemeinkosten + Fertigungslöhne =
50.000,- + 16.750,- + 188.270,- + 156.180,- + 46.000,- +
31.000,- = <u>488.200,-</u>

Verwaltungs- und Vertriebskostensatz:

$$\frac{\text{Verwaltungs- und Vertriebskostengemeinkosten} * 100}{\text{Herstellkosten}} =$$

$$\frac{149.500,- * 100}{488.200} = 30,62\ \%$$

	Allgemeine Gebäude	Kostenstelle Kraftanlagen	Material-stelle	Fert.Hauptstelle 1	2	Fert.Hilfs-stelle	Verwaltung/ Vertrieb
Primäre GK	3.600,-	44.200,-	13.750,-	143.000,-	125.000,-	35.250,-	145.900,-
Umlagen:							
Gebäude	==>	200,-	700,-	900,-	1.200,-	100,-	500,-
Kraftanlagen		==>	2.300,-	16.500,-	11.400,-	11.100,-	3.100,-
Fert.Hilfsst				27.870,-	18.580,-	<==>	
Summe			16.750,- Mat.GK	188.270,- Fert.GK I	156.180,- FertGK II		149.500,- VwGK / VtGK
Bezugsgrößen			50.000,-	46.000,-	31.000,-		488.200,-
Zuschlag			33,5 %	409,28 %	503,81 %		30,62 %

IV Kostenstellenrechnung: Aufgaben - Seite 81

Aufgabe 2:

	Wasser	Strom	Reparat.	Meister.	Material	Dreherei	Schleif.	Verwalt.	Vertrieb
Primäre GK	960,-	1.860,-	1.240,-	3.750,-	4.500,-	26.000,-	22.500,-	8.460,-	5.200,-
Umlagen:									
Wasser	==>	120,-	226,67		306,67	160,-	146,67		
Strom		==>	347,84	83,61	188,41	437,03	566,35	256,42	100,34
Reparatur			==>		141,65	809,45	775,72	67,45	20,24
Meister				==>		1.277,87	2.555,74		
Summe Sekundäre GK					5.136,73	28.684,35	26.544,48	8.783,87	5.320,58
Bezugsgrößen					46.000,-	25.000,-	18.000,-	149.365,56	149.365,56
Zuschlag					11,17 %	114,74 %	147,47 %	5,88 %	3,56 %

Gesamtwasserverbrauch : 360 cbm = 960,- DM
=> 1 cbm = 2,67 DM

Gesamtstromverbrauch : 8.880 kw/h = 1.980,- DM
=> 1 kw/h = 0,22 DM

Gesamtreparaturstunden : 269 Std = 1.810,- DM
=> 1 Std = 6,75 DM

Gesamtkosten Meisterei : 3.833,61 DM

$$\text{Materialgemeinkostensatz} = \frac{5.136,73 * 100}{46.000,-} = 11,17\ \%$$

$$\text{Fertigungsgemeinkostensatz (Dreherei)} = \frac{28.684,35 * 100}{25.000,-} = 114,74\ \%$$

$$\text{Fertigungsgemeinkostensatz (Schleiferei)} = \frac{26.544,48 * 100}{18.000,-} = 147,47\ \%$$

$$\text{Verwaltungsgemeinkostensatz} = \frac{8.783,87 * 100}{149.365,56} = 5,88\ \%$$

$$\text{Vertriebsgemeinkostensatz} = \frac{5.320,58 * 100}{149.365,56} = 3,56\ \%$$

IV Kostenstellenrechnung: Aufgabe - Seite 83

Aufgabe:

Herstellkosten des Umsatzes:

Herstellkosten der Produktion	:	149.365,56 DM
- Fertigerzeugnisse (Mehrbestand)	:	14.000,00 DM
+ Unfertige Erzeugnisse (Minderbestand)	:	15.000,00 DM
= Herstellkosten des Umsatzes	:	150.365,56 DM

Zuschlagssätze:

$$\text{Verwaltungsgemeinkostensatz} = \frac{8.783,87 * 100}{150.365,56} = 5,84\ \%$$

$$\text{Vertriebsgemeinkostensatz} = \frac{5.320,58 * 100}{150.365,56} = 3,54\ \%$$

IV Kostenstellenrechnung: Aufgabe - Seite 84

Aufgabe:

Dreherei:

Fertigungsgemeinkosten	:	28.684,35 DM
benutzte Maschinenstunden	:	1.600 Std

$$\text{Kalkulationssatz:} \quad \frac{28.684,35}{1.600} = 17,93 \text{ DM / Maschinenstunde}$$

Schleiferei:

Fertigungsgemeinkosten	:	26.544,84 DM
Akkordstunden	:	560 Std

$$\text{Kalkulationssatz:} \quad \frac{26.544,84}{560} = 47,40 \text{ DM / Akkordstunde}$$

	Wasser	Strom	Reparat.	Meister.	Material	Dreherei	Schleif.	Verwalt.	Vertrieb
Primäre GK	960,-	1.860,-	1.240,-	3.750,-	4.500,-	26.000,-	22.500,-	8.460,-	5.200,-
Umlagen: Wasser Strom Reparatur Meister	 ==>	 120,- ==>	 226,67 347,84 ==>	 83,61 ==>	 306,67 188,41 141,65	 160,- 437,03 809,45 1.277,87	 146,67 566,35 775,72 2.555,74	 256,42 67,45	 100,34 20,24
Summe Sekundäre GK					5.136,73	28.684,35	26.544,48	8.783,87	5.320,58
Bezugsgrößen					46.000,-	1.600 Std	560 Std		
Zuschlag					11,17 %	17,94DM/St	47,47DM/St		

V Kostenträgerrechnung: Aufgabe - Seite 93

Aufgabe:

Kostenträgerblatt (BAB II):

Kostenträgerzeitrechnung	insgesamt	Zuschlag	Produkt A	Produkt B
MEK	95.000,-		42.000,-	53.000,-
+ MGK	11.400,-	12 %	5.040,-	6.360,-
= Materialkosten	106.400,-		47.040,-	59.360,-
FEK	49.000,-		22.000,-	27.000,-
+ FGK	102.900,-	210 %	46.200,-	56.700,-
= Fertigungskosten	151.900,-		68.200,-	83.700,-
= Herstellkosten der Produktion	258.300,-		115.240,-	143.060,-
- Mehrbestand Fertigerzeugnisse	2.200,-		800,-	1.400,-
- Mehrbestand Unfert. Erzeugnisse	5.001,-		4.001,-	1.000,-
= Herstellkosten des Umsatzes	251.099,-		110.439,-	140.660,-
+ Verwaltungsgemeinkosten	22.598,91	9 %	9.939,51	12.659,40
+ Vertriebsgemeinkosten	17.576,93	7 %	7.730,73	9.846,20
= Selbstkosten des Umsatzes	291.274,84		128.109,24	163.165,60
Betriebsergebnisrechnung				
Nettoumsatzerlöse	293.600,-		143.000,-	150.600,-
Betriebsergebnis	+ 2.325,16		+ 14.890,76	- 12.565,60

V. Kostenträgerrechnung: Aufgabe - Seite 103

Aufgabe 1:

a) Buchen der Anfangsbestände:

1.)	Maschinen	an	EBK	18.000,- DM
2.)	Bank	an	EBK	230.000,- DM
3.)	Unf. Erz. Produkt A	an	EBK	3.000,- DM
4.)	Unf. Erz. Produkt B	an	EBK	2.000,- DM
5.)	Fertigerz. Produkt A	an	EBK	8.000,- DM
6.)	Fertigerz. Produkt B	an	EBK	2.000,- DM
7.)	EBK	an	Eigenkapital	263.000,- DM

b) Konten

S Maschinen	H
1) 18.000,-	13) 9.000,-
	28) 9.000,-
18.000,-	18.000,-

S Bank	H
2) 230.000,-	8) 2.000,-
14) 300.000,-	9) 25.000,-
15) 4.000,-	10) 3.000,-
	11) 108.000,-
	12) 30.000,-
	29) 366.000,-
534.000,-	534.000,-

S Unf.Erz. Produkt A	H
3) 3.000,-	16) 3.000,-
16) 1.000,-	30) 1.000,-
4.000,-	4.000,-

S Unf.Erz. Produkt B	H
4) 2.000,-	16) 2.000,-
16) 1.000,-	31) 1.000,-
3.000,-	3.000,-

S Fertigerz. Produkt A	H
5) 8.000,-	16) 8.000,-
16) 10.000,-	32) 10.000,-
18.000,-	18.000,-

S Fertigerz. Produkt B	H
6) 2.000,-	16) 2.000,-
16) 5.000,-	33) 5.000,-
7.000,-	7.000,-

S Eigenkapital	H
34) 378.000,-	7) 263.000,-
	27) 115.000,-
378.000,-	378.000,-

V Kostenträgerrechnung: Aufgabe - Seite 103

S	Verb.Finanzamt/Vers		H
35)	14.000,-	9)	5.000,-
		10)	2.000,-
		11)	7.000,-
	14.000,-		14.000,-

S	Umsatzerl. Produkt A		H
24)	80.000,-	14)	80.000,-
	80.000,-		80.000,-

S	Umsatzerl. Produkt B		H
25)	220.000,-	14)	220.000,-
	220.000,-		220.000,-

S	Zinserträge		H
26)	4.000,-	15)	4.000,-
	4.000,-		4.000,-

S	Aufw. f. Rohstoffe		H
12)	20.000,-	22)	20.000,-
	20.000,-		20.000,-

S	Aufw. f. Hilfsstoffe		H
12)	10.000,-	19)	10.000,-
	10.000,-		10.000,-

S	Fertigungslöhne		H
9)	30.000,-	20)	30.000,-
	30.000,-		30.000,-

S	Hilfslöhne		H
10)	5.000,-	21)	5.000,-
	5.000,-		5.000,-

S	bilanz. AfA		H
13)	9.000,-	23)	9.000,-
	9.000,-		9.000,-

S	Steuern		H
8)	2.000,-	17)	2.000,-
	2.000,-		2.000,-

S	sonstige Aufwend.		H
11)	108.000,-	18)	115.000,-
11)	7.000,-		
	115.000,-		115.000,-

V Kostenträgerrechnung: Aufgabe - Seite 103

S	GuV		H
16)	3.000,-	16)	10.000,-
16)	2.000,-	16)	5.000,-
16)	8.000,-	16)	1.000,-
16)	2.000,-	16)	1.000,-
17)	2.000,-	24)	80.000,-
18)	115.000,-	25)	220.000,-
19)	10.000,-	26)	4.000,-
20)	30.000,-		
21)	5.000,-		
22)	20.000,-		
23)	9.000,-		
27)	115.000,-		
	321.000,-		321.000,-

S	SBK		H
28)	9.000,-	34)	378.000,-
29)	366.000,-	35)	14.000,-
30)	1.000,-		
31)	1.000,-		
32)	10.000,-		
33)	5.000,-		
	392.000,-		392.000,-

c) Geschäftsvorfälle:

Nr.	Soll	Betrag		Haben	Betrag
8.)	Steuern		an	Bank	2.000,- DM
9.)	Fert.löhne	30.000,- DM	an	Verb. FA/Vers	5.000,- DM
				Bank	25.000,- DM
10.)	Hilfslöhne	5.000,- DM	an	Verb. FA/Vers	2.000,- DM
				Bank	3.000,- DM
11.)	sonst.Aufw.	108.000,- DM	an	Bank	108.000,- DM
	sonst. Aufw.	7.000,- DM	an	Verb. FA/Vers	7.000,- DM
12.)	Aufw.f.Rohst.	20.000,- DM			
	Aufw.f.Hilfs.	10.000,- DM	an	Bank	30.000,- DM
13.)	bil. AfA	9.000,- DM	an	Maschinen	9.000,- DM
14.)	Bank	300.000,- DM	an	UmsErl. Produkt A	80.000,- Dm
				UmsErl. Produkt B	220.000,- DM
15.)	Bank		an	Zinserträge	4.000,- DM
16.)	Fertigerz. Produkt A		an	GuV	10.000,- DM
	Fertigerz. Produkt B		an	GuV	5.000,- DM
	unf.Erz. Produkt A		an	GuV	1.000,- DM
	unf.Erz. Produkt B		an	GuV	1.000,- DM
	GuV		an	FertErz. Produkt A	8.000,- DM
	GuV		an	FertErz. Produkt B	2.000,- DM
	GuV		an	Unf.Erz. Produkt A	3.000,- DM
	GuV		an	Unf.Erz. Produkt B	2.000,- DM

V Kostenträgerrechnung: Aufgabe - Seite 103

Buchungen GuV:

17.)	GuV	an	Steuern	2.000,- DM
18.)	GuV	an	sonstige Aufw.	115.000,- DM
19.)	GuV	an	Aufw.f.Hilfsstoffe	10.000,- DM
20.)	GuV	an	Fertigungslöhne	30.000,- DM
21.)	GuV	an	Hilfslöhne	5.000,- DM
22.)	GuV	an	Aufw.f. Rohstoffe	20.000,- DM
23.)	GuV	an	bilanz. AfA	9.000,- DM
24.)	Umsatzerlöse Produkt A	an	GuV	80.000,- DM
25.)	Umsatzerlöse Produkt B	an	GuV	220.000,- DM
26.)	Zinserträge	an	GuV	4.000,- DM
27.)	GuV	an	Eigenkapital	115.000,- DM

Buchungen SBK:

28.)	SBK	an	Maschinen	9.000,- DM
29.)	SBK	an	Bank	366.000,- DM
30.)	SBK	an	unf.Erz. Produkt A	1.000,- DM
31.)	SBK	an	unf.Erz. Produkt B	1.000,- DM
32.)	SBK	an	FertErz. Produkt A	10.000,- DM
33.)	SBK	an	FertErz. Produkt B	5.000,- DM
34.)	Eigenkapital	an	SBK	378.000,- DM
35.)	Verb. Finanzamt/Versich.	an	SBK	14.000,- DM

V Kostenträgerrechnung: Aufgabe - Seite 103

Buchungen Betriebliches Eröffnungskonto (BÖK):

Nr.	Soll		Haben	Betrag
36.)	BÖK	an	Fert.Erz. A (9501)	10.000,- DM
37.)	BÖK	an	Fert.Erz. B (9502)	5.000,- DM
38.)	BÖK	an	unf.Erz. A (9401)	1.000,- DM
39.)	BÖK	an	unf.Erz. B (9402)	1.000,- DM
40.)	Fert.Erz. A (9501)	an	BÖK	8.000,- DM
41.)	Fert.Erz. B (9502)	an	BÖK	2.000,- DM
42.)	unf.Erz. A (9401)	an	BÖK	3.000,- DM
43.)	unf.Erz. B (9402)	an	BÖK	2.000,- DM
44.)	Fertigungsmaterial (9201)	an	BÖK	20.000,- DM
45.)	Gemeinkostenmat. (9202)	an	BÖK	10.000,- DM
46.)	sonst. Kosten (9203)	an	BÖK	115.000,- DM
47.)	Fertigungslöhne (9204)	an	BÖK	30.000,- DM
48.)	Hilfslöhne (9205)	an	BÖK	5.000,- DM
49.)	bilanz. AfA (9101)	an	BÖK	9.000,- DM
50.)	Steuern (9001)	an	BÖK	2.000,- DM
51.)	BÖK	an	Ums.Erl. A (9205)	80.000,- DM
52.)	BÖK	an	Ums.Erl. B (9206)	220.000,- DM
53.)	BÖK	an	Zinserträge (9002)	4.000,- DM
54.)	BAK	an	BÖK	115.000,- DM
55.)	Kalk. AfA (9208)	an	bilanz. AfA (9101)	10.000,- DM
56.)	NEK	an	Steuern (9001)	2.000,- DM
57.)	bilanz. AfA (9101)	an	NEK	1.000,- DM
58.)	Zinserträge (9002)	an	NEK	4.000,- DM
59.)	NEK	an	BAK	3.000,- DM

S	BÖK	H
36) 10.000,-		40) 8.000,-
37) 5.000,-		41) 2.000,-
38) 1.000,-		42) 3.000,-
39) 1.000,-		43) 2.000,-
51) 80.000,-		44) 20.000,-
52) 220.000,-		45) 10.000,-
53) 4.000,-		46) 115.000,-
		47) 30.000,-
		48) 5.000,-
		49) 9.000,-
		50) 2.000,-
		54) 115.000,-
321.000,-		321.000,-

V Kostenträgerrechnung: Aufgabe - Seite 103

S Unf.Erz. A (9401)	H
42) 3.000,-	38) 1.000,-
60) 15.000,-	98) 103.400,6
62) 18.000,-	
94) 15.000,-	
96) 53.400,6	
104.400,6	104.400,6

S Unf.Erz. B (9402)	H
43) 2.000,-	39) 1.000,-
61) 5.000,-	99) 58.599,4
63) 12.000,-	
95) 5.000,-	
97) 35.599,4	
59.599,4	59.599,4

S Fert.Erz. A (9501)	H
40) 8.000,-	36) 10.000,-
98) 103.400,6	100) 101.400,6
111.400,6	111.400,6

S Fert.Erz. B (9502)	H
41) 2.000,-	37) 5.000,-
99) 58.599,4	101) 55.599,4
60.599,4	60.599,4

S Fert.Mat. (9201)	H
44) 20.000,-	60) 15.000,-
	61) 5.000,-
20.000,-	20.000,-

S GK-Mat. (9202)	H
45) 10.000,-	64) 2.000,-
	65) 500,-
	66) 1.000,-
	67) 3.000,-
	68) 2.000,-
	69) 1.500,-
10.000,-	10.000,-

S Sonst. GK (9203)	H
46) 115.000,-	82) 6.000,-
	83) 18.000,-
	84) 15.500,-
	85) 57.000,-
	86) 7.000,-
	87) 11.500,-
115.000,-	115.000,-

S Fert.Löhne (9204)	H
47) 30.000,-	62) 18.000,-
	63) 12.000,-
30.000,-	30.000,-

V Kostenträgerrechnung: Aufgabe - Seite 103

S Hilfslöhne (9205) H

S	H
48) 5.000,-	70) 1.000,-
	71) 500,-
	72) 500,-
	73) 1.000,-
	74) 1.000,-
	75) 1.000,-
5.000,-	5.000,-

S Bilanz. AfA (9101) H

S	H
49) 9.000,-	55) 10.000,-
57) 1.000,-	
10.000,-	10.000,-

S Steuern (9001) H

S	H
50) 2.000,-	56) 2.000,-
2.000,-	2.000,-

S Ums.Erl. A (9205) H

S	H
106) 80.000,-	51) 80.000,-
80.000,-	80.000,-

S Ums.Erl. B (9206) H

S	H
107) 220000,-	52) 220.000,-
220.000,-	220.000,-

S Zinserträge (9002) H

S	H
58) 4.000,-	53) 4.000,-
4.000,-	4.000,-

S Kalk. AfA (9208) H

S	H
55) 10.000,-	76) 1.000,-
	77) 1.000,-
	78) 1.000,-
	79) 4.000,-
	80) 2.000,-
	81) 1.000,-
10.000,-	10.000,-

S allg. KSt (9311) H

S	H
64) 2.000,-	88) 1.000,-
70) 1.000,-	89) 2.000,-
76) 1.000,-	90) 3.000,-
82) 6.000,-	91) 2.000,-
	92) 2.000,-
10.000,-	10.000,-

S Fert.HilfsSt. (9312) H

S	H
65) 500,-	93) 21.000,-
71) 500,-	
77) 1.000,-	
83) 18.000,-	
88) 1.000,-	
21.000,-	21.000,-

S Materialstelle (9321) H

S	H
66) 1.000,-	94) 15.000,-
72) 500,-	95) 5.000,-
78) 1.000,-	
84) 15.500,-	
89) 2.000,-	
20.000,-	20.000,-

V Kostenträgerrechnung: Aufgabe - Seite 103

S Fert.HauptSt. (9322)	H
67) 3.000,-	96) 53.400,6
73) 1.000,-	97) 35.599,4
79) 4.000,-	
85) 57.000,-	
90) 3.000,-	
93) 21.000,-	
14.000,-	14.000,-

S VerwSt. (9323)	H
68) 2.000,-	102) 9.042,09
74) 1.000,-	103) 4.957,91
80) 2.000,-	
86) 7.000,-	
91) 2.000,-	
89.000,-	89.000,-

S Vertr.St. (9324)	H
69) 1.500,-	104) 10.979,68
75) 1.000,-	105) 6.020,32
81) 1.000,-	
87) 11.500,-	
92) 2.000,-	
17.000,-	17.000,-

S Verkaufskonto A	H
100) 101.400,60	106) 80.000,-
102) 9.042,09	108) 41.422,37
104) 10.979,68	
121.422,37	121.422,37

S Verkaufskonto B	H
101) 55.599,4	107) 220.000,-
103) 4.957,91	
105) 6.020,32	
109) 153.422,37	
220.000,-	220.000,-

S NEK	H
56) 2.000,-	57) 1.000,-
59) 3.000,-	58) 4.000,-
5.000,-	5.000,-

S BEK	H
08) 41422,37	109) 153.422,37
110) 112.000,	
153.422,37	153.422,37

S BAK	H
54) 115.000,-	59) 3.000,-
	110) 112.000,-
115.000,-	115.000,-

V. Kostenträgerrechnung: Aufgabe - Seite 103

d) Verteilung der Einzelkosten:

60.)	unf.Erz. A	an Fert.Mat.	15.000,- DM
61.)	unf.Erz. B	an Fert.Mat.	5.000,- DM
62.)	unf.Erz. A	an Fert.Löhne	18.000,- DM
63.)	unf.Erz. B	an Fert.Löhne	12.000,- DM

e) Verteilung der Gemeinkosten:

64.)	allg. KSt (9311)	an GK-Mat. (9202)	2.000,- DM
65.)	Fert.HilfsSt. (9312)	an GK-Mat. (9202)	500,- DM
66.)	Materialstelle(9321)	an GK-Mat. (9202)	1.000,- DM
67.)	Fert.HauptSt. (9322)	an GK-Mat. (9202)	3.000,- DM
68.)	Verw.Stelle (9323)	an GK-Mat. (9202)	2.000,- DM
69.)	Vertr.Stelle (9324)	an GK-Mat. (9202)	1.500,- DM
70.)	allg. KSt (9311)	an Hilfslöhne (9205)	1.000,- DM
71.)	Fert.HilfsSt. (9312)	an Hilfslöhne (9205)	500,- DM
72.)	Materialstelle(9321)	an Hilfslöhne (9205)	500,- DM
73.)	Fert.HauptSt. (9322)	an Hilfslöhne (9205)	1.000,- DM
74.)	Verw.Stelle (9323)	an Hilfslöhne (9205)	1.000,- DM
75.)	Vertr.Stelle (9324)	an Hilfslöhne (9205)	1.000,- DM
76.)	allg. KSt (9311)	an kalk. AfA (9208)	1.000,- DM
77.)	Fert.HilfsSt. (9312)	an kalk. AfA (9208)	1.000,- DM
78)	Materialstelle(9321)	an kalk. AfA (9208)	1.000,- DM
79.)	Fert.HauptSt. (9322)	an kalk. AfA (9208)	4.000,- DM
80.)	Verw.Stelle (9323)	an kalk. AfA (9208)	2.000,- DM
81.)	Vertr.Stelle (9324)	an kalk. AfA (9208)	1.000,- DM
82.)	allg. KSt (9311)	an sonstige GK (9203)	6.000,- DM
83.)	Fert.HilfsSt. (9312)	an sonstige GK (9203)	18.000,- DM
84.)	Materialstelle(9321)	an sonstige GK (9203)	15.500,- DM
85.)	Fert.HauptSt. (9322)	an sonstige GK (9203)	57.000,- DM
86.)	Verw.Stelle (9323)	an sonstige GK (9203)	7.000,- DM
87.)	Vertr.Stelle (9324)	an sonstige GK (9203)	11.500,- DM

V Kostenträgerrechnung: Aufgabe - Seite 103

e) Verteilung der sekundären Gemeinkosten:

```
88.) Fert.HilfsSt.(9312)  an allg. KSt (9311)          1.000,- DM
89.) Materialstelle(9321) an allg. KSt (9311)          2.000,- DM
90.) Fert.HauptSt.(9322)  an allg. KSt (9311)          3.000,- DM
91.) Verw.Stelle (9323)   an allg. KSt (9311)          2.000,- DM
92.) Vertr.Stelle (9324)  an allg. KSt (9311)          2.000,- DM
93.) Fert.HauptSt. (9322) an Fert.HilfsSt. (9312)     21.000,- DM
```

Ermittlung der Zuschlagsätze:

<u>1.) Materialgemeinkostenzuschlagsatz:</u>

```
                     Mat.gemeinkosten * 100   20.000,- * 100
MatGK-Zuschlagssatz = --------------------- = --------------
                     Materialeinzelkosten         20.000,-

                    = 100 %
                      =====

Mat.GK-Satz Unf.Erz. A = Fertigungsmat.  * Mat.-GK-Zuschlagssatz
                       = 15.000,- DM     * 100 %
                       = 15.000,- DM
                         ===========

Mat.GK-Satz Unf.Erz. B = Fertigungsmat.  * Mat.GK-Zuschlagssatz
                       = 5.000,- DM      * 100 %
                       = 5.000,- DM
                         ==========

94.) Unf.Erz. A (9401)    an Materialstelle (9321)    15.000,- DM
95.) Unf.Erz. B (9402)    an Materialstelle (9321)     5.000,- DM
```

<u>2.) Fertigungsgemeinkostenzuschlagssatz:</u>

```
                       Fert.gemeinkosten * 100    89.000,- * 100
FertGK-Zuschlagssatz = ----------------------- = --------------
                       Fertigungseinzelkosten     30.000,-

                     = 296,67 %
                       ========

Fert.GK-Satz Unf.Erz.A = Fertigungslöhne * Fert.GK-Zuschlagssatz
                       = 18.000,- DM * 296,67 %
                       = 53.400,60 DM
                         ============

Fert.GK-Satz Unf.Erz.B = Fertigungslöhne * Fert.GK-Zuschlagssatz
                       = 12.000,- DM * 296,67 %
                       = 35.599, 40,- DM
```

V Kostenträgerrechnung: Aufgabe - Seite 103

```
96.) Unf.Erz. A (9401)    an Fert.HauptSt. (9322)    53.400,60 DM
97.) Unf.Erz. B (9402)    an Fert.HauptSt. (9322)    35.599,40 DM
```

Umbuchung der Unfertigen Erzeugnisse auf die Fertigerzeugnisse:

```
98.) Fert.Erz A. (9501)   an Unf.Erz. A (9401)      103.400,60 DM
99.) Fert.Erz. B (9502)   an Unf.Erz. B (9402)       58.599,40 DM
```

Umbuchung der Fertigerzeugnisse auf die Verkaufskonten:

```
100.) Verkaufskonto A     an Fert.Erz. A (9501)     101.400,60 DM
101.) Verkaufskonto B     an Fert.Erz. B (9502)      55.599,40 DM
```

Ermittlung des VerwaltungsGK-Zuschlagsatzes:

```
Herstellkosten d. Umsatzes = 101.400,60 DM + 55.599,40 DM
                           = 157.000,- DM
                             ============

                          Verw.GK * 100            14.000,- * 100
Verw.GK-Zuschlagsatz   = -------------------- = -------------
                          Herstellk. d. Umsatzes   157.000,-

                       = 8,917197452 %
                         =============


Verw.GK-Satz A = 101.400,60 DM * 8,917197452 %
               = 9.042,09 DM
                 ===========

Verw.GK-Satz B = 55.599,40 DM * 8,917197452 %
               = 4.957,91
                 ========

102.) Verkaufskonto A      an Verw.St. (9323)          9.042,09 DM
103.) Verkaufskonto B      an Verw.St. (9323)          4.957,91 DM
```

V. Kostenträgerrechnung: Aufgabe - Seite 103

Ermittlung des Vertriebsgemeinkostenzuschlagsatzes:

```
                            Vertr.GK * 100          17.000,- * 100
Vertr.GK-Zuschlagsatz = --------------------- = -------------
                        Herstellk. d. Umsatzes   157.000,-

                        = 10,82802547 %
                          =============

Vertr.GK-Satz A = 101.400,60 DM * 10,82802547 %
                = 10.979,68 DM
                  ============

Vertr.GK-Satz B = 55.599,40 DM * 10,82802547 %
                = 6.020,32 DM
                  ===========
```

104.)	Verkaufskonto A	an Vertr.St. (9324)	10.979,68 DM
105.)	Verkaufskonto B	an Vertr.St. (9324)	6.020,32 DM

Umbuchung der Umsatzerlöse auf die Verkaufskonten:

106.)	Ums.Erl. A (9205)	an Verkaufskonto A	80.000,- DM
107.)	Ums.Erl. B (9206)	an Verkaufskonto B	220.000,- DM

Umbuchung aufs BEK:

108.)	BEK	an Verkaufskonto A	41.422,37 DM
109.)	Verkaufskonto B	an BEK	153.422,37 DM

Abschlussbuchungen:

110.)	BEK	an BAK	112.000,- DM

V Kostenträgerrechnung: Aufgabe - Seite 105

Aufgabe 2:

a) Buchen der Anfangsbestände:

1.)	Maschinen	an	EBK	22.000,- DM
2.)	Bank	an	EBK	70.000,- DM
3.)	Kasse	an	EBK	5.000,- DM
4.)	unf.Erz. Produkt A	an	EBK	3.000,- DM
5.)	unf.Erz. Produkt B	an	EBK	2.000,- DM
6.)	Fertigerz. Produkt A	an	EBK	8.000,- DM
7.)	Fertigerz. Produkt B	an	EBK	2.000,- DM
8.)	EBK	an	Eigenkapital	112.000,- DM

b) Konten:

S	Maschinen	H
1) 22.000,-		13) 4.000,-
		33) 18.000,-
22.000,-		22.000,-

S	Bank	H
2) 70.000,-		11) 40.000,-
10) 2.000,-		14) 5.000,-
12) 440.000,-		15) 32.000,-
		17) 100.000,-
		34) 335.000,-
512.000,-		512.000,-

S	Kasse	H
3) 5.000,-		9) 3.000,-
		18) 1.000,-
		35) 1.000,-
5.000,-		5.000,-

S	unf.Erz. Produkt A	H
4) 3.000,-		19) 3.000,-
19) 18.000,-		36) 18.000,-
21.000,-		21.000,-

S	unf.Erz. Produkt B	H
5) 2.000,-		19) 2.000,-
19) 12.000,-		37) 12.000,-
14.000,-		14.000,-

S	Fertigerz. Produkt A	H
6) 8.000,-		19) 8.000,-
19) 10.000,-		38) 10.000,-
18.000,-		18.000,-

S	Fertigerz. Produkt B	H
7) 2.000,-		19) 2.000,-
19) 30.000,-		39) 30.000,-
32.000,-		32.000,-

S	Eigenkapital	H
40) 411.000,-		8) 112.000,-
32) 3.000,-		31) 302.000,-
414.000,-		414.000,-

V Kostenträgerrechnung: Aufgabe - Seite 105

S	Verb. Finanzamt/Vers	H
41) 13.000,-		15) 8.000,-
		16) 5.000,-
13.000,-		13.000,-

S	Ums.Erlöse Produkt A	H
20) 120.000,-		12) 120.000,-
120.000,-		120.000,-

S	Ums.Erlöse Produkt B	H
21) 320.000,-		12) 320.000,-
320.000,-		320.000,-

S	sonstiger Ertrag	H
22) 2.000,-		10) 2.000,-
2.000,-		2.000,-

S	Aufw. f. Rohstoffe	H
11) 30.000,-		23) 30.000,-
30.000,-		30.000,-

S	Aufw. f. Hilfsstoffe	H
11) 10.000,-		24) 10.000,-
10.000,-		10.000,-

S	Fertigungslöhne	H
15) 40.000,-		25) 40.000,-
40.000,-		40.000,-

S	Sozialaufwand	H
16) 5.000,-		26) 5.000,-
5.000,-		5.000,-

S	Abschreibung	H
13) 4.000,-		27) 4.000,-
4.000,-		4.000,-

S	Mietaufwendungen	H
14) 5.000,-		28) 5.000,-
5.000,-		5.000,-

S	sonstige Aufwendungen	H
17) 100.000,-		29) 100.000,-
100.000,-		100.000,-

S	Aufw. aus Kassenfehl.	H
18) 1.000,-		30) 1.000,-
1.000,-		1.000,-

S	Privat	H
9) 3.000,-		32) 3.000,-
3.000,-		3.000,-

V Kostenträgerrechnung: Aufgabe - Seite 105

S	GuV	H
19) 3.000,-		19) 18.000,-
19) 2.000,-		19) 12.000,-
19) 8.000,-		19) 10.000,-
19) 2.000,-		19) 30.000,-
23) 30.000,-		20) 120.000,-
24) 10.000,-		21) 320.000,-
25) 40.000,-		22) 2.000,-
26) 5.000,-		
27) 4.000,-		
28) 5.000,-		
29) 100.000,-		
30) 1.000,-		
31) 302.000,-		
512.000,-		512.000,-

S	SBK	H
33) 18.000,-		40) 411.000,-
34) 335.000,-		41) 13.000,-
35) 1.000,-		
36) 18.000,-		
37) 12.000,-		
38) 10.000,-		
39) 30.000,-		
424.000,-		424.000,-

c) Geschäftsvorfälle:

Nr.	Soll			Haben	Betrag
9.)	Privat		an	Kasse	3.000,- DM
10.)	Bank		an	sonstiger Ertrag	2.000,- DM
11.)	Aufw.f.Rohst.	30.000,-			
	Aufw.f.Hilfst.	10.000,-	an	Bank	40.000,- DM
12.)	Bank	440.000,-	an	Ums.Erl. Produkt A	120.000,- DM
				Ums.Erl. Produkt B	320.000,- DM
13.)	Abschreibung		an	Maschinen	4.000,- DM
14.)	Mietaufwendungen		an	Bank	5.000,- DM
15.)	Fertigungsl.	40.000,-	an	Bank	32.000,- DM
				Verb. Finanzamt/Vers	8.000,- DM
16.)	Sozialaufwendungen		an	Verb. Finanzamt/Vers	5.000,- DM
17.)	sonstige Aufwendungen		an	Bank	100.000,- DM
18.)	Aufw. aus Kassenfehl.		an	Kasse	1.000,- DM

V Kostenträgerrechnung: Aufgabe - Seite 105

Buchungen GuV:

19.)	GuV	an	unf.Erz. Produkt A	3.000,- DM
	GuV	an	unf.Erz. Produkt B	2.000,- DM
	GuV	an	Fertigerz. Produkt A	8.000,- DM
	GuV	an	Fertigerz. Produkt B	2.000,- DM
	unf.Erz. Produkt A	an	GuV	18.000,- DM
	unf.Erz. Produkt B	an	GuV	12.000,- DM
	Fertigerz. Produkt A	an	GuV	10.000,- DM
	Fertigerz. Produkt B	an	GuV	30.000,- DM
20.)	Ums.Erl. Produkt A	an	GuV	120.000,- DM
21.)	Ums.Erl. Produkt B	an	GuV	320.000,- DM
22.)	sonstiger Ertrag	an	GuV	2.000,- DM
23.)	GuV	an	Aufw.f.Rohstoffe	30.000,- DM
24.)	GuV	an	Aufw.f.Hilfsstoffe	10.000,- Dm
25.)	GuV	an	Fertigungslöhne	40.000,- DM
26.)	GuV	an	Sozialaufwendungen	5.000,- DM
27.)	GuV	an	Abschreibung	4.000,- DM
28.)	GuV	an	Mietaufwendungen	5.000,- DM
29.)	GuV	an	sonst. Aufwendungen	100.000,- DM
30.)	GuV	an	Aufw.aus Kassenfehl.	1.000,- DM
31.)	GuV	an	Eigenkapital	302.000,- DM

Umbuchung:

32.)	Eigenkapital	an	Privat	3.000,-DM

Buchungen SBK:

33.)	SBK	an	Maschinen	18.000,- DM
34.)	SBK	an	Bank	335.000,- DM
35.)	SBK	an	Kasse	1.000,- DM
36.)	SBK	an	unf.Erz. Produkt A	18.000,- DM
37.)	SBK	an	unf.Erz. Produkt B	12.000,- DM
38.)	SBK	an	Fertigerz. Produkt A	10.000,- DM
39.)	SBK	an	Fertigerz. Produkt B	30.000,- DM
40.)	Eigenkapital	an	SBK	411.000,- DM
41.)	Verb. Finanzamt/Vers	an	SBK	13.000,- DM

V - Kostenträgerrechnung: Aufgabe - Seite 105

Buchungen Betriebliches Eröffnungskonto (BÖK):

42.)	BÖK	an	Unf.Erz. A (9401)	18.000,- DM
43.)	BÖK	an	Unf.Erz. B (9402)	12.000,- DM
44.)	BÖK	an	Fertigerz. A (9501)	10.000,- DM
45.)	BÖK	an	Fertigerz. B (9502)	30.000,- DM
46.)	Unf.Erz. A (9401)	an	BÖK	3.000,- DM
47.)	Unf.Erz. B (9402)	an	BÖK	2.000,- DM
48.)	Fertigerz. A (9501)	an	BÖK	8.000,- DM
49.)	Fertigerz. B (9502)	an	BÖK	2.000,- DM
50.)	BÖK	an	Ums.Erl. A (9201)	120.000,- DM
51.)	BÖK	an	Ums.Erl. B (9202)	320.000,- DM
52.)	BÖK	an	sonst. Ertrag (9001)	2.000,- DM
53.)	Fertigungsmat. (9203)	an	BÖK	30.000,- DM
54.)	GK-Material (9204)	an	BÖK	10.000,- DM
55.)	Fertigungslöhne (9205)	an	BÖK	40.000,- DM
56.)	Sozialkosten (9206)	an	BÖK	5.000,- DM
57.)	Abschreibung (9210)	an	BÖK	4.000,- DM
58.)	Mietkosten (9102)	an	BÖK	5.000,- DM
59.)	sonst. Kosten (9207)	an	BÖK	100.000,- DM
60.)	Kassenfehl.(9002)	an	BÖK	1.000,- DM
61.)	BAK	an	BÖK	302.000,- DM

Umbuchungen:

62.)	kal. Untern.lohn (9207)	an	verr.kal.Kosten(9103)	6.000,- DM
63.)	kal. Miete (9208)	an	Mietkosten (9102)	8.000,- DM
64.)	kal. Zinsen (9209)	an	verr.kal.Kosten(9103)	2.000,- DM

S	BÖK	H
42) 18.000,-		46) 3.000,-
43) 12.000,-		47) 2.000,-
44) 10.000,-		48) 8.000,-
45) 30.000,-		49) 2.000,-
50) 120.000,-		53) 30.000,-
51) 320.000,-		54) 10.000,-
52) 2.000,-		55) 40.000,-
		56) 5.000,-
		57) 4.000,-
		58) 5.000,-
		59) 100.000,-
		60) 1.000,-
		61) 302.000,-
512.000,-		512.000,-

V. Kostenträgerrechnung: Aufgabe - Seite 105

S Unf.Erz. A (9401)	H
46) 3.000,-	42) 18.000,-
65) 18.000,-	105) 46.135,-
67) 10.000,-	
101) 20.465,-	
103) 12.670,-	
64.135,-	64.135,-

S Unf.Erz. B (9402)	H
47) 2.000,-	43) 12.000,-
66) 12.000,-	106) 83.652,-
68) 30.000,-	
102) 13.643,-	
104) 38.009,-	
95.652,-	95.652,-

S Fert.Erz. A (9501)	H
48) 8.000,-	44) 10.000,-
105) 46.135,-	107) 44.135,-
54.135,-	54.135,-

S Fert.Erz. B (9502)	H
49) 2.000,-	45) 30.000,-
106) 83.652,-	108) 55.652,-
85.652,-	85.652,-

S Ums.Erlöse A (9201)	H
113) 120000,-	50) 120.000,-
120.000,-	120.000,-

S Ums.Erlöse B (9202)	H
114) 320.000,-	51) 320.000,-
320.000,-	320.000,-

S sonst.Ertrag (9001)	H
117) 2.000,-	52) 2.000,-
2.000,-	2.000,-

S Fert.Mat. (9203)	H
53) 30.000,-	65) 18.000,-
	66) 12.000,-
30.000,-	30.000,-

S Gemeinkostenmat.(9204)	H
54) 10.000,-	69) 1.000,-
	70) 1.000,-
	71) 3.000,-
	72) 3.000,-
	73) 1.000,-
	74) 1.000,-
10.000,-	10.000,-

S Fert.-löhne (9205)	H
55) 40.000,-	67) 10.000,-
	68) 30.000,-
40.000,-	40.000,-

V Kostenträgerrechnung: Aufgabe - Seite 105

S Sozialkosten (9206)	H
56) 5.000,-	75) 500,-
	76) 500,-
	77) 1.000,-
	78) 1.000,-
	79) 1.000,-
	80) 1.000,-
5.000,-	5.000,-

S sonstige GK (9207)	H
59) 100.000,-	84) 30.000,-
	85) 10.000,-
	86) 20.000,-
	87) 20.000,-
	88) 10.000,-
	89) 10.000,-
100.000,-	100.000,-

S Abschreibung (9210)	H
57) 4.000,-	81) 4.000,-
4.000,-	4.000,-

S Kosten Kassenfehl (9002)	H
60) 1.000,-	118) 1.000,-
1.000,-	1.000,-

S Mietkosten (9102)	H
58) 5.000,-	63) 8.000,-
119) 3.000,-	
8.000,-	8.000,-

S verr.kalk.Kosten (9103)	H
120) 8.000,-	62) 6.000,-
	64) 2.000,-
8.000,-	8.000,-

S kalk. Zinsen (9209)	H
64) 2.000,-	84) 2.000,-
2.000,-	2.000,-

S kalk.Unter-lohn (9207)	H
62) 6.000,-	82) 6.000,-
6.000,-	6.000,-

S Verkaufskonto A	H
107) 44.135,-	113) 120.000,-
109) 12.432,-	
111) 9.777,-	
115) 53.656,-	
120.000,-	120.000,-

S Verkaufskonto B	H
108) 55.652,-	114) 320.000,-
110) 15.676,-	
112) 12.328,-	
116) 236.344,-	
320.000,-	320.000,-

S kalk. Miete (9208)	H
63) 8.000,-	83) 8.000,-
8.000,-	8.000,-

S BEK	H
122) 290.000,-	115) 53.656,-
	116) 236.344,-
290.000,-	290.000,-

V Kostenträgerrechnung: Aufgabe - Seite 105

S NEK	H
118) 1.000,-	117) 2.000,-
121) 12.000,-	119) 3.000,-
	120) 8.000,-
13.000,-	13.000,-

S BAK	H
61) 302.000,-	121) 12.000,-
	122) 290.000,-
302.000,-	302.000,-

S allg.KSt Gebäude (9311)	H
69) 1.000,-	91) 4.265,-
75) 500,-	92) 8.531,-
83) 8.000,-	93) 12.796,-
85) 30.000,-	94) 8.531,-
96) 3.153,-	95) 8.530,-
42.653,-	42.653,-

S allg.KSt Soz.St. (9312)	H
70) 3.000,-	96) 3.153,-
76) 500,-	97) 1.577,-
86) 10.000,-	98) 7.883,-
91) 4.265,-	99) 1.577,-
	100) 1.575,-
15.765,-	15.765,-

S Mat.Stelle (9321)	H
71) 3.000,-	101) 20.465,-
77) 1.000,-	102) 13.643,-
87) 20.000,-	
92) 8.531,-	
97) 1.577,-	
34.108,-	34.108,-

S Fert.Hauptstelle (9322)	H
72) 3.000,-	103) 12.670,-
78) 1.000,-	104) 38.009
81) 4.000,-	
84) 2.000,-	
88) 20.000,-	
93) 12.796,-	
98) 7.883,-	
50.679,-	50.679,-

S Verw.Stelle (9323)	H
73) 1.000,-	109) 12.432,-
79) 1.000,-	110) 15.676,-
82) 6.000,-	
89) 10.000,-	
94) 8.531,-	
99) 1.577,-	
28.108,-[3]	28.108,-

S Vertriebsstelle (9324)	H
74) 1.000,-	111) 9.777,-
80) 1.000,-	112) 12.328,-
90) 10.000,-	
95) 8.530,-	
100) 1.575,-	
22.105,-	22.105,-

V Kostenträgerrechnung: Aufgabe - Seite 105

d) Verteilung der Einzelkosten:

65.)	unf.Erz. A (9401)	an	Fert.Mat. (9203)	18.000,- DM
66.)	unf.Erz. B (9402)	an	Fert.Mat. (9203)	12.000,- DM
67.)	unf.Erz. A (9401)	an	Fert.Löhne (9205)	10.000,- DM
68.)	unf.Erz. B (9402)	an	Fert.Löhne (9205)	30.000,- DM

e) Verteilung der Gemeinkosten

69.)	allg.KSt Gebäude (9311)	an	GK.Mat (9204)	1.000,- DM
70.)	allg.KSt Soz.Sta.(9312)	an	GK.Mat (9204)	1.000,- DM
71.)	Materialstelle (9321)	an	GK.Mat (9204)	3.000,- DM
72.)	Fert.Hauptstelle (9322)	an	GK.Mat (9204)	3.000,- DM
73.)	Verw.Stelle (9323)	an	GK.Mat (9204)	1.000,- DM
74.)	Vertriebsstelle (9324)	an	GK.Mat (9204)	1.000,- DM
75.)	allg.KSt Gebäude (9311)	an	Soz.Kosten (9206)	500,- DM
76.)	allg.KSt Soz.Sta.(9312)	an	Soz.Kosten (9206)	500,- DM
77.)	Materialstelle (9321)	an	Soz.Kosten (9206)	1.000,- DM
78.)	Fert.Hauptstelle (9322)	an	Soz.Kosten (9206)	1.000,- DM
79.)	Verw.Stelle (9323)	an	Soz.Kosten (9206)	1.000,- DM
80.)	Vertriebsstelle (9324)	an	Soz.Kosten (9206)	1.000,- DM
81.)	Fert.Hauptstelle (9322)	an	Abschreibung (9210)	4.000,- DM
82.)	Verw.Stelle (9323)	an	kalk.U.Lohn (9207)	6.000,- DM
83.)	allg.KSt Gebäude (9311)	an	kalk. Miete (9208)	8.000,- DM
84.)	Fert.Hauptstelle (9322)	an	kalk. Zinsen (9209)	2.000,- DM
85.)	allg.KSt Gebäude (9311)	an	sonst. GK (9207)	30.000,- DM
86.)	allg.KSt Soz.Sta. (9312)	an	sonst. GK (9207)	10.000,- DM
87.)	Materialstelle (9321)	an	sonst. GK (9207)	20.000,- DM
88.)	Fert.Hauptstelle (9322)	an	sonst. GK (9207)	20.000,- DM
89.)	Verw.Stelle (9323)	an	sonst. GK (9207)	10.000,- DM
90.)	Vertriebsstelle (9324)	an	sonst. GK (9207)	10.000,- DM

V Kostenträgerrechnung: Aufgabe - Seite 105

Berechnung der sekundären Gemeinkosten:

x = allg. KSt Gebäude
y = allg. KSt Sozialstation

```
x = 39.500,- DM + 0,2 y     | * 5 | - 0,2 y
y = 11.500,- DM + 0,1 x     | - 0,1 x
---------------------------
 5   x  - y  = 197.500,- DM | +
-0,1 x  + y  =  11.500,- DM | +
---------------------------
 4,9 x       = 209.000,- DM | : 4,9
     x       = 42.653,- DM
     =====================

y = 11.500,- DM + 0,1 * 42.653,- DM
y = 11.500,- DM + 4.265,- DM
y = 15.765,- DM
===============
```

f) Verteilung der sekundären Gemeinkosten:

```
91.) allg.KSt Soz.Sta. (9312)  an allg.KSt Geb.(9311)   4.265,- DM
92.) Materialstelle (9321)     an allg.KSt Geb.(9311)   8.531,- DM
93.) Fert.Hauptstelle (9322)   an allg.KSt Geb.(9311)  12.796,- DM
94.) Verw.Stelle (9323)        an allg.Kst Geb.(9311)   8.531,- DM
95.) Vertriebsstelle (9324)    an allg.KSt Geb.(9311)   8.530,- DM
96.) allg.KSt Gebäude (9311)   an allg.KSt SozSt(9312)  3.153,- DM
97.) Materialstelle (9321)     an allg.KSt SozSt(9312)  1.577,- DM
98.) Fert.Hauptstelle (9322)   an allg.KSt SozSt(9312)  7.883,- DM
99.) Verw.Stelle (9323)        an allg.KSt SozSt(9312)  1.577,- DM
100.) Vertriebsstelle (9324)   an allg.KSt SozSt(9312)  1.575,- DM
```

V Kostenträgerrechnung: Aufgabe - Seite 105

Ermittlung der Zuschlagsätze:

<u>1.) Materialgemeinkostenzuschlagsatz:</u>

```
                      Materialgemeinkosten * 100    34.108,- * 100
MatGK-Zuschlagsatz = -------------------------- = --------------
                      Materialeinzelkosten          30.000,-

                    = 113,693 %
                      =========

Mat.GK-Satz Unf.Erz. A = Fertigungsmat. * Mat.GK-Zuschlagsatz
                       = 18.000,- DM * 113,693 %
                       = 20.465,- DM
                         ===========

Mat.GK-Satz Unf.Erz. B = Fertigungsmat. * Mat.GK-Zuschlagsatz
                       = 12.000,- DM * 113,693 %
                       = 13.643,- DM
                         ===========

101.) unf.Erz. A (9401)    an  Materialstelle (9321) 20.465,- DM
102.) unf.Erz. B (9402)    an  Materialstelle (9321) 13.643,- DM
```

<u>2.) Fertigungsgemeinkostenzuschlagsatz:</u>

```
                        Fert.Gemeinkosten * 100    50.659,- * 100
Fert.GK-Zuschlagsatz = ----------------------- = --------------
                        Fertigungseinzelkosten     40.000,-

                      = 126,6975 %
                        ==========

Fert.GK-Satz unf.Erz. A = Fertigungslöhne * Fert.GK-Zuschlagsatz
                        = 10.000,- DM * 126,6975 %
                        = 12.670,- DM
                          ===========

Fert.GK-Satz unf.Erz. B = Fertigungslöhne * Fert.GK-Zuschlagsatz
                        = 30.000,- DM * 126,6975 %
                        = 29.009,- DM
                          ===========

103.) unf.Erz. A (9401)    an Fert.Hauptstelle(9322) 12.670,- DM
104.) unf.Erz. B (9402)    an Fert.Hauptstelle(9322) 38.009,- DM
```

V Kostenträgerrechnung: Aufgabe - Seite 105

Umbuchung der Unfertigen Erzeugnisse auf die Fertigerzeugnisse:

```
105.) Fertigerz. A (9501)  an  Unf.Erz. A (9401)     46.135,- DM
106.) Fertigerz. B (9502)  an  Unf.Erz. B (9402)     83.652,- DM
```

Umbuchung der Fertigerzeugnisse auf die Verkaufskonten:

```
107.) Verkaufskonto A      an  Fertigerz. A (9501)   44.135,- DM
108.) Verkaufskonto B      an  Fertigerz. B (9502)   55.652,- DM
```

Ermittlung des Verwaltungsgemeinkostenzuschlagsatzes:

```
Herstellkosten des Umsatzes = 44.135,- DM + 55.652,- DM
                            = 99.787,- DM
                              ===========

                        Verw.GK * 100    28.108,- * 100
Verw.GK-Zuschlagsatz = ------------- = --------------
                        HK d. Umsatzes   99.787,-

                     = 28,16799783 %
                       =============

Verw.GK-Satz A = 44.135,- DM * 28,16799783 %
               = 12.432,- DM
                 ===========

Verw.GK-Satz B = 55.652,- DM * 28,16799783 %
               = 15.676,- DM
                 ===========

109.) Verkaufskonto A      an  Verw.St. (9323)       12.432,- DM
110.) Verkaufskonto B      an  Verw.St. (9323)       15.676,- DM
```

V Kostenträgerrechnung: Aufgabe - Seite 105

Ermittlung des Vertriebsgemeinkostenzuschlagsatzes:

$$\text{Vertr.GK-Zuschlagsatz} = \frac{\text{Vertr.GK} * 100}{\text{HK des Umsatzes}} = \frac{22.105,- * 100}{99.787,-}$$

$$= 22,15218415\ \%$$

Vertr.GK-Satz A = 44.135,- DM * 22,15218415 %
= 9.777,- DM

Vertr.GK-Satz B = 55.652,- DM * 22,15218415 %
= 12.328,- DM

111.)	Verkaufskonto A	an	Vertr.St. (9324)	9.777,- DM
112.)	Verkaufskonto B	an	Vertr.St. (9324)	12.328,- DM

Umbuchung der Umsatzerlöse auf die Verkaufskonten:

113.)	Ums.Erl. A (9201)	an	Verkaufskonto A	120.000,- DM
114.)	Ums.Erl. B (9202)	an	Verkaufskonto B	320.000,- DM

Umbuchung auf das BEK:

115.)	Verkaufskonto A	an	BEK	53.656,- DM
116.)	Verkaufskonto B	an	BEK	236.344,- DM

Umbuchung auf das NEK:

117.)	sonst. Ertrag (9001)	an	NEK	2.000,- DM
118.)	NEK	an	Kassenfehl. (9002)	1.000,- DM
119.)	Mietkosten (9102)	an	NEK	3.000,- DM
120.)	verr.kal.Kost.(9103)	an	NEK	8.000,- DM

Abschlussbuchungen:

121.)	NEK	an	BAK	12.000,- DM
122.)	BEK	an	BAK	290.000,- DM

V Kostenträgerrechnung: Aufgaben - Seite 112

Aufgabe 1:

KST	Stufenkosten	Arbeitsvorgang	Rechnung	k	Lagerveränderung
I	98.400,- DM	Out 8.400 E	98.400 ------ 8.400	11,71 DM	1.300 * 11,71 = + 15.223,- DM ============
II	67.500,- DM	In 7.100 E Out 6.900 E	7.100 * 11,71 + 67.500 ---------------------- 6.900	21,83 DM	400 * 21,83 = + 8.732,- DM ============
III	78.000,- DM	In 6.500 E Out 4.450 E	6.500 * 21,83 + 78.000 ---------------------- 4.450	49,41 DM	250 * 49,41 = + 12.352,50 DM ==============
IV	33.100,- DM	In 4.200 E Out 4.300 E	4.200 * 49,41 + 33.100 ---------------------- 4.300	55,96 DM	
					+ 36.307,50 DM Mehrung Unf.Erz.

Aufgabe 2:

1. Aufgabenteil:

10.000 hl = 1.000.000 l

$$\frac{1.000.000\ l}{0{,}33\ l} = 3.030.303 \text{ Flaschen}$$

3.030.303 Flaschen = 900.000,-- DM
1 Flasche = 0,297 DM = 0,30 DM
=======

2.Aufgabenteil:

4.000 hl = 1.212.121 Flaschen

$$\text{Herstellkosten / Flasche} = \frac{800.000,-\ DM}{3.030.303\ FL} = 0{,}264\ DM / Flasche$$

$$\text{Vw- / Vt-Kosten / Flasche} = \frac{100.000,-\ DM}{1.212.121\ FL} = 0{,}0825\ DM / Flasche$$

Selbstkosten / Flasche = 0,264 DM + 0,0825 DM
= 0,3465 DM = 0,35 DM
=======

V. Kostenträgerrechnung: Aufgabe - Seite 112

Lagerhaltung:

6.000 hl = 1.818.181 Flaschen

1.818.181 Flaschen * 0,264 DM = 480.000,- DM
============

3. Aufgabenteil:

KST	Stufenkosten	Arbeitsvorgang	Rechnung	k	Lagerveränderung
I	60.000,- DM	In 25.000 E	60.000 / 25.000	2,40 DM	
II	6.000,- DM	In 25.000 E Out 15.000 E	25.000 * 2,40 + 6.000 / 15.000	4,40 DM	5000 * 4,40 DM = + 22.000,- DM
III	400.000,- DM	In 10.000 E Out 10.000 E	10.000 * 4,40 + 400.000 / 10.000	44,40 DM	
IV	220.000,- DM	In 10.000 E Out 10.000 E	10.000 * 44,40 + 220.000 / 10.000	66,40 DM	
V	86.000,- DM	In 10.000 E Out 10.000 E	10.000 * 66,40 + 86.000 / 10.000	75,00 DM	Mehrung unfert. Erzeugnisse: + 22.000,- DM
VI	100.000,- DM	In 4.000 E Out 4.000 E	4.000 * 75,00 + 100.000 / 4.000	100,00 DM	6000 * 75,- DM = + 450.000,- DM Mehrung FertErz

1 hl = 303 Flaschen

Selbstkosten /Flasche: $\frac{100,- \text{ DM}}{303 \text{ Flaschen}}$ = 0,33 DM
=======

V Kostenträgerrechnung: Aufgabe - Seite 114

Aufgabe:

Sorte	Abfüllmenge	SW	ÄZ	RE	DM / hl	DM / Sorte
Pils	10.000,- DM	6,3	0,7	7.000	80,28 DM	802.797,20 DM
Export	4.000,- DM	9	1	4.000	114,69 DM	458.741,26 DM
Bock	3.000,- DM	9,9	1,1	3.300	126,15 DM	378.461,54 DM
Summe				14.300		1.640.000,- DM

Fertigungskosten je RE:

$$\frac{1.640.000,-\ \text{DM}}{14.300\ \text{RE}} = 114,69\ \text{DM / RE}$$

V Kostenträgerrechnung: Aufgabe - Seite 118

Aufgabe:

Materialeinzelkosten	3.400,- DM			
Materialgemeinkosten	204,- DM	Mat.kosten	3.604,-	DM
Fertigungslöhne 1	560,- DM			
Fertigungsgemeinkosten 1	476,- DM			
Fertigungslöhne 2	670,- DM			
Fertigungsgemeinkosten 2	8.040,- DM			
Sondereinzelk. d. Fert.	300,- DM	Fert.kosten	10.046,-	DM
		Herstellk.	13.650,-	DM
Verwaltungsgemeinkosten	1.365,- DM			
Vertriebsgemeinkosten	2.047,50 DM			
Sondereinzelk. d. Vertr.	200,- DM	Verw./Vertr	3.612,50	DM
		Selbstk.	17.262,50	DM

V Kostenträgerrechnung: Aufgabe - Seite 126

Aufgabe:

Produkt	Menge / kg	Preis	RE	Stückkosten	Gesamtkosten
A	5.000	10	50.000	8,24 DM	41.214,95 DM
B	500	5	2.500	4,12 DM	2.060,75 DM
C	200	3	600	2.47 DM	494,58 DM
D	100	4	400	3,30 DM	329,72 DM
Summe	5.800		53.500		44.100,- DM

VII Kostenauflösung: Aufgabe - Seite 147

Aufgabe:

Monat	Std/Mon.	Abweichung	DM/Monat	Abweichung	Quadrierung	Produkt
1	2.650	137,42	18.000	1.317,5	18.884,2564	181.050,85
2	2.300	- 212,58	14.600	- 2.082,5	45.190,2564	442.697,85
3	2.200	- 312,58	16.500	- 182,5	97.706,2564	57.045,85
4	2.550	37,42	16.200	- 482,5	1.400,2564	- 18.055,15
5	2.715	202,42	16.150	- 532,5	40.973,2564	- 107.788,65
6	2.625	112,42	15.900	- 782,5	12.638,2564	- 87.968,65
7	2.590	77,42	15.850	- 832,5	5.993,8564	- 64.452,15
8	2.468	- 44,42	16.100	- 582,5	1.987,3764	25.967,85
9	2.500	- 12,58	17.250	567,5	158,2564	- 7.139,15
10	2.530	17,42	17.800	1.117,5	303,4564	19.466,85
11	2.518	5,42	17.850	1.167,5	29,3764	6.327,85
12	2.505	- 7,58	17.990	1.307,5	57,4564	- 9.910,85
Summe	30.151	5.800	200.190		225.322,9168	437.242,51

Durchschnitt bei der Beschäftigung:

30.151 Std : 12 Monate = 2.512,58 Std/Monat

Durchschnitt bei den Kosten:

200.190,- DM : 12 Monate = 16.682,50 DM/Monat

Ermittlung des proportinalen Satzes:

$$k_p = \frac{\text{Summe der Produkte Beschäftigungs- und Kostenabweichung}}{\text{Summe der quadrierten Beschäftigungsabweichung}}$$

$$= \frac{437.242,50}{225.322,9168}$$

$$= 1,94 \text{ DM}$$

Ermittlung der fixen Kosten:

$$K = K_f + k_p * x$$

$$16.682,5 = K_f + 1,94 * 2.512,58$$
$$16.682,5 = K_f + 4.874,41$$
$$K_f = 11.808,09$$

VII Kostenauflösung: Aufgabe - Seite 147

Lösung mit dem Gleichungssystem:

I)	k_p * 30.151	+ 12 * K_f	= 200.190	| *30.151
II)	k_p * 75.982.223	+ 30.151 K_f	= 503.431.300	| * 12
I)	909.082.801 k_p	+ 361.812 K_f	= 6.035.928.690	
II)	911.786.676 k_p	+ 361.812 K_f	= 6.041.175.600	| -
	- 2.703.875 k_p		= - 5.246.910	
	k_p		= 1,94	

$$30.151 * 1,94 + 12\ K_f = 200.190$$
$$12\ K_f = 141.697,06 \quad | : 12$$
$$K_f = 11.808,09$$

IX Kostenträgerrechnung - Teilkostenbasis: Aufgaben - Seite 178

Aufgabe 2:

Verfahren 1: Mehrstufiges Direct Costing)

	Produktart I	Produktart II	Produktart III
Erlöse	6.000	9.000	5.000
-proportionale Produktartkosten			
Einzelkosten	3.000	2.000	1.000
Gemeinkosten	200	1.600	2.900
Deckungsbeitrag 1	2.800	5.400	1.100
- fixe Produkt-Grpeinzelkosten	500	400	300
Deckungsbeitrag 2	2.300	5.000	800
- fixe Produkt-arteinzelkosten		3.000	
Deckungsbeitrag 3	2.300	2.800	
- betriebliche Einzelkosten fix		2.000	
Deckungsbeitrag 4 = Betriebsgewinn		3.100	

Verfahren 2: relative Einzelkostenrechnung

	Produktart I	Produktart II	Produktart III
Erlöse	6.000	9.000	5.000
- Produktart-einzelkosten			
proportional	3.000	2.000	1.000
fix	500	400	300
Deckungsbeitrag 1	2.500	6.600	3.700
- Produktgruppen-einzelkosten			
proportional		4.000	
fix		3.000	
Deckungsbeitrag 2	2.500	3.300	
- betriebliche Einzelkosten			
proportional		700	
fix		2.000	
Deckungsbeitrag 3 = Betriebsgewinn		3.100	

IX Kostenträgerrechnung - Teilkostenbasis: Aufgaben - Seite 179

Aufgabe:

Produkt A:

```
  Preis:  50,- DM
- kp   :  20,- DM
-----------------
= DB   :  30,- DM
=================
```

Produkt B:

```
  Preis:  30,- DM
- kp   :   5,- DM
-----------------
= DB   :  25,- DM
=================
```

Bei Produkt A ist der Deckungsbeitrag mit 30,-DM / Stück höher als bei Produkt B mit 25,-DM / Stück. Deshalb wird man sich für die Produktion von 10.000 Stück von Produkt A entscheiden.

Gewinnrechnung:

```
    10.000 Stück für 50,- DM           =   500.000,- DM
-   10.000 Stück *   20,- DM (kp )     =   200.000,- DM
-    4.000 Stück *   10,- DM (kf A)    =    40.000,- DM
-    6.000 Stück *    6,- DM (kf B)    =    36.000,- DM
-----------------------------------------------------
=   Gewinn                                 224.000,- DM
=====================================================
```

IX Kostenträgerrechnung - Teilkostenbasis: Aufgaben - Seite 184

Aufgabe 2:

a)

```
    40.000 Stück für 600,- DM          =  24.000.000,- DM
-   50.000 Stück *    50,- DM (kf)     =   2.500.000,- DM
-   40.000 Stück *   500,- DM (kp)     =  20.000.000,- DM
---------------------------------------------------------
=   Gewinn                               1.500.000,- DM
=========================================================
```

Stückgewinn:

```
    1.500.000,- DM
    --------------  = 37,50,- DM
    40.000    Stück   ==========
```

b) Da die gesamten Fixkosten bereits bei den 40.000 Stück abgerechnet wurden, wird der Preis von 570,- DM nur noch mit den proportionalen Kosten von 500,- DM verglichen. Damit entsteht ein Gewinn von 70,- DM.

c) Vollkostenrechnung ohne Kostenauflösung:

Die Vollkostenrechnung ohne Kostenauflösung hätte die proportionalen und die fixen Kosten pro Stück addiert und hätte den Preis von 570,- DM mit den Kosten von 550,- DM verglichen. Hierbei wäre ein Gewinn von 20,- DM heraus gekommen und der Auftrag wäre angenommen worden.

Vollkostenrechnung mit Kostenauflösung:

```
  Erlöse:   40.000 * 600,- DM       =   24.000.000,- DM
          + 10.000 * 570,- DM       =    5.700.000,- DM
- Kosten:   50.000 * 550,- DM       =   27.500.000,- DM
-------------------------------------------------------
  Gewinn                            =    2.200.000,- DM
/ 50.000 Stück
-------------------------------------------------------
  Stückgewinn                       =          44,- DM
=======================================================
```

Die Vollkostenrechnung mit Kostenauflösung kommt zu einem Stückgewinn von 44,- DM und nimmt damit den Zusatzauftrag an.

IX Kostenträgerrechnung - Teilkostenbasis: Aufgaben - Seite 184

Aufgabe 3:

a)

	Stückpreis :	600,- DM
-	k_p :	500,- DM
-	k_f :	50,- DM
=	Stückgewinn:	50,- DM

b)

	10.000 Stück * 500,- DM (k_p) :	5.000.000,- DM
+	k_f :	2.000.000,- DM
=	Gesamtkosten :	7.000.000,- DM
:	10.000 Stück	
=	Stückkosten :	700,- DM

Da bei einem Preis von 570,- DM und Stückkosten von 700,- DM ein Verlust von 130,- DM entsteht, würde der Auftrag abgelehnt werden.

c) <u>Vollkostenrechnung ohne Kostenauflösung:</u>

Die Vollkostenrechnung ohne Kostenauflösung hätte die proportionalen und die fixen Kosten pro Stück addiert und hätte den Preis von 570,- DM mit den Kosten von 550,- DM verglichen. Hierbei wäre ein Gewinn von 20,- DM herausgekommen und der Auftrag wäre angenommen worden.

<u>Vollkostenrechnung mit Kostenauflösung:</u>

Erlöse:	40.000 * 600,- DM	=	24.000.000,- DM
	+ 10.000 * 570,- DM	=	5.700.000,- DM
- Kosten:	40.000 * 550,- DM	=	22.000.000,- DM
	+ 10.000 * 500,- DM	=	5.000.000,- DM
	+	=	2.000.000,- DM
Gewinn		=	700.000,- DM
/ 50.000 Stück			
Stückgewinn		=	14,- DM

Die Vollkostenrechnung mit Kostenauflösung kommt zu einem Stückgewinn von 14,- DM und nimmt damit den Zusatzauftrag an.

IX Kostenträgerrechnung - Teilkostenbasis: Aufgaben - Seite 184

Aufgabe 4:

a) Der Stückgewinn beträgt 37,50 DM.

b) Bei dem Zusatzauftrag beträgt der Stückgewinn 10,- DM. (510,- DM - 500,- DM)

c) Vollkostenrechnung ohne Kostenauflösung:

510,- DM - 550,- DM = - 40,- DM

Die Vollkostenrechnung ohne Kostenauflösung kommt zu einem Stückverlust von 40,- DM und damit zu einer Ablehnung des Zusatzauftrages.

Vollkostenrechnung mit Kostenauflösung:

Erlöse:	40.000 * 600,- DM	=	24.000.000,- DM
	+ 10.000 * 510,- DM	=	5.100.000,- DM
- Kosten:	50.000 * 550,- DM	=	27.500.000,- DM
Gewinn		=	1.600.000,- DM
/ 50.000 Stück			
Stückgewinn		=	32,- DM

Die Vollkostenrechnung mit Kostenauflösung kommt zu einem Stückgewinn von 32,- DM und nimmt damit den Zusatzauftrag an.

IX Kostenträgerrechnung - Teilkostenbasis: Aufgaben - Seite 184

Aufgabe 5:

a) Der Stückgewinn beträgt 50,- DM.

b)

Preis / Stück	=	710,- DM
- Stückkosten	=	700,- DM
Stückgewinn	=	10,- DM

Der Zusatzauftrag kann durchgeführt werden.

c) Vollkostenrechnung ohne Kostenauflösung:

710,- DM - 550,- DM = 160,- DM

Die Vollkostenrechnung ohne Kostenauflösung kommt zu einem Stückgewinn von 160,- DM, sie nimmt den Zusatzauftrag an.

Vollkostenrechnung mit Kostenauflösung:

Erlöse:	40.000 * 600,- DM	=	24.000.000,- DM
	+ 10.000 * 710,- DM	=	7.100.000,- DM
- Kosten:		=	29.000.000,- DM
Gewinn		=	2.100.000,- DM
/ 50.000 Stück			
Stückgewinn		=	40,- DM

Die Vollkostenrechnung mit Kostenauflösung kommt zu einem Stückgewinn von 40,- DM, sie nimmt damit den Zusatzauftrag an.

IX. Kostenträgerrechnung - Teilkostenbasis: Aufgaben - Seite 186

Aufgabe 1:

a) Deckungsbeiträge:

```
Produkt A:   500,- DM * 100.000 Stück   =   50.000.000,- DM
           - 340,- DM * 100.000 Stück   =   34.000.000,- DM
           ------------------------------------------------
             Deckungsbeitrag            =   16.000.000,- DM
           ================================================

Produkt B:   240,- DM *  80.000 Stück   =   19.200.000,- DM
           - 180,- DM *  80.000 Stück   =   14.400.000,- DM
           ------------------------------------------------
             Deckungsbeitrag            =    4.800.000,- DM
           ================================================

Produkt C:   360,- DM * 120.000 Stück   =   43.200.000,- DM
           - 250,- DM * 120.000 Stück   =   30.000.000,- DM
           ------------------------------------------------
             Deckungsbeitrag            =   13.200.000,- DM
           ================================================

Produkt D:   420,- DM *  60.000 Stück   =   25.200.000,- DM
           - 210,- DM *  60.000 Stück   =   12.600.000,- DM
           ------------------------------------------------
             Deckungsbeitrag            =   12.600.000,- DM
           ================================================
```

Der gesamte Deckungsbeitrag beträgt 46.600.000,- DM.

b)

Produkt	DB / Stück	Fert.-Zeit	relativer DB	Rang
A	160,- DM	0,5	320,- DM	2
B	60,- DM	0,1	600,- DM	1
C	110,- DM	1,2	91,67 DM	4
D	210,- DM	2,0	105,- DM	3

Daraus ergibt sich folgendes Produktionsprogramm:

Produkt	Menge	Stunden	absoluter DB	Gesamt-DB
B	80.000	8.000	60,- DM	4.800.000,- DM
		Rest: 192.000		
A	100.000	50.000	160,- DM	16.000.000,- DM
		Rest: 142.000		
D	60.000	120.000	210,- DM	12.600.000,- DM
		Rest: 22.000		
C	18.333	22.000	110,- DM	2.016.630,- DM

(Bei Produkt C wurde die Stückzahl abgerundet, da sich nur ganze Stücke verarbeiten lassen.)

Die maximalen Deckungsbeiträge sind 35.416.630,- DM.

IX Kostenträgerrechnung - Teilkostenbasis: Aufgaben - Seite 187

c) **Errechnung der verbrauchten Stunden für die Mindeststückzahlen:**

Produkt	Menge	Fert.-Zeit	Gesamtzeit
A	30.000	0,5	15.000
B	50.000	0,1	5.000
C	40.000	1,2	48.000
D	30.000	2,0	60.000

Die verbrauchten Stunden für die Mindeststückzahlen sind 128.000. Damit verbleiben von den 200.000 Stunden noch 72.000.

Danach werden weiterhin produziert:

Produkt	Menge	Stunden	absoluter DB	Gesamt-DB
B	30.000	3.000	60,- DM	1.800.000,- DM
		Rest: 69.000		
A	70.000	35.000	160,- DM	11.200.000,- DM
		Rest: 34.000		
D	17.000	34.000	210,- DM	3.570.000,- DM

Deckungsbeiträge:

Produkt A:	100.000	*	160,- DM	=	16.000.000,- DM
Produkt B:	80.000	*	60,- DM	=	4.800.000,- DM
Produkt C:	40.000	*	110,- DM	=	4.400.000,- DM
Produkt D:	47.000	*	210,- DM	=	9.870.000,- DM
Gesamtdeckungsbeitrag				=	35.070.000,- DM

IX Kostenträgerrechnung - Teilkostenbasis: Aufgaben - Seite 187

Aufgabe 2:

b) Vollkostenrechnung:

Produkt	Menge	Preis	Kosten	Packung	Gewinn
AXT	10.000	24,- DM	14,50 DM	9,50 DM	95.000,- DM
BETA	12.000	18,- DM	13,20 DM	4,80 DM	57.600,- DM
CMT	9.000	32,- DM	29,20 DM	2,80 DM	25.200,- DM
DOL	15.000	26,- DM	27,30 DM	- 1,30 DM	- 19.500,- DM

Der Gesamtgewinn ist 158.300,- DM.

Teilkostenrechnung:

Produkt	Menge	Preis	k_p	DB / Packung	Gesamt-DB
AXT	10.000	24,- DM	13,- DM	11,- DM	110.000,- DM
BETA	12.000	18,- DM	12,50 DM	5,50 DM	66.000,- DM
CMT	9.000	32,- DM	16,70 DM	15,30 DM	137.700,- DM
DOL	15.000	26,- DM	19,- DM	7,- DM	105.000,- DM

Der Gesamtdeckungsbeitrag ist 418.700,- DM, abzüglich der Fixkosten von 260.400,- DM . Das ergibt einen Gewinn von 158.300,- DM.

c)

Produkt	Absol. DB	rel. DB	Rang	kg	Menge	Gesamt-DB
AXT	11,- DM	0,275	2	400	10.000	110.000,- DM
BETA	5,50 DM	0,069	4	260	3.250	17.875,- DM
CMT	15,30 DM	0,255	3	540	9.000	137.700,- DM
DOL	7,- DM	0,35	1	300	15.000	105.000,- DM

Der Gesamtdeckungsbeitrag beträgt 370.575,- DM.
Nach Abzug der fixen Kosten von 260.400,- DM
verbleibt ein Gewinn von 110.175,- DM.
===========

IX Kostenträgerrechnung - Teilkostenbasis: Aufgaben - Seite 189

Aufgabe:

Produkt A:

Fremdbezug:

Kosten:	350,- DM
- 10 % Rabatt:	35,- DM
	315,- DM
- 1 % Skonto:	3,15 DM
	311,85 DM
+ Fracht:	10,50 DM
	322,35 DM

Eigenfertigung:

Materialkosten:	50,- DM
+ 30 % Materialgemeinkosten:	15,- DM
+ Fertigungslöhne:	70,- DM
+ 150 % Fertigungsgemeinkosten:	105,- DM
	240,- DM

Da die Eigenfertigung gegenüber dem Fremdbezug eine Ersparnis von 82,35 DM bringt, würde die Eigenfertigung vorgezogen werden.

Produkt B:

Kosten bei Fremdbezug:	580,- DM
- Kosten bei Eigenfertigung:	530,- DM
Ersparnis:	50,- DM

zusätzliche K_f: 10.000,- DM

$$\frac{10.000,\text{-DM } (K_f)}{50,\text{- DM}} = 200$$

200 Stück ist die Menge, die angefertigt werden muss, damit die Eigenfertigung gleich günstig wie der Fremdbezug ist. Dies ist gleichzeitig die maximale Menge für Herstellung und Absatz. Auf Grund des Absatzrisikos lohnt sich die Eigenfertigung nicht.

IX Kostenträgerrechnung - Teilkostenbasis: Aufgaben - Seite 189

Produkt C:

```
absoluter Deckungsbeitrag von X:                         20,- DM
                                                         =======
relativer Deckungsbeitrag von X:  20,- DM : 2 kg = 10,- DM
                                                         =======

Opportunitätskosten für C:        10,- DM * 5 kg = 50,- DM
                                                         =======

   Kosten Produkt C:
     proportional:                  220,- DM
   + fix:                            50,- DM
   -------------------------------------
     Gesamtkosten:                  270,- DM
   =====================================
```

Der Fremdbezug ist mit 260,- DM 10,- DM günstiger als die Eigenfertigung.

IX Kostenträgerrechnung - Teilkostenbasis: Aufgaben - Seite 190

Aufgabe:

alte Maschine:	K_f:	2.000,- DM
	K_p:	76.700,- DM
neue Maschine:	K_f:	7.000,- DM
	K_p:	73.700,- DM

Daraus ergibt sich zusätzliche K_f von 5.000,- DM und eine Kostenersparnis k_p von 30,- DM.

$$BEP = \frac{7.000,- \; - \; 2.000,-}{767,- \; - \; 737,-} = \frac{5.000,-}{30,-} = \underline{\underline{167}}$$

Bei einer Produktion von mindestens 167 Stück lohnt sich der Kauf einer neuen Maschine, bei der geplanten Menge von 100 Stück entfällt die Ersatzinvestition.

IX Prozesskostenrechnung: Aufgaben - Seite 199

Aufgabe:

Strukturblatt:

Hauptprozess	Teilprozess
A	a
	b
C	c
	d
	e
f	

IX Prozesskostenrechnung: Aufgaben - Seite 201 u. 202

Tätigkeitsübersicht:

Kostenstelle: XY							
Aktivitäten Nr.	Bezeichnung		Kosten-treiber	Kosten	Prozess-Kst-Satz	Umlage-satz (lmn)	Gesamtprozess-kostensatz
1	A	a	11.000 ZE	352.000,-	32,-		32,-
		b					
2	C	c	5.000 ZE	230.000,-	46,-	11,50	57,50
		d	1.000 ZE	22.000,-	22,-	5.50	27,50
		e	lmn	63.000,-			
3	f		4.500 ZE	49.500	11,-		11,-

IX Prozesskostenrechnung: Aufgaben - Seite 202

Nebenrechnung:

Umlagesatz:

$$\frac{63.000,- \text{ DM (e)}}{252.000,- \text{ DM (c + d)}} = 0{,}25$$

c:

$$\frac{0{,}25 * 230.000,- \text{ DM}}{5.000 \text{ ZE}} = 11{,}50 \text{ DM}$$

d:

$$\frac{0{,}25 * 22.000,- \text{ DM}}{1.000 \text{ ZE}} = 5{,}50 \text{ DM}$$

IX Prozesskostenrechnung: Aufgaben - Seite 203

Kalkulation :

Prozesskostenrechnung:

	MEK:	300.000,- DM
+	MGK: (500 * 32,- DM + 120 * 57,50 DM + 50 * 27,50 DM + 200 * 11,- DM)	26.475,- DM
	Materialkosten:	326.475,- DM

Vollkostenrechnung:

	MEK:	300.000,- DM
+	MGK: $\left(\frac{716.500,-}{7.290.000,-} * 100 = 9{,}83\ \%\right)$	29.490,- DM
	Materialkosten:	329.490,- DM

Literaturverzeichnis

1. Buggert, Technik der Kosten- und Leistungsrechnung, 2. Auflage, Winklers Verlag, Darmstadt 1978 (BU)

2. Coenenberg Hrsg., Unternehmensrechnung, Vahlen Verlag München 1976 (CO)

3. Eisele, Technik des betrieblichen Rechnungswesens, Vahlen Verlag, München 1980 (EI)

4. Franz, Die Prozeßkostenrechnung, in: WiSt, Heft 12, Dezember 1992 (FR)

5. Haberstock, Kostenrechnung I, 8. Auflage, S+W Steuer- und Wirtschaftsverlag, Hamburg 1987 (H1)

6. Haberstock, Kostenrechnung II, 7. Auflage, S+W Steuer- und Wirtschaftsverlag, Hamburg 1986 (H2)

7. Koch, Buchführung und Bilanzierung mit EDV, b.i.b.Fachbücher, 3. Auflage, S+W Steuer- und Wirtschaftsverlag, Hamburg 1992 (KC)

8. Kosiol, Kostenrechnung, Betriebswirtschaftlicher Verlag Dr. Th. Gabler, Wiesbaden 1964 (KO)

9. Olfert, Kostenrechnung, 5. Auflage, Kiehl Verlag, Ludwigshafen 1983 (OL)

10. Praxis des Rechnungswesens, Haufe Verlag, Freiburg 1997 (PdR)

11. Scherrer, Kostenrechnung, 1. Auflage, Fischer Verlag, Stuttgart 1983 (SER)

12. Schmolke-Deitermann, Industrielles Rechnungswesen - IKR -, 11. Auflage, Winklers Verlag, Darmstadt 1987 (SO)

13. Schweitzer, Hettich, Küpper, Systeme der Kostenrechnung, 2. Auflage, München 1979 (SC1)

14. Schweitzer, Prozeßorientierte Kostenrechnung, in: WiSt, Heft 12, Dezember 1992 (SC2)

15. Serfling, Fälle und Lösungen zur Kostenrechnung, Verlag Neue Wirtschafts-Briefe, Herne/ Berlin 1978 (SE)

16. Studienunterlagen der Fernuniversität Hagen (ST)

17. Telekolleg II, Betriebliches Rechnungswesen, TR-Verlagsunion, München 1981 (TE)

18. Zimmermann, Erfolgs- und Kostenrechnung, Vieweg Verlag, Braunschweig 1971 (ZI)

Abschnitt		zitiert	vergleichend
I.	Grundlagen	ST	ST,KC,H1,BU,TE,SO
II.	Kostenrechnungssysteme		ST,FR,PdR
III.	Kostenartenrechnung und Erfassung von Leistungen		H1,BU,KC,CO
IV.	Kostenstellenrechnung		H1,BU,ST
V.	Kostenträgerrechnung	KO	H1,SO,ST,SC1, KC,BU,KO,SER, SC1,SE,OL
VI.	Kostenrechnungssysteme - Umfang der Verrechnung	H2	SC1,SC2,FR,BU, EI,BU,SE,SO, H2, PdR, CO
VII.	Kostenrechnungssysteme - Zeitbezug	H2	BU,ZI,H2
VIII.	Die Bedeutung der EDV für die Kostenrechnung		PdR

Sachverzeichnis

Die mit Stern versehenen Ziffern kennzeichnen Erläuterungsschwerpunkte.
In einigen wenigen Fällen wurden sinngemäße Suchworte benutzt.

H

I

K

T

U

V

W

Z

www.ingramcontent.com/pod-product-compliance
Lightning Source LLC
LaVergne TN
LVHW060626300926
849162LV00008B/1727